슈퍼개미 마인드

슈퍼개미 마인드

주식투자만으로 경제적 자유를 얻은 12인의 실전 투자 전략

가이 토머스Guy Thomas 지음 | 이주영 옮김

Free Capital
How 12 private investors made
millions in the stock market

INFLUENTIAL
인플루엔셜

일러두기

- 이 책은 영국의 투자 환경을 바탕으로 쓰여 일부 투자법은 우리나라 상황과 다를 수 있습니다.
- 본문의 각주 ●는 옮긴이가 단 것입니다.
- 이 책은 이언 카셀(Ian Cassel)이 보내준 서문이 새롭게 추가된 제3판(2020년)을 기준으로 번역되었습니다.
- 이 책의 판매에 따른 모든 저자 수익은 래드폴 자선신탁(Radfall Charitable Trust)에 기부됩니다.

실패한 투자에서 배우고, 성공한 투자에서 강점을 끌어내라

이언 카셀

MicroCapClub 창업자이자 초소형주 투자자

열여섯 번째 생일을 맞던 1997년, 부모님은 선택권을 주셨다. 대학 등록금 2만 달러를 어떻게 사용할지 스스로 결정하라는 것이었다.

당시의 나는 돈과 주식 시장에 관심이 있었다. 매일같이 기술주가 신문 경제면의 헤드라인을 장식하기 시작할 때였다. 자산관리사에게 전화를 걸었더니 살펴볼 만한 분석 보고서를 몇 개 보내주었다. 그 보고서를 토대로 어떤 기술주 5,000달러어치를 샀다. 이 주식은 2개월 만에 두 배가 되었다. 너무 재미있었다!

이후 몇 군데 사립대학과 공립대학에 원서를 냈다. 사립대학에 간다면 한 학기 등록금으로 가진 돈을 전부 써야 했다. 덜 비싼 공립대학에 간다면 집에서 통학하고 파트타임으로 일하면서 투자를 계속할 수 있었다. 그래서 공립대학에 가기로 결정했다. 투자에 완전히 빠져 있었던 것이다.

대학교 2학년이 된 2000년부터 파트타임으로 자산관리사 밑에서 일을 시작했다. 1,000명이 넘는 고객을 담당하는 상당한 규모였다. 그곳에서 마케팅 자료를 만들고 전화를 받는 일, 좋게 말해서 비서로 일했다. 대학 등록금은 이 일을 해서 번 돈으로 충분히 낼 수 있었다.

부모님께 받은 2만 달러는 기술주 거품을 타고 12만 달러가 되었다. 나는 내가 실력이 없다는 걸 몰랐다. 그저 운이 좋았던 것뿐이었는데 말이다. 시장이 좋을 때는 원숭이도 오르는 주식을 고를 수 있다.

그러나 기술주 거품이 꺼지자 내 포트폴리오도 함께 가라앉고 말았다. 2001년, 내 포트폴리오를 구성했던 중소형 기술주들은 가격이 너무 많이 떨어져 초소형주microcap stock가 되어버렸다. 12만 달러는 이제 8,000달러로 쪼그라들었다. 나는 재정적으로나 감정적으로 상처를 크게 입었다.

어떻게 인생의 굴곡을 헤쳐나가느냐에 따라 미래의 방향이 결정되기도 한다. 이 시기부터 나는 초소형주에만 집중하기 시작했다. 자산관리사가 되고 싶지 않다는 것도 깨달았다. 투자할 때는 다른 사람의 감정은커녕 내 감정도 처리하기 어려웠다. 그때부터 내 목표는 전업 개인투자자가 되는 것으로 바뀌었다.

그로부터 7년이 지난 2008년, 목표를 이루었다. 이 책은 나를 위한 책이다. 처음 읽었을 때 완전히 빠져들 수밖에 없었다. 책 곳곳에 내 이야기가 흩어져 있었기 때문이다.

《슈퍼개미 마인드 Free Capital》는 경제적 자유와 그것을 이뤄낸 개인의 투자 방식과 마인드에 관한 책이다. 경제적 자유를 얻기 위해서는 돈이란 소비에 관한 문제가 아니라 자유에 관한 문제이며, 이 자유는 누구나 쟁취할 수 있다는 사실을 먼저 깨달아야 한다.

많은 사람이 일을 하지 않으려면 돈이 많아야 한다고 믿는다. 하지만 이 관점은 틀렸다. 당신은 하고 싶은 일을 할 만큼의 돈만 있으면 된다. 결국 선택권을 갖는 것이 힘이기 때문이다.

경제적 자유는 쓰는 돈보다 많이 모으고, 모은 돈을 강점을 가진 분야에 투자함으로써 달성할 수 있다. 나의 경우 공개기업 중 시가 총액이 가장 적은 초소형주에 투자할 때 강점을 보였다. 초소형주가 아니더라도 주식 시장의 다른 부문, 부동산, 기타 전문 분야가 당신의 강점이 될 수 있다.

노련함과 신중함을 발휘하면 결국 누구에게나 선택권이 생긴다. 선택권은 가족과 함께하는 시간을 늘리기 위해 일을 줄이는 것일 수도, 학교로 돌아가 학업을 계속하는 것일 수도, 나만의 사업을 시작하거나, 보상이 적더라도 아침에 일어날 의미를 부여해주는 일을 하는 것일 수도 있다.

금융 미디어에서는 타인의 자금을 운용해 그 수수료로 엄청난 부를 이룬 자산관리사나 자산운용가 들을 미화한다. 잘못된 건 아니다. 나 역시 개인 자산 외에 몇 개의 외부 계좌를 운용하고 있으니까. 하지만 진짜 시험은 적은 돈을 더 크게 불려 그 돈으로 스스로를 장기적으로 책임지는 것이다. 이것이 이 책에 나오는 투자자들이 해낸 일이다. 이들의 이야기는 우리에게 영감을 준다.

전업투자자로 성공하려면 전략과 생활 방식이 조화를 이루어야 한다. 내 돈을 운용해서 가족을 부양한다면 이것은 완전히 다른 멘털 게임이 된다. 다른 사람의 돈을 운용하다가 큰 손실이 나면 그건 그냥 보너스가 깎이는 문제다. 하지만 개인투자자일 때 큰 손실을 입는다면 가족들이 다친다.

전업투자자가 되는 것은 재정적 성취의 정점이다. 왜냐고? 다른 사람의 도움이 전혀 필요하지 않기 때문이다. 상사도 고객도 필요 없다. 당연히 고객의 돈도 필요 없다. 나에겐 내 돈이 있다.

여기 금융계의 많은 사람이 당신이 몰랐으면 하고 바라는 사실이 있다. 투자운용가나 투자자문가, 애널리스트와 같이 다른 사람에게 자신이 얼마나 똑똑한지 증명해야 하는 사람들보다 개인투자자가 훨씬 유리하다는 것이다. 개인투자자는 어떤 것에 대해서도 의견을 가질 필요가 없다. 집중을 방해하는 것도 없다. 그저 매년 좋은 투자 결정을 몇 번 내리고 훌륭한 인생을 사는 데만 집중하면 된다.

전업투자자들에 대한 이야기를 주변에서 쉽게 듣지 못하는 이유는 그 이야기가 도움이 되지 않기 때문이다. 사실이 알려지는 것은 전업투자자들에게 해가 된다. 가족과 친구조차 자신이 어떤 일을 하는지 잘 모르기를 바란다. 그들은 시장의 틈새에서 광범위한 지식을 쌓는 것을 좋아하는데, 이곳에서는 성공을 떠벌리는 것이 이익이 되지 않는다.

개인투자자는 큰 자금이 진입하기 힘든 곳에 들어가고, 다른 사람이 거의 신경 쓰지 않는 분야에서 투자 지식을 쌓을 수 있다는 데서 우위를 점한다. 어디에 물고기가 있는지 속속들이 알고 있는 작은 연못에서 물고기를 낚으며 편안히 살 수 있다. 사회에 섞여 가진 재력보다 소박하게 레이더 아래에서 살 수 있는 능력은 큰 장점이다.

아내를 만나고 나서 내가 무슨 일을 하는지 이해시키는 데 꼬박 6개월이 걸렸다. 그녀는 내가 집에서 전화로 일하고 가끔씩 '기업 탐방'을 위해 여행 가는 걸 보았다. 우리가 데이트를 시작한 그 주에 포르쉐 911을 산 것은 전혀 도움이 되지 않았다. 나는 크게 성공하고 있었고 물질만능주의의 미성숙한 단계를 지나고 있었다.

아내는 처음엔 틀림없이 내가 마약상이라고 생각했을 것이다. 요즘도 내가 하는 일을 설명하려면 힘들다. 사람들에게는 실직자라고 말하는 편이 더 쉽다. 그러면 적어도 아내를 동정의 눈빛으로 바라볼 테니 말이다.

빈스, 피터, 에릭, 버논, 테일러, 수실, 존 등 이 책에 등장하는 몇몇 전업투자자는 영국의 소형주와 초소형주를 집중적으로 거래한다. 워런 버핏, 피터 린치 등 여러 훌륭한 투자자도 초소형주와 소형주부터 시작했다는 사실을 아는가? 나 역시 마찬가지다.

우리 같은 사람이 초소형주에만 집중하는 이유는 자산 규모가 작고 기민한 투자자가 공개 시장에서 확실한 구조적 우위를 가질 수 있는 유일한 부문이기 때문이다. 자산 규모가 큰 기관들은 주가가 더 오르고 유동성이 풍부해지기 전에는 투자에 나서지 않는다. 훌륭한 투자자들은 기관을 따라가지 않는다. 그들은 기관이 투자할 종목을 찾아 미리 투자한다.

《슈퍼개미 마인드》에 나오는 일부 투자자는 자산이 증가함에 따라 투자 방식을 바꿔야만 했다. 1만 달러를 운용하는 것은 100만 달러를 운용하는 것과 다르며, 100만 달러를 운용하는 것은 1000만 달러를 운용하는 것과 다르고, 1000만 달러를 운용하는 것은 5000만 달러를 운용하는 것과 다르다.

만약 누군가 10년 전 나에게 15개 종목에 투자하게 될 거라고 말해줬다면 불가능한 일이라고 했을 것이다. "어떻게 그렇게 많은 회사를 알고 계속 파악할 수 있나?"라고 반문했을 것이다. 이제는 어릴 적 나에게 경험이 쌓일수록 투자의 모든 세부 사항을 안다고 해서 우위를 갖지는 않는다고 말해주고 싶다. 우위는 중요한 것과 중요하지 않은 것을 아는 데 있다. 요즘 나는 중요한 것에 더 잘 집중할 수 있게 되어 더 많은 종목에 투자한다. 10년 전에는 감수했던 위험을 가지지 않고도 비슷한 수익률을 얻는다.

학습과 진화는 전업투자자로서 장기적인 성공을 거두는 큰 원동력이다. 이 책에 나오는 모든 투자자는 각자 자기만의 전략을 발달시켜왔다. 당신이 여전히 10년 전과 똑같은 방식으로 투자하고 있다면 성장하지 않은 것이다. 자신의 신념에 도전해라. 가치는 공유하되 다르게 생각하는 사람들을 곁에 둬라. 나는 여전히 15년 전 성취를 이야기하는 투자자들을 많이 만난다. 향후 10년을 20년 전에 거둔 수익률을 자랑하며 보낼 것인가? 우리는 계속 배우고 진화해야 한다.

투자의 장점은 다양한 방법으로 목표에 도달할 수 있다는 점이다. 역사상 가장 훌륭한 투자자들은 일반적인 방식과 거의 반대되는 전략을 가지고 있었다. 독특해지는 것을 겁내지 마라. 남들과 달라지는 것을 두려워하지 마라. 여정은 순탄하지 않을 것이다. 실패한 투자에서 배우고 성공한 투자에서 강점을 끌어내라.

자산을 키우다 보면 마침내 삶에서 원하는 것을 할 수 있는 선택권을 갖게 되었다고 느끼는 피벗 포인트에 도달할 것이다. 일을 사랑해서 계속 본업을 유지하는 사람도 있겠지만, 마침내 족쇄 같았던 일과 일상에서 떠나기로 결정하는 사람도 있을 것이다. 어느 쪽이든 자유 자본을 갖는다는 진정한 의미를 알게 될 것이다. 더 많은 사람이 이 책을 읽고 영감을 얻길 바란다. 누구나 경제적 자유를 쟁취할 수 있다.

차례

PART 1   거시경제의 흐름에 주목한다

큰 그림을 그리는 투자 마인드: 지리학자

PART 2 개별 기업의
속성에 주목한다

투자 지형의 세부 사항을 살피는 투자 마인드: 측량사

PART 3 기업의 의사결정에 참여한다

주주의 권리를 행사하는 투자 마인드: 활동가

PART 4 다양한 관점으로 투자한다

어디에도 속하지 않는 투자 마인드: 절충주의자

당신의 투자에
아이디어와 영감을 주는 책

이 책은 인터뷰 대상의 인물 정보를 정확하게 담고 있다. 하지만 실제 이름이나 고향, 직장과 같이 투자와 관련 없는 세부 사항은 수정하거나 의도적으로 모호하게 남겨두었다. 인터뷰 대상자에게 어느 정도의 익명성을 보장해 더 솔직하게 이야기를 털어놓을 수 있게 하기 위해서였다. 투자에 관한 세부 사항은 진실성을 유지하기 위해 정밀하게 다루었다.

이 책은 투자 가이드북이 아니다

12명의 개인투자자는 주식 시장에 투자해 100만 파운드 이상(한화 약 16억 원, 대부분은 이보다 상당히 더 큰) 자산을 축적한 사람들이다. 그중 여섯 명은 비과세 개인종합자산관리계좌Individual Saving Account (이하 ISA)에 100만 파운드 이상을 보유하고 있는데 이것은 이례적으로 뛰어난 투자 수익을 얻지 않고서는 산술적으로 불가능한 결과다.

우리는 앞으로 투자자 개인의 이력과 그들이 어떻게 처음 주식 시장에 관심을 갖게 되었는지, 본업을 그만두는 시점까지 그 관심을 어떻게 발전시켰는지, 개인투자자가 된 지금은 어떻게 하루를 보내는지 살펴볼 것이다. 주제별로 현재의 투자법을 설명하고 전업 투자자의 삶에서 배운 가르침을 되돌아본다.

주의 깊게 읽으면 여러 종류의 투자 힌트를 얻겠지만, 이 책은 투자 방법을 알려주는 가이드북이 아니라는 것을 밝혀둔다. 이 책의 목표는 독자들에게 가짜 만병통치약을 파는 것이 아니라 깨달음을 구하고 아이디어와 영감을 제공하는 것이다.

이렇게 활용하라

책의 구성은 〈들어가는 글〉과 개인투자자 12명의 개인적인 이야기, 결론으로 되어 있다. 순서대로 읽을 필요 없이 마음대로 골라 읽으면 된다.

독자들은 책에 담긴 투자 방식과 통찰에 주목하는 것 외에도 각각의 이야기를 자신의 성격 및 경험과 연결지을 수 있다. 주제에 접근하는 방법이 나의 기질과 얼마나 잘 맞는가? 이를 적용하는 데 도움이 될 기술이나 특성을 이미 가지고 있는가?

예를 들어, 활발한 움직임과 빠른 피드백이 있어야 관심을 지속할 수 있는 사람은 1년에 몇 번밖에 거래하지 않는 루크의 장기 전략적 접근 방법과는 잘 맞지 않을 것이다. 반대로 부산스러운 활동을 싫어하는 사람은 칼리드의 초단기 매매 방식과 맞지 않을 것이다. 대부분의 시간을 읽기와 사색으로 보내고 싶어 하는 내성적인 사람이라면 빌이나 수실의 매매 방식에 매력을 느낄 것이고, 일대일 대화에서 정보를 얻는 것을 좋아하는 외향적인 사람은 존이나 에릭에게 동질감을 느낄 것이다.

이런 사람에게 추천한다

- 자신의 투자 방법과 경험을 다른 사람들과 비교해보고 싶은 개인투자자
- 롤 모델이 어떻게 투자하는지 알고 싶은 경험이 부족한 개인투자자
- 경제 신문이나 투자 전문지를 구독하는 사람
- 주식 시장에서 큰돈을 버는 방법이 궁금한 사람
- 경제적 자유를 꿈꾸는 사람

이 책은 노련한 투자자들의 마음을 끌 만한 통찰과 성찰을 담고 있지만 기술적인 책은 아니다. 어떤 투자자가 언급한 특정 개념을 이해하기 힘들더라도 책의 나머지 이야기를 읽는 즐거움을 망치지 말고 그냥 넘어가도 된다.

배경 지식 | 자유 자본이란 무엇인가

자유 자본 free capital은 당장 필요한 생활비를 빼고 남는 돈을 의미한다. 투자자에게는 투자를 집행하는 원재료와 같다. 피고용인이라는 일반적인 수입 활동의 제약에서 자유로운 투자자들의 심리적 거주지로 이해되기도 한다. 또한 기관투자자들을 얽매는 권한의 제약 없이 전 세계 온갖 유형의 투자로 재빨리 방향을 바꿔 투자할 수 있는 개인투자자가 보유한 자금의 자유로운 속성을 의미하기도 한다.

성공의 기회는
준비된 사람에게 찾아온다

개인투자는 인생을 근본적으로 바꿀 수 있다. 희망에 근거해 계획을 세우는 것은 합리적이지 않지만, 개인투자는 인생을 진짜로 바꿀 수 있다. 그리고 이 책에 나오는 12명의 개인투자자들은 모두 그렇게 되었다.

많은 사람이 직장생활의 고단함에서 벗어나 투자자들이 누리는 자유에 매력을 느끼지만, 개인투자로 자유를 달성하는 길은 대부분의 사람에게 모호하게 다가온다. 이 책에 등장하는 12명의 투자자는 월급으로 부를 축적한 고소득자나 기업을 설립한 후 매각해 큰돈을 번 기업가가 아니며, 상속받은 재산으로 아무 일도 안하고 사는 금수저도 아니다. 이들은 대개 주식 시장에서 스스로 내린 결정으로 자유 자본을 축적한 투자자이며 대부분 월급에서 조금씩 돈을 떼어내 투자금을 모으는 것부터 시작한 사람들이다.

좋은 투자자가 되기 위해 필요한 기술과 기질은 대부분의 직업과 조직에서 성공하기 위해 요구되는 기술·기질과 다르며 기업가가 되기 위한 기술·기질과도 다르다. 개인투자에는 복종, 자기 홍보, 경영 기술이나 요령이 필요 없다. 그저 몇 번의 좋은 결정만 있으면 된다.

개인투자는 아웃사이더에게 더 유리한 분야다. 경험을 쌓아 가치를 창출할 만큼 고정적이면서도 게임을 흥미롭게 할 만큼 유동적인 규칙들이 느슨하게 얽힌 개인주의적인 게임이기 때문이다.

현재의 게임 조건은 25년 전과는 매우 다르다. 그때였다면 이 책을 쓰기가 어려웠을 것이다. 옛날에는 실시간 가격 정보와 기업 뉴스를 받아보려면 연간 수천 파운드(수백 만원)가 필요했고, 매매 시에 붙는 중개수수료와 인지세 등의 거래 비용이 3%가 넘었다. 공매도는 대부분의 개인투자자들이 거의 활용할 수 없었으며, 모든 주식에 시장조성 스프레드market-making spreads*가 불가피하게 존재했다. 이 책은 최근 모든 분야에서 이루어진 상당한 기술 주도 발전에 주목한다. 이는 자기 주도적 투자를 가능하게 하고 개인투자자들의 투자 환경을 개선시켰다.

나는 책을 쓰는 초기 단계에서부터 인터뷰 대상자들을 가명으로 등장시키기로 마음먹었다. 엄청난 고민 끝에 내린 결정은 아니다. 인터뷰하고 싶었던 훌륭한 투자자들은 어느 정도의 익명성이 보장

---

* 신규 종목을 상장한 후 일정 기간 동안 주가 하락을 방어하기 위해 공모가 대비 특정 비율 이하로 가격이 떨어질 경우 주관 증권사에서 90% 이상의 가격으로 공모주를 매입하는 것. 우리나라에서는 2003년 8월에 폐지되었다.

되지 않고서는 개인의 재정 상태를 자유롭게 말하려 할 것 같지 않았기 때문이다(이 생각은 지금도 여전하다.). 몇몇 인터뷰 대상자는 논의 초반에 이 부분을 먼저 확인하기도 했다. 다만 기업가 출신의 피터 길렌함마르와 정치인 출신의 존 로버트 루이스 리는 실명을 썼다. 이들은 이미 익명성을 지키는 것이 의미가 없는 공인이라는 내 생각에 동의했다.

투자 세미나 또는 코칭을 홍보하거나 투자 팁을 팔고 싶어 하는 유형의 투자자들에 대해 실명을 써서 책을 쓰면 쉬웠을 것이다. 하지만 자기 선전적인 '투자자'들의 주장은 대개 치밀한 검토 과정을 견디지 못한다. 게다가 이 책에 소개된, 알려지기를 꺼려하지만 진정 성공한 투자자들의 이야기보다 흥미가 덜했을 것이다.

나는 "인간은 자기 이름으로 말할 때 가장 솔직하지 않다. 가면을 씌어주면 진실을 말할 것이다."라는 오스카 와일드^{Oscar Wilde}의 격언이 옳다고 확신한다.

당신은 어떤 유형의 투자자인가

각각의 이야기는 개별적으로 읽을 수도 있지만, 투자자를 그룹별로 분류해보면 더 많은 통찰을 얻을 수 있다. 인터뷰를 하면서 나타난 가장 뚜렷한 분류 기준은 투자자들이 사고를 구조화하는 방법에 따른 것이었다. 광범위한 추세와 거시경제 조건에 먼저 집중하는 톱다운 분석 방법과 특정 기업의 특징에 먼저 초점을 맞추는 바텀업 분석 방법이 그것이다.

톱다운top-down과 바텀업bottom-up의 차이는 지리학자geographer와 측량사surveyor의 차이와 같다. 지리학자는 전체적인 투자 지형에서 사고를 시작해 아래로 초점을 맞추고, 측량사는 투자 지형의 개별 요소에서 시작해 위로 초점을 맞춘다.

지리학자와 측량사의 비유는 이 책에서 인터뷰했던 투자자 중 하향식 사고를 매우 강조한 투자자가 과거에 지리학자였다는 우연한 사실에서 영감을 얻었다. 유명한 투자자들을 분류해보면 이 비유를 잘 이해할 수 있다. '지리학자 유형'의 투자자로는 조지 소로스George Soros 같은 매크로 트레이더와 작고한 존 템플턴John Templeton 같은 글로벌 투자자가 있다. '측량사 유형'의 투자자로는 워런 버핏Warren Buffett과 은퇴한 피델리티의 펀드매니저 피터 린치Peter Lynch가 있다. 경제학자 존 메이너드 케인스John Maynard Keynes는 1920년대 자신이 주창한 '투자 신용 주기 이론credit cycle theory of investment'에 따라 지리학자 유형의 투자자였으나, 1929년 대공황 이후 상향식 투자 철학을 가진 측량사 유형으로 급전환했다.

한편 지리학자 유형이나 측량사 유형으로 쉽게 분류할 수 없는 일부 투자자들이 있는데 이들을 위해 추가 항목이 필요했다.

제3의 유형은 활동가activist로 이들은 투자한 회사의 경영진과 적극적으로 상호작용한다는 독특한 특징이 있다. 이 유형은 대화와 설득, 주주의결권 행사, 고액 연봉을 받으면서도 무능한 경영자 폭로 등 언론에 공개하는 방식으로 경영자의 의사결정에 영향을 미치려 한다.

배경 지식 | 톱다운과 바텀업 분석 사례

톱다운 분석의 예를 들어보자. 어느 투자자가 내년에 금리가 내려갈 것 같다고 생각한다. 이 큰 그림은 주택 시장과 주택 건설업체의 주식에 긍정적인 영향을 미칠 거라는 생각으로 이어진다. 이제 투자자는 주택 건설 부문에서 가장 매력적인 개별 주식을 찾는다.

바텀업 분석의 예로 어떤 투자자는 특정 주택 건설사가 특별히 효율적인 건축 공정을 가지고 있다고 생각한다. 이 투자자는 이 회사의 세부 사항에 주목해 주식 매수를 고려할 것이다. 향후 금리 추이에 대한 견해는 선택한 건설사에 영향을 미칠 수많은 요소 가운데 하나일 뿐이다. 일반적으로 바텀업 투자자는 거시적 경제 추세는 크게 고려하지 않으며, 주로 개별 기업의 속성에 관심을 쏟는다.

활동가 유형과 측량사 유형의 사고방식은 상당히 비슷하다. 측량사 유형의 투자자가 보유한 주식을 간단히 매도해버리지 않고 투자한 회사에서 발생하는 경영 문제를 해결하려고 행동을 취한다면 활동가 유형의 방법을 선택한 것이다.

하지만 대부분의 측량사 유형 투자자는 경영 방식을 바꿔야 할 기업의 주식은 애초에 매수하지 않는다. 굳이 문제를 찾아다니지 않는 것이다. 활동가 유형은 어떤 기업의 경영을 바꿔야 한다고 판단하면 오히려 그 기업의 주식을 매수하려는 성향이 있다. 활동가 유형은 문제를 찾아다니는 투자자다.

네 번째 유형인 절충형eclectic은 어떤 범주에도 속하지 않는 투자자들이다. 이들은 딱히 톱다운 투자를 하는 지리학자 유형이나 바텀업 투자를 하는 측량사 유형으로 분류하기 어려우며, 분명 활동가 유형도 아니다. 절충형 중에는 톱다운과 바텀업을 모두 활용하지만 어느 한쪽에 특별한 선호가 없는 펀더멘털fundamental 투자자가 있다. 단기 뉴스를 보고 주가 차트를 기술적으로 분석해 매매하는 데이트레이더day trader도 있다. 이들은 지리학자 유형이나 측량사 유형 어느 쪽에도 속하지 않는다.

12명의 인생을 바꾼 투자 마인드

인터뷰를 살펴보면 다른 투자 방법보다 월등한 하나의 방법을 찾는 것은 불가능하다. 투자자마다 소득이나 투자 수익에서 사용하는 생활비도 다르고, ISA나 ISA의 전신인 비과세 주식저축Personal Equity Plan(이하 PEP) 등 비과세 계좌를 이용하거나 혹은 이용하지 않은 과거 투자 수익에 대해 내는 세금도 각기 다르기 때문에 객관적인 투자 성과를 비교하기도 어렵다.

설사 성과를 보여주는 객관적인 지표들이 있다고 해도 다양한 투자자가 다양한 기간에 걸쳐 실행한 여러 전략에서 얻을 수 있는 단 하나의 깨달음은 행운을 완전히 무시할 수 없다는 점이다.

성과를 보여주는 검증된 지표는 부족하지만 이 책에 나오는 투자자들의 특별한 성공을 보여주는 몇 가지 확실한 사실은 있다.

네 명의 투자자(존, 오웬, 수실, 빈스)는 2003년 즈음 이미 ISA와 PEP의 적립금이 수백만 파운드에 달했다. 버논은 2005년에 이를 달성했고, 루크는 2006년에 달성했다. 오웬과 수실은 정확한 금액에 대해서는 말을 아꼈지만 이후 이 비과세 계좌를 몇 배로 불렸다는 추측은 부정하지 않았다.

ISA 및 PEP는 차용이 불가능하고 적립한도(2011~2012년 연간 1만 680파운드였고, 수년간 연간 7,000파운드 이하였다.)도 낮다는 점을 고려하면 이 투자자들이 얻은 결과는 특별히 뛰어난 투자 수익을 거두지 않고서는 산술적으로 불가능했다.

좀 더 구체적으로 말하자면, ISA 및 PEP가 도입된 1987년 이후 매년 허용되는 최대 적립금을 납입했다면 2003~2004년 과세 연도까지 총 적립금은 12만 6200파운드일 것이다. 2003년 말까지 적립금이 100만 파운드를 넘었다는 것은 연간 최소 23%의 연평균 성장률을 이뤘다는 것을 의미한다. 존을 제외하고 ISA에 수백만 파운드를 축적한 백만장자 대부분은 사실 훨씬 짧은 기간 동안 적립금을 납입했는데, 이는 실제 수익률이 훨씬 더 높았다는 뜻이다.

'ISA의 백만장자'라는 태그가 앞서 이야기한 여섯 명의 투자자들이 높은 투자 수익률을 거뒀다는 사실을 증명해주지만, 이들이 나머지 여섯 명보다 더 나은 모델이라고 결론짓는 것은 잘못이다. 다른 투자자의 투자 성과를 판단하는 지표로 ISA를 사용하기 어려웠던 데는 충분한 이유가 있다.

이 책에 등장하는 사람 중 가장 부유한 투자자인 피터 길렌함마르는 스웨덴에 살고 있어서 ISA를 개설할 수 없었다. 칼리드는 ISA에서 다룰 수 없는 차액결제거래contracts for difference*(이하 CFD)만 투자 대상으로 삼았다. 이 밖에도 1990년대에는 가난해서 PEP에 상당한 적립금을 넣지 못했던 투자자도 있고, 가족을 부양하거나 다른 곳에 돈을 써야 해서 수년 동안 많은 돈을 인출한 투자자도 있었다.

몇몇 투자자는 상장사 주식의 3% 이상을 보유하면 공시해야 한다는 규제 조건 덕분에 상당한 자유 자본을 갖고 있음을 입증했다.** 피터 길렌함마르는 매년 주식 대량 보유 공시에 여러 차례 이름이 오른다. 오웬, 수실, 빈스 역시 책에서 가명을 썼기 때문에 독자들이 확인할 수는 없겠지만 수차례 공시에 이름이 올랐다.

특별한 드라마는 없다

투자자를 다룬 책을 쓰면서 겪는 난제는 투자가 철저히 결과지

---

* 개인이 주식을 보유하지 않고 진입가격과 청산가격의 매매 차익만 현금으로 결제하는 장외파생계약으로 최소 10%의 증거금으로 매수/매도 주문을 낼 수 있다.
** 우리나라의 경우 5% 대량보유 보고의무가 있다.

향적인 활동이라는 것이다. 따라서 투자 방법을 명확히 표현할 수 있는 사람만 성공할 수 있는 것도 아니고, 뛰어난 투자자라고 해서 반드시 이야기를 잘하는 것도 아니다. 투자는 세상을 수동적으로 관찰하고 가끔 전화나 걸 수 있으면 성공할 수 있는 분야다. 영국의 뛰어난 펀드매니저인 피델리티 인터내셔널의 앤서니 볼턴^{Anthony Bolton}에 대한 이야기에서도 역시 드라마가 부족했다. 책을 쓰기 위해 볼턴에 대한 일화를 하나 알려달라고 부탁받았던 그의 동료는 이렇게 답했다.

"하나도 없어요. 볼턴은 일화를 만드는 사람이 아닙니다."[1]

이 책에 나오는 일부 투자자는 다른 이들보다 더 '일화를 만드는 유형'이다. 하지만 나의 목표는 실제보다 과장되게 인물을 그리기보다 현실적인 평가를 하는 것이었다. 선택할 수 있을 때는 언제나 꾸미는 것보다 진정성을 택했다. 나의 선택이 진지한 투자자들에게 이 책의 가치를 높여주길 바란다.

투자자의 흥미진진한 역경이나 심리적 문제가 많이 나오지 않아 실망하는 독자가 있을지도 모르겠다. 하지만 '조용한 자유'는 그 자체로 매혹적이다. 이 책에 등장하는 대부분의 투자자는 30~40대에 직장을 완전히 떠나 좋아하는 일을 하면서 인생을 살 수 있게 되었다. 그들은 고액 연봉과 성과급에 홀린 사람들의 경쟁적 물질주의라는 쾌락적인 쳇바퀴에서 벗어나 편안하게 인생을 산다.

사업에 성공했거나 물려받은 재산이 있거나 복권에 당첨된 것도 아닌데 이런 굴레 밖에서 사는 사람은 모두 인생에서 효과적이고 흔치 않은 선택을 한 사람들이고 그런 이유로 흥미롭다. 이런 선택을 심리학적으로 건강하지 않은 것으로 여기고 투자자의 성공에는 대가가 따른다고 생각할 수도 있다. 몇몇 인터뷰에서는 이것을 암시하는 작은 힌트도 있었다. 예를 들어, 버논은 "투자는 팀 스포츠가 아니다."라고 말했으며 수실과 함께 스스로를 설명하는 말로 '염세주의자'라는 표현을 사용했다. 하지만 결국 자신의 결정으로 수백만 파운드를 벌어 대부분의 시간을 좋아하는 일을 하며 보내는 젊은이가 일반인들과 비교해 고통받는다거나 문제가 있다고 여기는 것은 터무니없다. 정확한 견해는 이들이 비교적 행복한 삶을 사는 성공한 사람이며 황금만능주의가 팽배한 런던 금융가의 고소득자들과 비교하면 심지어 품위가 있다는 것이다.

기회는 준비된 사람의 편이다

정신적으로 문제가 없다는 점보다 더 설명하기 어려운 비판은 지나치게 행운이 따랐다는 사실이다. 일반적인 사람들의 경험과 달리 이 책에 나오는 사람들은 적어도 재정적인 차원에서는 자신이 예상했던 것보다 훨씬 나은 삶을 사는 중년이 되었다. (전부는 아니라도) 일부 투자자는 이 점을 진지하게 생각하고 자신의 투자 결과에서 행운의 역할을 조명하기를 바랐다.

버논은 내게 행운에는 두 가지 유형이 있다고 알려주었다. 첫 번째 유형은 복권에 당첨되는 것처럼 완전히 무작위적인 '행운'이다. 이 행운을 잡으려면 복권을 사는 것처럼 아주 사소한 노력이 필요하다. 두 번째 유형은 프랑스의 미생물학자 루이 파스퇴르^{Louis Pasteur}의 말이 잘 설명한다. "관찰의 영역에서 기회는 준비된 사람의 편이다."

파스퇴르가 한 말의 요점은 기회가 준비된 사람을 '편든다'는 말이라기보다는, 어떤 기회는 신중하지만 남들은 잘 고르지 않는 궤를 벗어난 선택에서만 잡을 수 있다는 것이다. 예를 들어, 밀레니엄 무렵 몇몇 투자자(수실과 버논)는 기술주에 투자해 부자가 됐다. 이들은 운이 좋기도 했지만 1990년대 투자에 강박적으로 관심을 갖고 부지런했기 때문에 행운을 잡을 수 있었다. 이 책에 등장하는 사람 모두 어느 정도 행운의 도움을 받았지만, 그것은 복권 당첨형이 아니라 주로 파스퇴르가 말한 방식의 행운이었다.

내가 성공한 투자자들에 대해 책을 쓴다는 말을 들은 의심 많은 친구는 실패한 투자자의 이야기도 똑같이 다루냐고 물으며 행운의 역할을 새삼 강조했다. 이 책에는 투자 경력 초기에 두 번이나 파산했던 피터 길렌함마르의 경험처럼 실패한 이야기도 있는 그대로 실었다. 그러나 친구의 물음에 대한 내 대답은 실패한 투자자의 이야기는 다루지 않았다는 것이다. 다만 이 책은 관찰의 결과물이다. 투자자들이 한 일이 쉽다고 말하거나 누구나 할 수 있는 간단한 방법이 존재한다고 주장하지 않는다. 재산을 잃어버린 개인투자자들도 분명히 존재하며 이들을 설득할 수만 있다면 실패담을 다룬 흥미로운 책도 펴낼 수 있다. 그러나 이 책은 그런 책이 아니다.

마지막으로 각 장의 마지막에는 주요 투자 아이디어를 요약했다. 책을 주의 깊게 읽은 독자들은 장별 구성에 엄격한 일관성이 없다는 사실을 발견할 것이다. 인터뷰한 투자자들의 조언은 때로 모순될 때가 있다. 이런 경우 독자들은 양측 주장을 모두 읽어보고 "완전히 일관된 사람은 죽은 이들뿐이다."라는 올더스 헉슬리Aldous Huxley의 격언을 기억하길 바란다.[2]

지리학자 유형의 투자자들은 투자 지형의 큰 그림에서부터 생각을 시작한다. 이들은 특정 시기에 어떤 투자 섹터나 국가 또는 주제를 다른 것보다 더 매력적으로 만드는 거시경제 동향을 먼저 생각한다. 그다음 주제에 맞는 개별 기업이나 투자처를 찾는다.

거시경제의
흐름에 주목한다

큰 그림을 그리는 투자 마인드:

지 리 학 자

결정의 양보다
질에 집중한다

많이 생각하고 적게 행동하는 투자자: 루크

루크의 프로필

• 인터뷰 당시	55세
• 마지막으로 직장을 떠났을 때	47세
• 경력	지리학 및 교통계획 전공
	경영대학원 졸업
	투자은행 근무(채권 주선 업무)
• 투자 스타일	섹터 선정 후 소수 기업을 선택하는 하향 방식
	다년간 보유
• 주요 거래 분야 및 섹터	원유 탐사 및 생산
• 상품	주식
• 보유 기간	몇 년
• 투자 성과	1995~2008년: 연간 30% 이상의 연평균 수익률 기록
	1993~2006년: ISA에 100만 달러 이상 보유(계좌 입금은 1993~2003년)
• 투자 마인드	"의사 결정의 양이 아니라 질에 집중해라."
• 주요 키워드	#전략적_무기력, #올바른_열차를_골라라, #인터넷_게시판,
	#성공한_투자자에게_가장_필요한_자원은_돈이_아닌_집중력이다

성공한 투자자란 시간과 합리성 사이에서 효과적으로 균형을 잡는 사람이다. 자신의 투자 전부에 대해 완전한 정보를 알아내기에는 시간이 부족하기 때문이다. 투자의 기술은 모든 것을 아는 게 아니라 현명하게 방임하는 데 있다. 무엇을 무시할지 지혜롭게 선택해야 한다.

톱다운 투자자(지리학자 유형)는 큰 그림에서 시작해 아래로 내려오며 투자 대상을 좁힌다. 이 유형은 금리나 상품 가격 등 거시경제 테마를 먼저 생각한 다음 그에 맞는 개별 기업들을 찾는다. 바텀업 투자자(측량사 유형)는 생각을 여러 가지 작은 그림에서 시작해 위로 올라간다. 이 유형은 개별 기업의 특징을 우선 검토한 뒤 개별 기업에 영향을 미치는 거시경제 테마에 주의를 기울인다. 루크는 전형적인 지리학자 유형의 투자자였는데, 과거 실제로 지리학자였다. 나는 그에게서 영감을 받아 지리학자 유형이라는 용어를 사용했다.

투자에 성공하기 위해서는 시간과 합리성 사이에서 균형을 잡아야 하는 것 외에도 거래 빈도와 비용 사이에서도 균형을 잡아야 한다. 거래가 잦을수록 비용이 커지기 때문이다. 수수료가 증가하고 매수/매도 스프레드에서 손해를 보는 것은 물론 부실한 정보로 거래에 피할 수 있는 실수가 많아지면서 간접비용까지 든다. 루크는 매일 몇 시간씩 시장을 관찰하고 생각을 정리하지만 실제 거래는 1년에 몇 번밖에 하지 않는다. 그는 "투자할 때 저지르는 큰 실수 중 하나는 늘 무엇인가 하고 있어야 한다고 생각하는 것"이라며 의사결정의 양이 아니라 질에 집중한다.

경영학 석사를 받다

루크는 50대 중반의 남성으로 영국 서픽의 해안 마을에 살고 있다. 그의 집은 바다에서 몇 분 떨어진 넓고 탁 트인 거리에 있는 노란색 단독주택이다. 남부 런던에서 보낸 어린 시절은 안정적이었지만 부유하지는 않았다.

"돈이 많지는 않았지만 그렇다고 특별한 어려움은 없었습니다."

그는 지역 그래머스쿨*을 다녔고, 1972년 엑서터 대학교에 입학해 지리학을 공부했다. 교통계획 전공으로 석사 학위를 받은 뒤 사우스웨스트에서 전공을 살려 6년간 일했다. 루크는 자신의 일을 좋아했지만 1980년대 초반이 되자 장기적으로 이 일에 얽힌 두 가지 구조적 문제를 깨달았다. 기사 자격증이 없다는 점과 마거릿 대처 총리의 정책으로 지방 정부의 역할이 축소됐다는 점이었다.

• 영국의 7년제 인문계 중등학교.

1982년, 28세였던 루크는 직장을 그만두고 2년 동안 런던경영대학원LBS, London Business School에서 MBA 학위의 전신인 경영학 석사과정을 시작했다.

"2년 동안 대학원 수업을 듣기 위해 상당히 안정적인 직장을 포기했습니다. 졸업 후 더 나은 미래가 보장된 것도 아니었는데 말이죠. 많은 직장 동료가 나를 미쳤다고 생각했어요."

경영학 석사과정은 "꽤 힘들었고 졸업 후에 어떤 일을 하게 될지도 매우 불확실했지만" 즐거웠다. 급여도 낮고 전망도 어두운 엔지니어링 분야에서 벗어나야 한다는 동기를 공유했던 4분의 1쯤 되는 학생들과 강한 동지애가 있었다. 졸업을 하던 1984년은 1986년 런던 금융가를 대개혁하는 빅뱅 정책의 서막으로 붐이 일어나고 있어 졸업생들에 대한 수요가 높았다. 루크는 펀드운용 및 분석 업무로 면접을 보고 한 외국계 은행의 작은 런던 지사에 입사했다. 교통설계자로 일할 때 받았던 것보다 초봉이 두 배 높았다.

투자의 시작

루크는 투자자들에게 채권을 발행해 자금을 조달해야 하는 기업 고객을 찾아 채권을 설계하고 마케팅하는 채권 주선 업무로 투자은행에서의 경력을 시작했다. 약 18개월 후 이 은행의 채권 인수 매니저가 자신의 오른팔을 데리고 떠나면서 루크가 이 일을 맡게 됐다.

이 사건은 그의 초기 경력에 터보 엔진을 달아준 행운이었다.

3년 뒤 루크는 영국계 대형 은행으로 자리를 옮겼다. 새 직장에서는 유로채권 시장^{eurobond market}에서 하던 채권 주선 업무를 아직 초기 단계였던 중기채 시장^{medium-term note market}으로 옮겨가 계속했다. 중기채는 일반적으로 만기가 5년에서 10년 사이인 채권으로 종종 풋옵션^{put option}*이나 신주인수권 같은 권리를 포함하기도 한다.

처음 미미한 규모였던 중기채 시장은 1990년대에 급속히 성장해 엄청난 직업적 기회를 창출해냈다. 많은 독자에게 중기채는 낯선 상품이겠지만 자세한 내용은 별로 중요하지 않다. 요점은 이 시장에서 일하려면 특히 넓은 세계관이 필요하고 이것이 개인적인 투자에 대한 루크의 접근 방법에도 영향을 미쳤다는 것이다.

"중기채는 글로벌 시장을 대상으로 하기 때문에 머릿속에 전 세계에 대한 모델이 필요합니다. 수년 동안 15~20개의 통화로 거래했습니다. 다양한 금융 환경, 법률과 세금 제도, 문화가 영향을 미쳤죠. 채권에 붙은 옵션은 종종 상품 시장이나 주식 시장과 관련되어 있기 때문에 이 시장들에 대해서도 잘 알고 있어야 했습니다."

이렇게 넓은 세계관은 투자자와 채권 발행자 모두에게 매력적인 기회를 찾는 데 도움이 됐다.

"인도네시아 루피아나 한국 원화가 평가 절하되고 있다면 인도

• 어떤 상품을 특정한 기일이나 시점에 특정 가격으로 팔 수 있는 권리. 콜옵션과 반대되는 개념이다.

네시아나 한국 금리를 기초로 뭔가 할 기회가 있다는 말이거든요."

루크가 오랫동안 지켜온 톱다운 투자 습관은 개별 기업의 회계 분석법은 연구하지만 더 넓은 경제는 잘 생각하지 않는 측량사 유형의 바텀업 투자 습관과는 대조적이다.

은행을 떠난 지 10년, 이때를 되돌아보며 루크는 직업적 선택에서 '올바른 열차를 고르는 것'이 얼마나 중요한지 알게 되었고 이 개념은 그의 톱다운 투자 방식에도 영향을 미쳤다.

"지방 정부에서 채권 인수로, 거기에서 다시 중기채 시장으로 자리를 옮기면서 저는 움직이지 않는 기차에서 아주 빠른 기차로 갈아탄 거예요. 직업이나 투자적 측면에서 올바른 열차를 고르는 것은 매우 중요합니다. 장기적으로 성장성이 있는 분야를 선택해야죠."

투자은행에서의 업무는 치열했다. 1년 중 대부분의 날을 해가 뜨기 전에 집을 나서서 오전 7시에서 8시 사이에 책상 앞에 앉았고, 저녁 7시에서 8시 사이에 퇴근했다. 투자은행에서 일했던 몇 년 동안 펀드나 집합투자를 제외한 개인투자는 거의 하지 않았다.

"투자은행 직원으로서 준법감시규정을 지켜야 했기 때문에 개인적인 주식 거래가 쉽지 않았고, 무엇보다 시간이 전혀 없었거든요."

그러다 1989년, 루크는 런던 서부에 있던 집을 팔고 서픽으로 이사하면서 1990년대 초 부동산 경기 침체 직전에 주택담보대출 규모를 절반으로 줄이는 재정적 모험을 감행했다. 20년이 지난 지금에야 당연한 결정 같지만 당시에는 그렇게 단호하게 행동할 만큼 분명한 판단이라고 생각하는 사람이 거의 없었다. 루크는 자신의 거시경제적 시각과 지리학자적 감각에 기대 결정을 내렸다. 그는 부동산 시장에 문제가 생길 거라고 예상했고 영국의 금융 중심지가 동쪽에 있는 도클랜즈 쪽으로 이동할 거라고 봤다. 2006년에도 막내가 독립하자마자 살고 있던 집을 줄이며 비슷한 결정을 내렸다. 부동산 시장에 대한 거시 전망이 비관적이었기 때문이다.

전업투자자가 되다

1999년, 투자은행에서 거의 15년을 일한 루크는 서픽에서 직장까지 긴 통근시간과 강도 높은 업무, 잦은 해외 출장에 진질머리가 났다. 은행에서 일하는 많은 사람이 그렇듯 루크도 더 편안한 삶을 원했지만 타성과 금전적으로 높은 보상에 젖어 있었다. 그러다 딜링룸dealing room의 나이 차별이 황금으로 만들어진 새장 문을 열었다.

"은행에서는 45세가 넘으면 도태 대상이 됩니다."

얼마 뒤 루크는 비금융 회사의 은행 거래에 대해 자문해주는 작은 재무 컨설팅 회사에 들어갔다. 그는 기업 고객들에게 은행 대출보다 증권 시장에서 자금을 조달하라고 조언하며 새로운 서비스를 개발하려고 했다.

"저는 사냥터지기로 변한 밀렵꾼이었어요. 보기에 따라서는 그 반대였을 수도 있고요."

루크는 약 3년 동안 이 일을 했지만 사업을 성장시키는 것은 어려웠다.

"제 발표를 듣는 사람들은 자존심 때문에 도움이 필요하다는 사실을 쉽게 인정하지 않았습니다. 설사 그 사실을 알았다고 해도 그들의 상사가 도움을 받고 돈을 지불할 생각이 없었죠."

2000년 3월, 루크는 한 달 내내 마르코니^{Marconi}에 부채 조정에 대해 자문해줬다. 그달 말이 지나자 3월 동안 개인적인 주식 포트폴리오로 번 수익이 그달에 번 급여보다 몇 배나 많고, 심지어는 회사가 번 수수료보다도 많다는 사실을 깨닫게 되었다.

"이 일로 직장 일보다 투자에 더 많은 시간을 써야 할지도 모르겠다는 생각이 들었습니다."

2001년 911 테러 이후 경기가 침체기에 들어서자 회사가 어려워졌고 루크는 2002년 초 직장을 떠났다. 그의 나이 47세였다. 이후 가끔 특별 컨설팅을 하는 것을 제외하고는 계속 전업투자자로 살아왔다.

큰 그림: 도외시된 원유 섹터

1990년대 후반 개인투자에 더 많은 시간을 쏟기 시작했을 때 루크는 이전 직장에서 쌓아왔던 사고방식 때문에 자연스럽게 가치 있는 투자처를 찾아 전체적인 투자 지형을 훑어보는 톱다운 관점을 갖고 있었다. 그리고 이런 방식 덕분에 1999년 3월, 원유 탐사 및 생산 기업에 관심을 갖게 되었다.

루크는 원유 산업에 특별한 전문 지식도 없었고 이전에 이 섹터에 투자해본 적도 없었지만 이 분야가 분명 가장 가치 있는 투자처라고 생각했다. 다만 이 사실은 루크에게만 분명하게 보였을 뿐 당시에는 소수의 견해였다. 1999년 3월 4일 루크가 원유 섹터에 집중하기로 결심한 거의 바로 그날 《이코노미스트^{The Economist}》는 "석유가 과잉 공급되고 있다^{Drowning in oil}"는 유명한 헤드라인으로 석유 가격이 배럴당 5달러가 될 거라는 예측 기사를 내놓는다.

처음에는 영국에 상장된 원유 탐사 및 생산 기업 중 가장 좋다고 생각한 몇 개 기업에 투자했다. 이후 몇 년 동안 컨설팅 수입과 1990년대에 투자해왔던 기술주 섹터의 펀드와 기타 집합투자 자산을 팔아서 보유량을 늘렸다. 이때 주식을 매수한 원유 회사 중 하나인 소코 인터내셔널^{Soco International}은 이후 10년 동안 루크의 포트폴리오에서 가장 크게 상승했다.

1999년 3월, 32포인트에서 처음 매수한 이후 소코 인터내셔널의 주가는 2007년 9월 최고점에서 75배, 2009년 말에는 42배 상승을 기록했다. 32포인트에서는 전체 물량 중 극히 일부만 매수했지만, 이 눈부신 상승은 '결정의 양보다 질'에 집중하는 것이 얼마나 큰 가능성이 있는지를 보여준다.

주식 시장의 역사에는 거의 모든 시대에 소코 같은 주식이 있었다. 이런 주식을 찾아서 매수하고 그대로 붙들고 있다면 인생이 바뀔 수 있다. 삶을 변화시키기 위해서는 그저 한두 개의 진짜 좋은

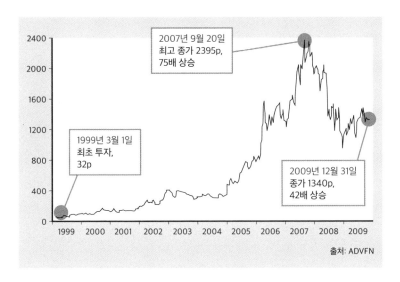

소코 인터내셔널: 1999년 3월부터 2009년 12월까지 42배 상승

2007년 9월 20일
최고 종가 2395p,
75배 상승

1999년 3월 1일
최초 투자,
32p

2009년 12월 31일
종가 1340p,
42배 상승

출처: ADVFN

투자 아이디어가 필요할 뿐이다.

루크의 투자 과정은 늘 톱다운 분석으로 시작하지만 이것은 시작이지 끝이 아니다. 그는 보유하고 있는 기업 각각에 대해 계속 공부한다. 석유 탐사 분야는 공부에 상당한 시간과 노력이 필요하다. 확인 매장량proven reserves, 확인 매장량과 추정 매장량probable reserves을 합한 매장량proven and probable (2P) reserves, 예상 매장량possible reserves 등 용어들은 모두 정확한 기술적 의미가 있고 뉴스를 해석할 때도 그 뉘앙스가 아주 중요하다.

루크는 보통 여섯 개 이하의 종목에만 투자해왔다.

"저는 분산으로 얻는 이익의 대부분이 처음 몇 개의 종목에서 나온다고 생각합니다."

그는 일단 어떤 주식을 보유하면 그 기업이 '하락 가능성은 낮고 상승 가능성은 높은지' 확인하는 데 초점을 맞춰 연구한다. 보유 주식이 이런 조건을 갖췄다면 단기간에 움직이는 가격은 무시한다.

"저는 기업을 보지 주가를 보려 하지 않습니다."
이후 몇 주 혹은 몇 개월 동안 다른 주식이 훨씬 더 높은 수익률을 보일까 봐 잠도 못 자면서 걱정하지도 않는다.

"시장에서 핫한 최신 종목을 쫓아다니며 이 종목, 저 종목 뛰어다니는 것보다 몇 번의 탁월한 장기적 선택을 하는 편이 낫다고 봅니다. 좋은 친구 몇 명과 오랫동안 사귀는 것이 단기적인 이익을 위해 매주 친구를 바꾸는 것보다 낫죠."

원유 탐사 기업의 주가 변동성이 크다는 것은 이 섹터에 투자하는 사람이 기술 섹터에 투자하는 사람과 공통점이 있다는 뜻이었다. 둘 다 특정 기업에 지나치게 열정적인 정보 없는 개미 투자자를 끌어들인다. 루크는 이 의견에 동의했을까?

"맞아요. 두 섹터 모두 눈 먼 돈이 많이 들어오죠. 하지만 원유 탐사는 새로운 유전을 발견할 수 있기 때문에 하룻밤 사이에 기업 펀더멘털이 크게 바뀔 수 있는 몇 안 되는 섹터입니다. 이런 점에서 대부분의 기술 섹터와는 다르다고 생각합니다."

원유 섹터에 대한 루크의 낙관적인 장기 관점은 "석유 및 천연가스 자원은 제한적이기 때문에 결국 중국 등 자원이 부족한 국가에서 쟁탈전이 일어날 것이다. 언제가 될지는 모르겠지만 분명히 그렇게 될 거라고 확신한다."는 견해에 근거하고 있다. 그는 이런 전략적 매수자의 장기 목표로서 기업의 타당성을 보고 보유 종목을 골랐다.

루크의 포트폴리오는 큰 그림을 그리는 그의 접근 방식 때문에 2010년까지 10년 동안 원유 섹터에 크게 몰려 있었지만, 다른 섹터에 대해서도 진지하게 고민한다. 게시판에 은행 섹터에 대해 올린 상세한 글들이 그 증거다. 다만 공매도를 하지 않기 때문에 2000년대 중반 그가 그린 큰 그림 중 은행에 대한 그림은 유용한 투자 아이디어로 이어지지 않았다.

"은행에 어떤 문제가 있는지 정확히는 몰랐지만 돌아가는 게임의 성격은 알고 있었습니다. 2009년 초까지 여러 해 동안 제가 내린 주된 결론은 은행에는 투자하지 말자는 것이었습니다."

레버리지, 공매도, 숏스퀴즈

루크가 보유한 약 여섯 개의 종목들은 전부 상장 주식이다. 포트폴리오의 상당 부분이 ISA에 들어가 있었는데 이 계좌로는 2013년 가을 이전까지 대부분의 AIM^Alternative Investment Market * 주식을 매수할 수 없었기 때문이다.[3] 루크는 1993년부터 ISA의 전신인 PEP에 적립금

---

* 코스닥이나 미국 나스닥에 해당하는 혁신기업 주식 시장. 런던증권거래소가 운영한다.

을 넣었다. 그러다 2003년에 적립을 중단하고 일부 금액을 인출했다. 적립 기간이 짧았는데도 그의 ISA는 2006년 100만 파운드를 넘어섰다. 연평균 최소 27% 성장했다는 의미다.

그는 스프레드 베팅spread betting*이나 그 외 다른 유형의 레버리지를 사용하지 않는다. 운영 레버리지가 많고 변동성이 큰 원유 탐사와 같은 섹터에서 레버리지는 불필요하다고 생각하기 때문이다.

"레버리지가 단물을 더 많이 가져다주긴 하지만 상황이 나빠지면 그 단물이 순식간에 독으로 변할 수 있습니다."

루크는 채권 시장에서 직접 숏스퀴즈short squeeze**를 경험해봤기 때문에 한 번도 주식을 공매도하려고 생각해본 적이 없다.

"1987년 제가 몸담았던 은행에서 새로운 채권을 발행했는데 인수단을 조직하기도 전에 폴 볼커Paul Volcker가 미국연방준비제도 의장을 그만둔다고 발표한 거예요. 유로본드를 다루는 상위 10개 하우스 중 여섯 곳이 이 뉴스를 악재라고 판단했고 97포인트쯤에서 우리 채권을 공매도했어요. 하지만 그들은 공매도한 채권을 우리 하우스가 전부 사고 있다는 사실은 몰랐죠. 결국 우리가 전체 발행의 120%를 보유하게 됐는데 이건 우리가 공매도한 여섯 개 하우스의 약점을 잡았다는 얘기거든요. 우리는 그저 이후 며칠 동안 하루

• 스프레드 베팅은 영국에서 거래되는 투자 상품으로 자산을 직접 보유하지 않고 외환, 주식, 지수, 상품 등의 가격 등락에 베팅하는 파생상품을 말한다. 레버리지 효과가 크며 세제 혜택이 있다. 주식 차액결제거래(CFD)와 비슷하지만, 일종의 도박이라고 볼 수 있어 영국에서는 금융감독청 FCA의 강력한 제제 아래 거래된다.
•• 공매도 포지션을 커버하기 위해 상품이나 주식을 사야만 하는 숏커버링 상황.

2%씩 채권 가격이 올라가는 걸 지켜보기만 하면 됐습니다. 몇몇은 재빨리 실수를 받아들이고 102~104포인트 근처에서 빠져나갔어요. 더 고집스러운 하우스는 결국 115포인트 근처에서 포지션을 정리했습니다. 숏포지션을 잡았던 트레이더 중 적어도 한 명은 직장을 잃었고요. 저는 그때 이후로 주식 공매도는 전혀 할 생각이 없어요."

전업투자자의 일상

수년 동안 새벽에 출근을 하다 보니 루크는 오전 7시에 모니터 앞에 앉아서 뉴스를 읽는 것이 편하다. 다만 아침에 기사를 확인하는 것은 주로 개인적 흥미를 위해서고 거래는 전혀 하지 않는다.

"좋은 아이디어가 있으면 매매는 늘 할 수 있어요. 그렇게 자주 마음이 동하지 않는 것뿐이죠."

그는 두세 시간 정도 시장을 살피고, 생각하고, 독서하고, 게시판에 올릴 글을 작성한 다음 개를 산책시킨다. 거래 시간에 모니터 앞에 붙어 있어야 한다고 생각하지 않으며 규제뉴스 서비스^{Regulatory News Service}•(이하 RNS)를 꼭 켜놔야 한다고도 생각하지 않는다. 하지만

• 런던증권거래소의 뉴스 서비스로 기업에서 발표하는 규제 및 비규제 정보를 전송하는 서비스.

거의 매일 하루에 몇 시간씩 투자 연구를 한다.

경영진과의 대화나 만남은 매수할 주식을 처음 선택할 때는 거의 하지 않지만 투자가 이루어진 뒤에는 종종 이메일로 연락을 주고받는다. 주식 보유량이 많은 회사의 주주총회에는 참석하지만 투자 가능성이 있는 다른 회사의 주주총회에는 대체로 참석하지 않는다. 그렇다면 주주행동주의shareholder activism에 대해서는 어떤 입장일까?

"저는 경영진을 몰아세워야 하는 어떤 상황에도 끼고 싶지 않습니다."

루크는 "새로운 아이디어를 얻기 위해서가 아니라 시장이 자신의 견해를 어떻게 평가하고 있는지 확인하기 위해" 보유 주식에 대한 애널리스트 분석을 찾아본다. 원유 탐사 및 생산 기업 수식에 대한 그들의 견해는 종종 루크의 평가보다 보수적인데 그는 이것이 애널리스트들의 전형적인 가치평가 방식과 관련된 구조적인 이유 때문이라고 생각한다.

"원유 탐사와 생산 기업의 가치를 평가하는 가장 흔한 방법은 사업별 가치합산sum-of-the-parts 방식에 근거해 순자산가치를 평가하는 것입니다. 하지만 대부분은 임의의 기간, 가령 6~12개월 내에 시추되지 않을 탐사 자산은 무시하는 경향이 있습니다. 어떤 기업은 대부분의 기업 가치가 내년까지도 시추되지 않을 자산에 있는 경우도 있습니다."

배경 지식 | 인터넷 게시판

개인투자자는 1990년대 후반까지 신문의 경제면이나 《인베스터스 크로니클Investors Chronicle》 등의 잡지, 기업의 사업보고서를 제외하고는 정보나 투자 아이디어를 얻을 곳이 없었다. 이렇게 일반적이고 일방적인 자료만으로 공부했기 때문에 투자 아이디어를 취합하는 일은 힘들고, 시간이 많이 들며 별로 재미있지도 않았다. 운이 좋은 투자자라면 투자에 관심 있는 친구가 한두 명 있겠지만 대부분의 개인투자자는 자주적이다 못해 고립되어 있었다. 인터넷 게시판은 개인투자자가 겪는 고립을 많은 부분 완화해주었다.

게시판에서 일어나는 토론은 종종 독자 수와 참여도를 헷갈리게 한다. 사이트 운영자들은 수십 명에서 수백 명의 '눈팅족'이 읽기만 하고 글은 거의 쓰지 않는다고 말한다. 누군가 상장회사의 임원이나 금융 전문가, 저널리스트에게 인터넷 게시판에 대해 묻는다면 다수가 그런 사소한 문제는 신경 쓰지 않는 척할 것이다. 하지만 더 긴 시간에 걸쳐 주의 깊게 이야기를 들어보면 분명 많은 사람이 자신이 직업적으로 관련된 회사에 대해 쓴 게시글을 열심히 눈팅한다.

어떤 CEO들은 실명이나 가명으로 게시판에 글을 올리고 북미와 유럽에 있는 기업들은 게시판에 글을 올리는 사람들을 상대로 명예훼손 소송을 걸기도 한다.[4] 파이낸셜 PR 자문가*나 그 밖의 기업 자문가 역시 여러 게시판을

---

* 기업의 재무적 사안을 이해관계자에게 전달, 설득하는 업무를 담당.

모니터링하고 논의를 고객에게 이로운 방향으로 이끌기 위해 공공연하게 나 암암리에 애를 쓴다.

인터넷 게시판은 술집에서 대화를 나누는 것과 비슷하다. 마치 술집처럼 특징, 인기도, 운영 기간이 다양하다. 몇몇 인기 있는 웹사이트와 게시판은 다음과 같은 특징이 있다.

ADVFN(www.advfn.com) | 글로벌 투자 정보 플랫폼으로 인터넷 트래픽 기준 영국에서 확실한 시장의 선두주자다.[5] 매일 1만 개가 넘는 게시물이 올라오는 이 사이트는 바벨탑과 비슷하지만, 아주 작은 기업이더라도 상장된 회사에 대해 투자자, 고객, 공급업체, 경쟁사, 직원 들이 덧붙이는 상세한 이야기를 찾아볼 수 있는 투사사의 참고 도서관이기도 하다.

런던 사우스 이스트(www.lse.co.uk) | ADVFN처럼 거의 모든 영국 상장 기업에 대한 게시판이 있으며 종종 ADVFN보다 게시물이 더 많을 때도 있다.

스톡피디아(www.stockopedia.co.uk) | 기업 펀더멘털에 대한 좋은 자료를 확인할 수 있다. 검색 조건을 설정해 다양한 유형의 주식(성장주, 가치주, 모멘텀주 등)을 뽑아볼 수 있는 기능이 있고, 게시판에서 이루어지는 논의의 수준도 높다.

시티와이어(www.citywire.co.uk) | 투자 회사에 대한 보도자료, 금융업계 소식, 펀드매니저와의 인터뷰를 제공한다.

온라인 투자 커뮤니티의 게시글 3만 개 작성

루크는 자신의 전문 관심 분야인 원유와 은행 섹터는 물론 그 외다른 여러 주제에 대해서도 인터넷 게시판에 엄청나게 많은 글을올린다. 그는 게시판에 글을 쓸 때 논쟁적인 스타일로 지인들은 루크의 거친 포스팅과 시골쥐처럼 얌전한 실제 모습이 대조적으로 흥미롭다고 말한다. 게시판에 글을 올리는 다른 사람에 비해 더 수준높고 깊이 있는 지식을 가진 루크가 이렇게 많은 글을 올리는 것은놀라운 일이다. 특히 이 책에 등장하는 또 다른 전직 투자은행가 오언이 인터넷 게시판에 전혀 시간을 쓰지 않는다는 사실을 비교해보면 더욱 그렇다.

루크는 왜 이렇게 많은 글을 게시하는 걸까? 가령, 루크는 투자정보 사이트 모틀리풀The Motley Fool에 10년 동안 3만 건이 넘는 게시물을 올렸는데 이것은 그가 1년에 고작 몇 번밖에 거래하지 않는 사람이라는 점을 생각해보면 아주 놀라운 양이다. 주로 한두 문장으로 된 짧은 대답을 올리지만 여러 문단으로 된 글을 올릴 때도 있다. 읽는 시간을 포함해 게시물 하나당 10분이 걸린다면 1년에 500시간을 들였다는 의미다.

루크가 이렇게 글을 올리는 첫 번째 이유는 인터넷 게시판이 그의 정리 시스템이기 때문이다. 그는 생각을 기록하는 수단으로 게시물을 이용하기 때문에 종이 서류를 거의 쓰지 않는다.

두 번째 이유는 포스팅이 트레이딩룸의 아침 회의를 대신하기 때문이다.

"투자은행에서 일할 때는 매일 아침 회의에서 시장에 대해 논의했거든요. 요즘에는 인터넷 게시판에서 그런 종류의 대화를 나눕니다."

세 번째 이유는 원유 가스 전문 게시판에 글을 올리면 지질학자나 원유 가스 섹터의 전문가에게서 피드백을 받아 지식의 틈을 메꿀 수 있기 때문이다.

마지막으로 나는 그가 게시물 추천을 받으면서 어떤 개인적인 확인을 얻는다고 생각한다. 많은 열정적인 블로거처럼 루크도 팔로워가 늘지 않을까 봐 불안해하며 많은 시간을 보낸다.

전문투자자들은 이를 쉽게 조롱한다. 게시판의 논의는 종종 시간 낭비, 아는 것 없는 아마추어들의 쓸데없는 잡담으로 치부된다. "환자가 구글러일 때"와 같은 비판 글을 쓰는 의사들이나 소송 당사자들을 조롱하는 변호사들, 경제 블로거를 폄하하는 경제학자들처럼 다른 전문 분야의 전문가들도 마찬가지다.[6] 그러나 조롱은 무관심이 아니다. 전문가들이 그렇게 하는 진짜 이유는 권위에 대한 도전을 느끼고 자신들의 지위와 신비로움이 무너질까 봐서다.

게시판에서 이루어지는 논의는 아주 다양해서 중간값이 낮기 때문에 쉽게 조롱의 대상이 된다. 그러나 무엇을 봐야할지 아는 노련한 사용자들에게 중간값은 중요하지 않다. 한두 가지 유용한 아이디어를 찾기 위해 몇 시간씩 자료를 읽어야 하지만, 그 덕분에 투자자는 수만 파운드를 벌거나 잃지 않을 수 있다. 루크는 이렇게 말한다.

"대부분의 게시판이 유용하다는 게 아니에요. 몇 개만 쓸 만하죠. 좋은 게시판은 시간이 지나면 바뀝니다. 예를 들어, 몇 년 전에는 모틀리풀의 원유 가스 게시판이 가장 좋았는데 최근에는 스톡피디아가 좋아요. 그리고 아이디어를 게시글로 구성하다 보면 생각이 명확해집니다."

루크는 다양한 주제와 기업에 대해 글을 올리지만 확실한 견해를 밝힐 때조차 그대로 투자하지 않는 경우가 있다. 그는 아주 분명한 생각에만 투자한다. 이러한 예로 루크는 이전 몇 년 동안 은행에 투자하는 것의 위험성에 대해 경고하다가 2009년 봄 은행들, 특히 바클레이즈Barclays가 싸다고 강조하며 올렸던 몇 개의 구체적인 게시물을 언급했다. 그러나 이때 루크는 방아쇠를 당기지 않았고 나중에 후회했다.

그는 앞으로 "20% 이상 움직임이 예상된다면 거래를 한다. 하지만 5~10% 상승을 먹으려고 들어가지는 않는다."고 다짐했다. 뒤늦은 깨달음을 얻은 루크는 지난 몇 년 동안 저지른 주된 잘못은 충분히 거래하지 않은 것이었다고 생각한다. 흔하지는 않지만 상대적으로 그리 나쁜 잘못은 아니다.

"저는 현상을 유지하려는 경향이 강한 것 같습니다. 장기투자자로서 어떤 주식의 장기 전망에 대해 더 나은 지식을 갖고 있을 때는 단기적으로 하락이 예상되더라도 매도하기가 힘들어요. 저는 단기적인 관점보다 장기적인 관점에 더 자신이 있습니다."

전략적 무기력함

루크는 이 책에 등장하는 모든 투자자 중 다년간의 글로벌 시장 추세를 보며 장기적인 큰 그림에 가장 집중하는 투자자다. 루크의 접근 방식은 채권 거래를 만들어낼 기회를 찾아 글로벌 시장을 유심히 지켜봐왔던 지난 15년 동안의 경험에서 비롯되었다. 독특하고 포괄적인 성격의 지리학을 바탕으로 초기 경력을 쌓았다는 사실도 영향을 미쳤다. 아주 잘 아는 소수의 종목으로 구성된 루크의 포트폴리오는 매우 집중적이다. 그는 이 책에 등장하는 투자자 중 거래 빈도는 가장 낮지만 인터넷 게시판에 가장 많은 글을 게시한다. 그는 아주 확실한 견해가 있을 때만 행동하며 이런 전략적 무기력함이 그가 이룬 성공의 결정적인 요인이다.

"대부분의 투자자가 생각은 더 하고 행동은 덜 한다면 더 좋은 성과를 거둘 것입니다. 투자에 성공하기 위한 비법 중 하나는 아무것도 하지 않으면서 행복해지는 법을 배우는 것입니다."

루크의 조언

- ☑ **큰 그림을 봐라** | 투자 지형을 넓게 보는 것이 유리하다.
- ☑ **올바른 기차를 타라** | 장기적이고 대중적인 성장 가능성이 있는 투자 분야를 선택해라.
- ☑ **의사결정의 양보다 질에 집중해라** | 인생을 바꾸기 위해서는 한두 번의 진짜 좋은 투자 아이디어가 필요할 뿐이다.
- ☑ **최고의 아이디어를 고수하라** | 매번 단기적으로 가장 좋은 주식을 쫓아다니는 것(매주 친구를 바꾸는 것)보다 장기적으로 소유하는 것에 편안함을 느끼는 것(적지만 좋은 친구들)이 더 좋을 수 있다.

투자 포인트

- ☑ **하룻밤 사이의 변화** | 원유 탐사는 하룻밤 사이에 기업의 펀더멘털이 크게 변할 수 있는 몇 안 되는 섹터 중 하나다.
- ☑ **대체 관계에 있는 영업 레버리지와 재무 레버리지** | 원유 섹터는 영업 레버리지가 크기 때문에 투자자가 재무적 레버리지를 많이 쓸 필요가 없다.
- ☑ **애널리스트의 분석을 넘어선 가치** | 애널리스트 분석은 대부분 향후 1~2년에 초점을 맞추기 때문에 기업 가치가 저평가될 수 있다.
- ☑ **전략적 무기력** | 투자에 성공하기 위한 비법 중 하나는 아무것도 하지 않으면서 행복해지는 법을 배우는 것이다.

투자의 성공은
타이밍의 문제다

시장의 변화에 주목하는 스윙 투자자: 나이절

나이절의 프로필

• 인터뷰 당시	56세
• 마지막으로 직장을 떠났을 때	47세
• 경력	심리학 전공
	투자은행 근무(선박 금융)
• 투자 스타일	시장 사이클 예측
	펀더멘털 외 투자 심리 활용
• 주요 거래 분야 및 섹터	원유 및 광물(런던 및 해외, 특히 캐나다), 홍콩 부동산
• 상품	주식, 지수 옵션, 신주인수권, 부동산 현물
• 보유 기간	몇 주에서 몇 개월
• 투자 성과	2001~2008년: 연간 25% 이상의 연평균 수익률
	(모든 생활비와 세금을 뺀 순수익)
• 투자 마인드	"상승장에서는 모두가 천재다. 그러니 상승장을 찾아라!"
• 주요 키워드	#장기_사이클과_단기_사이클의_겹침,
	#시장의_양극성, #교차_시장_정보, #인터넷_게시판

투자에서 성공은 대체로 타이밍의 문제다. 시장보다 한 발 앞서면 돈을 벌지만 세 발 앞서면 문제가 될 수 있다. 궁극적으로 내가 옳다 해도 말이다.

다양한 투자 방식은 타이밍을 결정하는 기준이다. 이 책에 등장하는 측량사 유형의 투자자들은 개별 기업의 활동을 보고 타이밍을 잡는다. 반면 지리학자 유형의 투자자들은 전반적인 경제와 시장 상황에서 일어나는 움직임을 보고 타이밍을 잡는다.

나이절은 지리학자 유형의 투자자로 해운, 광산, 부동산 등의 투자 시장은 장기와 단기 사이클이 포개져 연속한다는 개념에 입각해 타이밍을 잡는다. 그는 사이클의 상승기 초반에 매수해서 하락기 전에 매도한다. 아니면 그의 표현대로 "상승 장세에서는 모두가 천재다. 그러니 상승장을 찾는다!"

사이클 개념 외에도 그의 투자 방식에서 나타나는 독특한 특징은 투자 심리와 정서를 관찰하는 데 집중한다는 것이다.

"다른 사람의 생각은 내 생각만큼이나 중요합니다. 그들의 생각이 어떻게 바뀔지 그들이 알아채기 전에 먼저 예측해야 하죠."
나이절의 투자 방식은 하버드에서 심리학을 공부했던 경험에서 비롯되었고 이후 사이클대로 움직이는 치열한 선박 금융 분야에서 일하며 정교해졌다.

그는 183센티미터가 넘는 키와 갈색 생머리에 얼굴에는 주름이 없어 실제 나이인 56세보다 젊어 보인다. 미국 중서부에서 어린 시절을 보내 미국식 억양이 남아 있지만 커리어는 대부분 런던, 홍콩, 일본을 돌아다니며 다른 대륙에서 쌓았다. 결혼은 하지 않았지만 현재 "검소한 생활 방식과 감수성이 맞는" 파트너와 홍콩에서 살고 있다. AIM에 상장된 광산 회사의 비상임이사로 임명돼 1년에 여러 차례 런던을 방문한다. 그의 태도에는 미국 중서부의 솔직함과 범세계적 개방성, 25년간의 은행생활에서 비롯된 냉소주의가 약간 섞여 있다.

절약이 미덕이었던 어린 시절

나이절은 수학 전공으로 하버드에 입학했지만 2학년 때 심리학으로 전과하고 경제학을 부전공했다. 1975년 학부를 졸업할 당시 1970년대 중반 불어닥친 경기 불황의 여파로 자동차 업계가 어려움을 겪으면서 아버지의 엔지니어링 사업이 위기에 빠졌다. 결국 디트로이트에 있던 회사는 헐값에 매각되었다. 아버지는 새로운 사업을 시작했지만 오랫동안 수입 없이 지출만 계속됐다. 아버지에게 대학 등록금을 신세졌다는 생각에 나이절은 법학대학원이나 경영

대학원에 진학할 생각을 포기하고 바로 뉴욕에 있는 국제 상업 은행에서 인턴십을 시작했다.

직장생활을 시작하고 처음 몇 년 동안은 부모님께 매달 수입의 일정 부분을 보내야 했다. 자유롭게 소비하는 동료들의 생활 방식은 그와 맞지 않았고, 이때부터 절약을 미덕으로 생각하게 됐다. 이직이나 투자 손실로 수입이 줄었을 때조차 저축하는 습관을 들였다. 동료들과 비교해보면 조금 덜 세련된 동네에서 살면서 덜 이국적인 휴가를 보냈고 옷과 외식, 오락에도 돈을 적게 썼다.

은행에는 '대차대조표와 신용에 대한 이해'를 돕는 훌륭한 트레이닝 프로그램이 있었다. 나이절은 트레이닝이 끝난 후 내부 감사팀에 들어가서 전 세계를 돌아다니며 자동차 회사들, 프랑스의 부동산 개발자들, 홍콩의 선박 대출 등 은행에서 가장 악질적이고 문제가 많은 신용 대출들을 살펴보았다. 그의 일은 대차대조표를 살펴보고 은행의 내부 보고서를 읽고 대출 회수가능성에 대해 독립적인 의견을 내는 것이었다.

"문제가 생긴 대출들을 살펴봄으로써 은행업의 험한 부분을 잘 배웠습니다. 지점 경영진의 의사결정에 이의를 제기하는 것이 맡은 업무였기 때문에 이 일을 하면서 독립적인 생각을 키울 수 있었죠."

투자의 시작

1970년대 중반 은행 연수생이었던 나이절은 투자할 돈이 없었지만 회사의 출장 경비 제도의 허점 덕분에 소액이나마 첫 투자를 할 수 있었다. 회사에서는 해외로 출장을 나갈 때마다 2,000달러를 현금으로 선지급했고 영수증으로 증빙되지 않더라도 잔여분은 출장 후 돌려받았다. 이것은 해외 출장 중 개인 신용카드로 실제 경비를 지출하고 선지급받은 2,000달러를 투자에 쓸 수 있는 가능성을 간과한 것이었다. 신용카드 대금을 지불할 때쯤에는 또 다른 해외 출장이 잡혀 다시 2,000달러가 선금으로 들어왔다. 사실상 2,000달러를 무이자로 계속 투자에 쓸 수 있었던 것이다.

30년이 더 지난 지금도 자세히 기억하고 있는 나이절의 첫 번째 성공 사례는 컴퓨터 인베스터스 그룹Computer Investors Group에 투자한 것이었다. 고금리 상황에서 컴퓨터 대여 회사는 대여 사업에서 손실을 기록하고 있었다. 나이절이 이 회사의 재무 상황을 살펴보니 컴퓨터의 감가상각이 거의 완료되어 가까운 미래에 상당한 수익 증가가 예상되었다. 이 생각을 확신한 그는 해외 출장 경비로 선지급받은 2,000달러 전액을 컴퓨터인베스터스그룹 한 종목에 투자했다. 주당 1달러도 안 되는 가격이었다. 투자 후 첫 번째 실적 발표 결과는 예상대로였고 3개월도 채 되지 않아 4달러 근처에서 주식을 매도할 수 있었다.

주식 시장에 투자할 또 다른 재원은 처음 샀던 집인 스튜디오를

5만 5000달러에 팔고 더 싼 지역에 있는 4만 2000달러짜리 원룸으로 이사하면서 구했다. 1980년에 복층 아파트로 이사하려던 계획은 선박 금융 책임자로 전격 승진하면서 홍콩으로 가게 되는 바람에 무산되었다.

해운업은 낭만적인 분야다. 그림처럼 멋진 배, 난해한 전문 용어, 자연의 위협, 엄청난 변동성, 수세기에 걸친 역사, 지정학적 웅장함까지 느껴지는 글로벌 운영의 세계다. 이런 낭만이 엄청난 자금을 끌어들이지만 야생의 사이클은 소수의 행운아에게만 거금을 내려줄 뿐 선주들이 실제 손에 쥐는 평균적인 수익은 낮은 편이다.[7]

1980년부터 1984년까지 나이절은 홍콩에서 해운업에 대해 배웠다. 배우는 데 많은 시간과 노력이 들었기 때문에 개인적으로 투자할 시간은 거의 없었다. 1984년 뉴욕으로 돌아와 런던의 선박 금융 그룹으로 이직하기 전 가지고 있던 아파트를 처분했다. 파운드화 환율이 약했기 때문에 맨해튼의 방 하나짜리 아파트를 팔고 켄싱턴에 있는 방 세 개짜리 반지하 아파트를 구입했다. 런던에서는 새로운 비대출 상품 거래들을 개척했는데 그가 다니던 유럽 은행에서는 한 번도 거래해본 적 없는 통화옵션도 그중 하나였다. 출판을 목적으로 글도 쓰기 시작했다. 이때 쓴 글 중 하나가 이후 투자 철학의 기초를 형성했다.

시장의 사이클을 심리적으로 분석하다

나이절이 은행에서 일하면서 느꼈던 불만 중 하나는 은행이 현재 시장 상황에는 지나치게 반응하면서 변화는 예측하지 않는다는 점이었다. 은행들은 해상 운임이 높을 때는 낮은 마진과 높은 담보인정비율loan-to-value ratios을 적용해 공격적으로 대출해주지만, 운임이 낮을 때는 높은 마진과 보수적인 담보인정비율을 적용하면서도 대출해주길 꺼렸다. 이런 식의 대출은 단기적 현금흐름의 관점에서는 타당했지만 은행이 사이클에 반대로 대응해 해운 회사의 자산가치가 높을 때 덜 공격적으로 대출해준다면 위험을 보다 잘 관리할 수 있있다.

그는 이 생각에서 나아가 1986년 해운 산업의 사이클에 대한 기사를 썼고 책으로 출판했다. 이것이 소소한 이벤트로 이어져 런던, 뉴욕, 노르웨이, 그리스에서 열린 컨퍼런스에서 강연했고 25년이 지난 지금도 학계 연구자들 사이에서 꾸준히 인용되고 있다.

1986년의 기사에 따르면 해운 시장의 흐름은 대략 3~5년의 단기 사이클과 16~24년의 중기 사이클, 40~60년에 이르는 장기 사이클인 아주 긴 콘트라티에프 파동Kondratiev wave의 조합으로 이루어진다. 단기 사이클은 금리 변화와 4년 주기인 미국의 산업 및 정치 사이클의 영향을 받는다. 중기 사이클은 투자 사이클로 선박 및 폐선 주문, 선박 건조 능력의 변화에 영향을 받는다. 콘트라티에프 파동은 그 존재와 원인에 대해 경제사학자들 사이에 많은 논란이 있지만 경제의 모든 부문에 적용되는 광범위한 거시경제적 현상이다. 몇 년 후 나이절은 사이클 개념을 원유 시장에도 적용해 사이클별로 원유 재고 수준, 정치, 원유 생산 투자의 영향을 받는 약 2년, 8년, 30년 주기의 사이클이 있다는 글을 썼다.

장기적인 주 사이클major cycle이 여러 개의 단기 소 사이클을 포함하는 중첩 사이클 개념은 이후 나이절의 투자 방식에 기초를 형성했다.

"저는 거시적인 관점에서 먼저 사이클 시장을 찾고 스윙을 잡으려고 합니다. 상승기에 매수하고 하락기에 파는 것이죠."

사이클이 반드시 규칙성을 의미하지는 않는다. 모든 시장의 사이클은 불확실하고 가변적이다. 그럼에도 중첩 사이클 개념은 여러 투자 섹터를 이해하는 데 도움이 된다. 나이절은 해운 시장에 대한 통찰을 얻은 것 외에도 시장 사이클을 모니터링하고 예측하는 방식으로 2001년에 런던의 부동산을 팔고 금 광산주를 샀다. 2007~2008년에는 홍콩 부동산으로 투자 대상을 바꿨고 2010년 초에는 다시 홍콩 부동산의 대부분을 매도했다.

그런데 시장의 사이클이 '불확실하고 가변적'이라면 투자자는 이 개념을 어떻게 이용해야 할까? 나이절은 주기를 따르는 사이클 개념은 투자 심리에 대한 모니터링 과정과 함께 이루어져야 한다고 답한다. 투자 심리를 모니터링하면 사이클이 확장되거나 수축될 거라는 조기 경고를 얻을 수 있다. 나이절은 이 과정을 책으로 비유한다. 책의 글자 크기가 변하면 한 챕터의 페이지 수는 더 많아질 수도 적어질 수도 있지만 그 안의 이야기는 그대로라는 것이다. 사이클을 정의하는 것은 획일적인 시간 간격이 아니라 기저를 이루는 순환적 서사의 전개 흐름이다. 시장의 심리 변화를 모니터링하면 내가 현재 사이클의 어디쯤에 있는지를 알 수 있다.

"시장은 대다수 사람이 더 올라갈 거라고 확신해야 비로소 정점에 도달하고, 대다수 사람이 더 떨어질 거라고 생각해야 바닥에 닿습니다."

해운 주기에 관한 글을 써서 인지도가 생기자 직업적으로도 도움이 됐다. 나이절은 회사에서 신상품을 개발하는 더 큰 역할을 맡았고 1986년에는 그가 설계한 거래 구조를 활용해서 처음으로 원유 스왑거래가 이루어지기도 했다. 스왑의 한쪽 당사자는 원유 생산자고 다른 한쪽은 항공사, 그리고 은행이 가운데에서 가격 마진을 챙겼다. 이후 2년 동안 원유 스왑거래는 유럽에서 급성장했다. 나이절의 회사는 뉴욕에 새로운 본부를 차리고 이 일에 집중했다. 그러다가 나이절과 새로운 상사는 미래 수익에 대한 회계처리 방식에 의견 차이가 생겨 사이가 틀어졌고, 이 때문에 결국 해고당했다.

그러나 업계에서 인지도가 높았던 그는 금방 기본급을 두 배로 올려 스위스 은행에 새로운 자리를 찾았다. 수입이 훨씬 높아지자 개인계좌로 더 활발히 옵션을 거래하기 시작했는데 성과는 거의 없었다. 이 시기 나이절은 전형적인 계약직 트레이더였다. 돈 버는 것에만 관심을 둔 트레이딩은 오락 그 이상이었고 어쩌면 그의 정체성이기도 했다.

"저는 트레이더라고 좀 우쭐했어요. 계속해서 돈을 잃었지만 감당할 수 있었기 때문에 크게 개의치 않았죠."

나이절은 스위스 은행에서 초기 상품파생 사업을 구축하기 위해 사업계획을 수립하는 업무도 맡았다. 계획은 성공적으로 세웠지만 은행 측이 신사업 개발을 위한 충분한 마케팅 자원을 투입하지 않아 막상 실행은 어려웠다. 3년 뒤 나이절은 회사를 떠나며 퇴직금을 받아 이 돈으로 런던 아파트의 담보대출금 대부분을 상환했다.

작은 규모에 집중하라

스위스 은행을 떠나며 "큰 조직의 정치에 대해 충분히 알게 된" 나이절은 규모가 작은 부티크 은행boutique bank 으로 직장을 옮겼다. 처음에 이 회사는 대기업과 아프리카의 작은 독립 국가를 상대로 상품파생거래를 판매하려 했지만, 상품파생 시장은 이미 대형 은행들이 장악하고 있었다. 이들에게 더 현실적인 목표 고객이었던 작은 탐사 기업들은 이색 파생상품을 거래하는 것보다는 단순한 자기자본조달이 필요했다. 나이절이 처음으로 자기자본조달에 성공했던 기업은 작은 광산 회사로 사모방식으로 100만 달러를 모집했는데 여기에는 나이절이 아파트 담보대출로 마련한 10만 달러도 포함되어 있었다. 몇 년 후 이 회사는 이전 모집 가격의 여섯 배 이상 주식 가치를 인정받으며 AIM에 상장되었다.

이 투자에 성공하면서 투자자로서 그의 관심은 광산 회사에 맞춰졌다. 그의 회사는 동료와 친구 들의 자금을 기반으로 작은 광산 펀드를 설립해 투자했다. 1990년대 중반 광산업은 호황 사이클을 맞았다. 금을 비롯한 상품 가격이 상승한 것 외에도 광맥의 발견과 인수가 광산업을 호황으로 이끌었다.

작은 광물 탐사업체가 큰 광맥을 발견하면 대기업이 종종 시가 총액에 프리미엄을 붙여 이를 인수하고 주당 광물매장량을 높인다. 대기업이 보유하는 매장량은 중소기업이 보유할 때보다 가치가 더 높게 매겨지는 경향이 있다. 이는 다음의 세 가지 이유 때문이다.

- 유동성이 키지면 주식에 대한 수요가 더 높아진다.
- 작은 기업들은 광산을 개발할 수 있는 전문 지식이 없을 때가 많다.
- 많은 투자자가 취약한 경영구조 때문에 작은 기업들을 불신한다.

따라서 나이절의 펀드는 '대규모 잠재 자원을 발굴하고 있는 매력적인 차세대 탐사업체를 찾는 데' 초점을 맞췄다. 이런 기업 중 어떤 회사는 엄청난 이익을 창출하기도 했다. 나이절이 놓쳤던 기업 중 하나도 그런 사례였다. 1994년 주당 0.13캐나다 달러였던 다이아몬드 필즈Diamond Fields는 대규모 니켈 매장층을 발견해 1996년 41캐나다 달러에 인수가가 책정됐다.

소규모 광산 펀드는 초기에는 몇 개월 만에 50% 이상 순자산가치가 상승하며 큰 성공을 거두었지만 1990년대 중후반 광산업에 약세장이 찾아왔다. 1995년 인도네시아에서 엄청난 금광을 발견했다고 주장했지만 1997년 사기임이 밝혀진 캐나다 탐사업체 브리엑스Bre-X 금광 사기사건이 특히 투자 심리를 꺾어놓았다.

나이절과 그의 동료들은 현금화하기 힘든 일부 보유 자산만 남기고 펀드를 폐쇄했다. 그다음에는 새롭게 도입된 장내해상운임 선물계약과 특정 항로에 대한 개별 선박 브로커의 선도해상운임계약 포트폴리오 사이에 차익거래 기회를 활용하는 해상운임 파생상품shipping derivatives 헤지펀드를 운용했다. 차익거래는 한동안 고수익을 냈지만 새로 도입된 시장에서 나타나는 대부분의 기술적 기회들이 그렇듯 시장이 성숙하면서 기회가 줄어들고 말았다.

10배 수익률과 타임아웃

1999년 말, 운 좋게 휴식기를 갖기 전까지 나이절은 전업투자자가 될 생각은커녕 안식년을 길게 보낼 만한 자유 자본도 없었다. 현금화가 어려웠던 까닭에 광산 펀드에 남아 있던 보유 자산 중 투칸골드Toucan Gold라는 작은 탐사 회사의 주식이 있었다. 1999년 8월, 투칸은 사명을 오소라이저Authoriszor로 바꾸고 인터넷 관련 업체를 인수하겠다고 발표했다.

이때쯤 나이절은 더 이상 매일 주식 가격을 확인하지 않았고 브로커가 보내온 거래내역서만 확인했다.

"1999년 12월 거래내역서가 도착했는데 2달러를 밑돌던 가격이 6.75달러가 되어 있었습니다. 이걸 보자마자 든 생각은 '액면병합을 했네.'였어요. 그런데 다시 보니 주식 수가 그대로인 거죠. 초조하게 브로커에게 전화를 걸었습니다. 그랬더니 브로커가 이제 이 주식이 20달러 이상으로 거래되고 있다는 거예요! 나는 팔아달라고 말했죠. 그랬더니 브로커가 죄송하지만 고객님의 계좌 기록이 만료되었다고 말하더라고요. 계좌 문제를 해결하고 매도했는데 제가 투자했을 때보다 10배 이상 높은 가격인 26달러에 팔 수 있었습니다."

투칸 골드로 뜻밖의 횡재를 얻은 나이절은 오랫동안 휴식할 여유가 생겼다. 그는 현재 주식 시장이 가치를 비이성적으로 평가하고, 이런 현상이 기술주에서 특히 심하게 나타난다고 느끼며 '시상에 분별이 되돌아올 때까지 투자 업계를 떠나 있는 것이 좋겠다.'고 결심했다. 그래서 2000년에는 희곡 두 편을 쓰고 극단과 일하며 대부분의 시간을 창의적인 글쓰기를 하며 보냈다. 이때 쓴 희곡 중 한 편이 거의 무대에 오를 뻔했지만 한 표 차이로 극단의 선택을 받지 못했다. 나이절은 이 실망스러운 사건을 '극작가로 성공하지 못할 신호'라고 받아들였다.

나이절의 창조적 열망은 꺾였지만 그는 중요한 교훈을 얻었다.

"은행에서 받는 월급보다 훨씬 적은 돈으로도 만족스러운 삶을 살 수 있다는 사실을 알았어요. 어떤 배우들은 신선한 공기와 가끔 하는 아르바이트, 친구와 가족의 호의에 기대 생활하는 것 같았습니다. 검소한 생활 방식도 창의적이고 품위 있다는 사실에 눈을 뜬 거죠. 자유는 세금이 붙지 않는 소득 같더군요."

이때 나이절의 나이가 47세였다. 그는 배우 친구들처럼 검소하게 살고 싶지는 않았지만 은행으로 돌아가고 싶지도 않았다. 그래서 독립적인 개인투자자로서 살면서 스스로를 부양할 수 있는지 알아보기로 결심했다.

그는 두 번째 퇴직금으로 담보대출금을 상환한 켄싱턴의 방 세 개짜리 아파트에서 17년 동안 살고 있었다.

"이 아파트는 하루 종일 일하기에는 다소 어둡고 우울한 반지하층이었어요. 그래서 이 집을 팔아 자본금을 마련하고 금과 금 관련 주식에 재투자하기로 했습니다. 4층 맨 꼭대기 집에 세를 얻어 이사했죠. 제대로 된 직장이 있는 것도 아니었는데 인생이 훨씬 더 신나게 느껴졌습니다."

금광을 찾아서

나이절은 20년 동안 은행에서 일했지만 경력에 변화가 많아 큰 부를 축적하지는 못했다. 2000년 말 가지고 있었던 자유 자본은 '100만 파운드가 채 안 돼' 투자은행 기준에서 보통 수준이었다.

그는 상승 주기에 막 진입하는 시장을 발견하는 본인의 투자 패러다임에 따라 2000년대에는 금 등의 경질자산hard assets에 상승 장세가 시작될 거라고 판단했다. 그리고 부티크 은행에서 광산 펀드를 운용할 때 쌓은 기술을 활용해 작은 광산 회사들을 집중적으로 조사했다. 마인사이트Minesite와 프로액티브 인베스터스Proactive Investors가 주최하는 광업 컨퍼런스 등 비슷한 국제회의에 참석했고, IR회사 및 브로커 들과 교류하며 영국, 캐나다, 호주의 광산 회사들이 주최하는 개인투자자 유치 프레젠테이션에도 참석했다.

기관 기준에서 보았을 때 투자금은 적었지만 투자유치 행사에서는 늘 환영받았다.

"항상 1만 달러 이상 투자하지만 10만 달러 이상 투자하는 건 가끔뿐이에요. 지금까지 단일 투자에 넣었던 가장 큰 돈은 40만 달러였습니다. 이전 투자에서 큰 수익을 얻은 후였고, 2005년이었죠."

나이절은 이미 상장된 회사가 신규 투자자나 기존 주주에게 주식을 배정해서 자금을 모으는 2차 공모를 특히 선호한다. 캐나다 광산 회사들이 모집하는 2차 공모에 참여하는 데는 두 가지 구조적인 이점이 있다. 보통 그 회사들의 2차 공모 가격은 현재 주가에서 할인된 가격으로 결정된다는 점, 종종 '무상' 신주인수권이 결합되어 있다는 점이다.

신주인수권은 옵션과 비슷한 개념으로 확정된 만기일 또는 일정 기한이 경과한 후 '행사가격'에 주식을 취득할 수 있는 권리다. 일반적으로 캐나다 탐사 회사와 관련된 자금 모집에서 2차 공모가는 현재가에서 10~15% 할인된 가격으로 결정되며 매수한 주식 2주당 한 개의 '무상' 신주인수권을 받는 '2분의 1 신주인수권'이 결합되어 있다. 이 '무상' 신주인수권에 대한 일반적인 '대가'는 2차 공모에 참여한 투자자가 일정 기간 동안 거래할 수 없는 것이다. 투자자는 공모일로부터 120일 동안 배정받은 주식을 전혀 매도할 수 없다.

나이절은 주로 캐나다 광산 회사와 영국 외 국가에 투자하기 때문에 캐나다 회사를 전담 브로커로 이용한다. 이 회사는 '풀 서비스'를 제공하며 기관과 기업은 물론 개인에게도 서비스를 제공하여 공모에 참여하도록 지원한다. 이 회사의 런던 사무소는 기관 사업에만 집중하지만, 런던에서 법인 영업팀 직원과 친구가 된 이후 그는 런던에서 열리는 외국 기업의 투자유치 설명회에 종종 초대받았다. 캐나다 기업의 공모에 참여하고 광업 컨퍼런스에 참가하기 위해 전 세계로 여행을 다니며 영국에만 집중하는 사람들보다 더 다양한 투자 기회를 얻었다. 2000년대 초반부터 중반까지 점점 영국에서 보내는 시간을 줄이다가 현재는 여자 친구와 홍콩으로 영구 이주했다.

두 배가 되면 반을 매도한다

그는 단일 회사에는 전체 자금의 5%까지만 투자한다. 그런 다음 주가가 두 배가 되면 반을 매도한다는 간단한 핵심 수칙을 따른다. 혹시 모를 추가 상승에 대비해 투자금의 50%는 남겨놓고 나머지 투자금은 다른 곳에 투자하기 위해 회수하면서 위험을 헤지한다.

신주인수권(보통 공모에 참여해 받은 주식의 절반 정도)을 받은 공모에서 보유 주식의 50%를 매도하면 상승 가능성에 더 비중을 둔 포트폴리오가 된다.

가격 상승 외 거래량에도 신경을 쓴다.

"거래량이 여전히 많다면 주가가 두 배가 되었더라도 포지션을 유지해도 됩니다. 하지만 신고점을 찍고 거래량이 줄어들고 있다면 대개 포지션을 줄이죠."

최근 몇 년 동안의 성공을 나열하면서 나이절은 대부분의 영국 투자자에게는 생소한 캐나다 상장회사들을 언급했다.

"휘턴 리버Wheaton River나 실버 스탠더드Silver Standard처럼 성장하고 있는 광산 회사와 아리안 골드Arian Gold, 배틀마운틴 골드Battle Mountain Gold, 로카 마인스Roca Mines, 라라마이드 리소스Laramide Resources처럼 잘 알려져 있지 않은 회사들이 제게 10배 수익을 안겨주었습니다."

라라마이드리소스는 지난 10년 동안 캐나다 거래소에서 극적인 상승을 보여준 주식 중 하나로 2003년 최저점에서 2007년 최고점까지 200배 이상 올랐다. 나이절은 이 주식을 너무 빨리 팔아버렸지만 '두 배가 되면 반을 매도한다'는 평소의 원칙을 고려하면 10배의 수익을 얻었으니 보유 주식을 전량 매도하기에는 충분했다. 그는 지난 수익에 대해서는 전혀 고민하지 않는다.

"탐사 기업 주식이 강세장일 땐 놓친 종목을 잡고 후회하면 안 됩니다. 신나고 새로운 기회는 언제나 다시 찾아오기 때문이죠."

1장의 루크는 원유 탐사업체에 투자할 때 레버리지를 쓰지 않았다. 나이절 역시 루크와 같은 이유로 레버리지를 일으키기 위해 빚을 내서 투자하지 않으며, 스프레드 베팅, CFD를 하지 않는다.

"어쨌든 중소 광물 탐사 주식은 그 자체로 변동성이 큰 데다 공모에 참여해서 받은 신주인수권으로 이미 추가적인 레버리지를 안고 있다고 봐야 하거든요. 따라서 다른 종류의 레버리지는 필요하지 않습니다."

나이절은 손절매stop-loss 주문도 내지 않는다.

"제가 투자하는 주식들은 대부분 현금화하기도 힘들고 거래량도 적어서 손실제한하는 손절매를 효과적으로 이용하기가 어렵습니다. 트레이딩을 시작한 지 얼마 되지 않았을 때 몇 번 시도해본 적이 있는데 제가 낸 주문이 체결되면 주식이 다시 반등하더라고요. 마치 시장조성자가 제 손절매를 공급원으로 삼은 것 같았어요."

금 채굴 주식은 2000년대에 장기적인 강세장에 진입했으나 변동성이 컸다. 주요 금광업 기업 관련 지수인 아멕스 금광업 지수Amex Gold Bugs Index는 2008년 60% 이상 하락했다가 크게 반등하기 시작해서 2010년 말에는 2008년 초의 최고점을 크게 상회했다. 이렇게 변동성이 크면 많은 개인투자자가 버티기 어려워 하는데 특히 투자가 생계수단이면 더욱 그렇다. 나이절은 두 가지 이유 덕분에 이러한 상황을 버틸 수 있었다.

첫째, 2001년 아파트를 팔아 금광주에 투자해서 금광업 지수가 정점을 찍은 2008년 상반기까지 연 25% 이상의 연평균 성장률을 기록하며 모든 생활비를 제외하고도 자유 자본을 다섯 배 이상 불렸다.

둘째, 2007년 후반에서 2008년 초까지 홍콩 아파트를 몇 채 구입하려고 주택담보대출을 받고 주식에서 자본금의 약 3분의 1을 빼냈다. 2008년 하반기에 홍콩 부동산도 거의 모든 자산군과 마찬가지로 하락했지만 2009년에는 전고점 근처까지 회복했다.

지나고 보니 금광주에서 부동산으로 자산을 재분배한 것은 탁월한 결정이었지만 나이절은 그것이 행운이었다고 말한다.

"저는 금광주에 하락기가 오고 있다는 것을 전혀 보지 못했습니다. 일반 주가지수에 문제가 생길 것은 예상했기 때문에 투자를 피했지만 금은 주가지수의 수익률을 상회할 거라고 예상했습니다. 실제로도 그랬고요. 다만 금광주가 금과 함께 가격을 방어할 줄 알았는데 주식 시장과 함께 곤두박질치고 말았죠. 헤지펀드들이 금광주를 포함한 모든 자산을 앞다퉈 매각하는 디레버리징deleveraging의 역학을 예상하지 못했던 겁니다."

톱다운 투자자로서 나이절은 자신의 거시 전망에 따라 위험도를 측정해 포트폴리오 비율을 조정한다. 포트폴리오의 일부를 주식에서 다른 자산군으로 이동하는 것 외에도 전체적인 시장 위험을 헤징하기 위해 추가 수단으로 S&P 500 지수 풋옵션과 인버스 상장지수펀드Exchange Traded Fund(이하 ETF)를 활용하기도 한다. 예를 들어, 2009년 말 나이절은 지수 풋옵션으로 포트폴리오의 약 20%를 델타 헤징delta-hedging했다('델타 조정delta-adjusted'에 대해서는 책의 말미에 수록된 주석에서 설명한다.[8]).

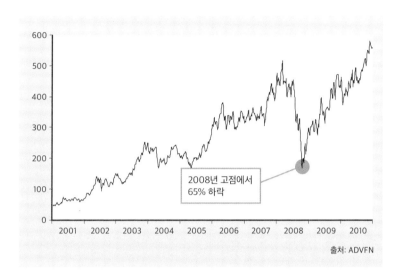

2008년 고점에서
65% 하락

출처: ADVFN

시장은 언제나 극과 극을 오간다

교차 시장 정보를 활용함으로써 적절한 사이클에 시장에 진입해야 한다는 생각은 한층 더 정교해졌다. 그는 비슷한 경제 동인을 가진 시장은 서로 비슷하게 움직인다는 예상하에 종종 시장들을 비교한다. 해운 운임이 상승하면 일반적으로 해운주가 상승한다. 유가가 상승하면 정유주가 오를 거라고 예상하기도 한다.

이런 식으로 묶인 시장이 함께 움직이지 않을 경우 반전이 목전이라는 신호일 수 있다. 또는 뒤처진 시장에 저평가된 기회가 있을수도 있다. 나이절은 교차 시장의 불일치가 가격 움직임의 조기 신호였던 몇 가지 사례를 들었다.

- 1990년대 후반, 해운주가 저점에서 벗어나기 몇 주 전 해운 운임이 반전했다.
- 2002년 10월, 반도체주는 다양한 시장 지표보다 며칠 앞서 4년 주기의 바닥을 그렸다.
- 몇 개월 뒤 FTSE 100˚, 홍콩 항셍지수˚˚는 신저점을 찍었지만 S&P 500 지수는 전저점보다 더 떨어지지 않았고, 기술주와 나스닥은 2002년 10월의 저점을 10% 상회했다. 나이절은 이런 지수 저점 간 불일치가 사이클 반전의 신호라고 생각했다.
- 2007년 1월, 영국의 주택 가격은 신고점을 형성했는데 수택 건설업체들의 주식이 하락하기 시작했고 몇 개월 뒤 예상대로 주택 가격도 하락세로 돌아섰다.

나이절은 최근 몇 년간 상품, 주식, 부동산 가격의 동조화가 높아지고 있다며 그 원인은 달러가 주로 '차입 통화$^{carry\ currency}$'의 역할을 하기 때문이라고 말했다.

"달러 금리가 낮으면 투자자들은 달러를 빌려서 다른 자산에 투자하고, 자금이 몰리면서 다른 모든 자산 가격이 동반 상승합니다.

- 영국 FTSE에서 발표하는 상위 100개 글로벌 주가지수. 131쪽 각주 참고.
- 홍콩 증권거래소에 상장된 상위 50개 종목을 대상으로 발표하는 주가지수.

달러 금리가 오르면 차입 비용이 증가해 차입 비율이 높은 한계 투자자가 자산을 매도해 달러 차입금을 상환할 수밖에 없게 되죠. 그래서 달러 이외의 자산이 동반 하락하고 달러가 다시 미국으로 유입되면서 달러 강세가 되는 겁니다."

나이절은 캐리 트레이드^{carry trade}•의 역학이 달러와 다른 자산의 가격 변동성을 높이고 급등락을 주도하는 원인이라고 생각한다.

"시장은 양극성이에요. 인플레이션과 디플레이션 사이를 오가죠. 시장 스윙에 베팅하고 유연성을 유지하세요."

활발한 인터넷 게시판 활동

나이절은 주로 홍콩에서 살지만 거래 대상이 캐나다 등 서구 시장이기 때문에 대부분 밤 9시 30분부터 새벽 1시까지의 늦은 밤에 거래한다. 낮에는 자유롭게 투자 연구를 하거나 홍콩 현지 부동산 투자를 관리한다. 가끔은 온라인 출판을 위해 글을 쓰고 투자 관련 팟캐스트도 제작한다. 또한 매우 활동적으로 인터넷 게시판에 글을 올린다. 루크처럼 한 게시판에만 약 3만 개의 게시물을 올렸고 다른 곳에도 많은 게시물을 올렸다.

• 국가별로 금리가 다른 것을 이용해 수익을 내려는 투자. 금리가 낮은 국가에서 자금을 차입해 금리가 높은 국가의 자산에 투자한다. 금리와 환율의 변화에 따라 수익이 크게 좌우된다.

"하루 종일 혼자 일하면 고립되더라고요. 시장은 겸손에 보답하고 자만심을 벌합니다. 제대로만 접근한다면 인터넷 게시판에 참여하는 것은 겸손해지는 데 도움이 됩니다."

광업과 자원주에 대한 관심의 연장으로 나이절은 대체에너지 섹터에도 관심을 가져왔다. 그러나 이 분야의 전용 게시판을 찾을 수 없었기 때문에 2006년 그린에너지 인베스터스(www.greenenergy investors.com)라는 사이트를 직접 만들었다. 게시판의 초점을 대체에너지에만 맞췄을 때는 주제가 너무 좁아서 많은 가입자를 끌어들이지 못했지만, 초점을 넓혀 다른 투자 주제를 허용하자 2010년까지 2,000명이 넘는 회원이 활동하는 활발한 커뮤니티로 성장했다.

ADVFN과 같은 대중적인 주식 게시판과 비교했을 때 나이절의 전문 게시판은 개별 주식에 대한 소문이나 뉴스보다는 거시적 주제에 더 초점을 맞추고 있다. 특이하게도 이 게시판의 회원은 전 세계 사람들이며 모든 주요 대륙마다 정기적으로 글을 올리는 회원들이 있다. 나이절은 게시판에서 시장 정서를 파악하기도 한다.

"게시판에서 활발한 주제들을 훑어보면 비이성적인 활기나 비관주의를 단박에 알 수 있습니다."

3만 개가 넘는 게시물을 올린 것에서도 드러나듯 나이절의 열정은 독특하고 범위가 넓다. 그의 거시경제관은 오스트리아 학파와 비슷한데 2007~2009년 글로벌 경제 위기의 주요인으로 '잘못된 투자mal-investment'와 지속 불가능한 소비를 꼽으며 케인스식 수요 자극 정책에 반대한다. 이런 경제관은 종종 우파나 자유주의 경제학자들과도 연결된다. 나이절은 낭비에 가까운 소비, 지속 불가능한 값싼 석유에 의존하는 미국 교외 생활 방식의 생태학적 부조리를 비판하며 자원 소비를 대폭 줄이고 재활용을 높이는 정부 정책이 필요하다는 글을 자주 쓴다. 또한 '연준의 통화정책으로 조장된 금융 투기와 월가의 속임수'에 대해서도 격분한다. 워낙 관심사의 범위가 범세계적이라 그의 생각은 짐작하기가 어렵다.

시장의 변화에 주목하라

시장의 주기적인 움직임을 예상하는 나이절의 투자 방식은 큰 그림에 집중하는 루크의 방식과 비슷하다. 둘 다 개별 주식을 생각하기 전 먼저 거시 주제와 트렌드에 초점을 맞추는 하향식 사고를 한다. 그 결과, 루크와 나이절은 둘 다 2000년대에 천연자원 섹터에 투자를 단행했다. 루크는 원유 섹터, 나이절은 영국 밖의 광산업과 대체에너지 섹터가 주요 투자 대상이었다. 몇몇 측량사 타입의 투자자들(바텀업 투자자)은 인터넷 게시판을 읽기만 하고 글은 거의 올리지 않으며 그 밖의 다른 유형의 투자자들의 경우 심지어 인터넷 게시판을 보지도 않는 것에 비해 두 사람은 인터넷 게시판을 광범위하게 읽고 직접 글을 올린다.

이런 차이는 개인의 성격, 전업투자자가 되는 다양한 경로에 따른 것일 뿐이다. 다만 지리학자 유형과 측량사 유형 사이의 기본적인 생각 차이를 반영하기는 한다. 상향식 사고를 하는 측량사 유형은 기업 재무제표와 공시에서 직접 얻을 수 있는 특정 기업의 확실한 재무적 사실에 초점을 맞춘다. 반면에 하향식 사고를 하는 지리학자 유형은 기업 재무제표나 공시로는 알 수 없는 시장의 정서 변화에 초점을 맞춘다. 이런 이유로 인터넷 게시판에서 얻은 투자 심리에 대한 통찰은 측량사 유형보다는 지리학자 유형에게 더 중요한 요소일 것이다.

나이절의 조언

☑ **강세 시장을 찾아라** | 상승 주기에 있는 시장을 찾아라. 강세장에서는 모두가 천재다. 그러니 강세장을 찾아라!

☑ **두 배가 되면 팔아라** | 주가가 두 배가 되면 반을 파는 걸 고려한다(특히 거래량이 떨어질 경우).

☑ **투자 심리를 확인하는 지표로서 인터넷 게시판을 활용해라** | 인터넷 게시판의 심리는 투자 심리에 대한 통찰력을 제공한다. 게시판을 살펴보면 종종 비이성적인 활기나 비관주의를 확인할 수 있다. 이런 투자 심리에 대한 통찰력은 하향식 사고를 하는 지리학자 유형 투자자에게 더 중요하다.

투자 포인트

☑ **장기 사이클과 단기 사이클** | 시장은 두 사이클이 겹친 연속체다.

☑ **가변적인 사이클** | 사이클을 정의하는 것은 획일적인 시간 간격이 아니라 기저를 이루는 순환적 서사의 전개 흐름이다.

☑ **양극성 시장** | 시장은 인플레이션과 디플레이션처럼 상반되는 문제 사이를 오가는 움직임을 보인다. 스윙에 베팅하고 유연성을 유지해라.

☑ **교차 시장 정보** | 사이클이 곧 전환될 거라는 단서를 얻기 위해 유사한 경제 동인이 있는 시장의 움직임을 관찰해라. 해운주를 갖고 있다면 해운 운임을 살펴보고, 건설주를 갖고 있다면 지대와 주택 가격을 살펴보는 것이다.

측량사 유형의 투자자들은 작은 그림, 즉 투자 지형의 개별적인 요소에서 사고를 시작한다. 이들은 시장 지위나 경영의 질 등 개별 기업의 속성에 대해 먼저 생각하고 이후 개별 기업에 영향을 미치는 거시경제 동향을 관찰하는 바텀업 투자 방식을 채택한다.

개별 기업의
속성에 주목한다

투자 지형의 세부 사항을 살피는 투자 마인드:

측량사

팩트만을
추종한다

숫자와 사실에 집중하는 투자자: 빌

• 인터뷰 당시	48세
• 마지막으로 직장을 떠났을 때	41세
• 경력	물리학 및 전자공학 전공
• 투자 스타일	가장 핵심적인 몇 가지 사실에 집중하는 바텀업 기업 분석 방식
• 주요 거래 분야 및 섹터	영국의 모든 섹터
	중소형주에 집중하지만 간혹 대형주에 투자할 때도 있음
• 상품	주식, 스프레드 베팅
• 보유 기간	몇 주에서 몇 개월
• 투자 성과	2001~2009년: 30% 이상의 연평균 수익률 기록
• 투자 마인드	"무엇을 못 본 척할지 아는 것이 최고의 기술이다."
• 주요 키워드	#방임의_지혜, #방어적_비관주의, #가치_스파이더, #인터넷_게시판

포트폴리오 투자는 정보와 분석에 우위를 가진 선수가 승자가 되는 제로섬 게임이다. 8장에 등장하는 에릭처럼 어떤 투자자들은 인간관계나 인맥의 양과 질을 높여 우위를 점한다. 반면 오히려 관계를 피하고 정량적인 재무적 사실에 집중함으로써 우위를 찾는 투자자들도 있다. 이들은 각각의 특정 상황에서 가장 중요한 개념 또는 지표에 초점을 맞추고 '정성적 요소'에는 거의 비중을 두지 않는다. 빌은 후자의 사람이다.

"저는 기업을 방문해본 적이 없습니다. 주주총회에 가는 일도 거의 없고 사람들과 이야기도 잘 나누지 않습니다. 저는 정성적 정보를 살펴보지 않습니다. 가공되지 않은 숫자들이 나를 사라고 소리치는 주식을 찾죠."

순수한 숫자에 집중하는 방식은 빌에게 매우 유효했다. 빌은 마지막 직장을 떠난 지 8년 만에 30% 이상의 연평균 수익률을 내며 자유 자본을 10배 이상 불렸다.

빌은 긴 수염과 짙은색 머리카락을 지닌 40대 후반의 남성으로 억양에서는 웨일스 북부 시골에서 자란 티가 거의 나지 않았다. 전자공학을 전공한 엔지니어였던 그는 예의 바르고 쓸데없는 이야기는 거의 하지 않으며 말하고 글을 쓸 때도 담백하다. 빌을 보면 소프트웨어 엔지니어 폴 그레이엄Paul Graham이 공부만 아는 괴짜에 대해 내렸던 (좋은 의미의) 정의가 떠오른다. 본질에 집중하고 자기를 알리는 일에는 전혀 노력을 기울이지 않는 사람. 결혼은 한 적이 없고 영국 대학 도시 교외에 위치한 수수한 집에서 여자 친구와 함께 살고 있다. 인터뷰는 위층의 작은 사무실을 잠시 둘러보고 부엌 식탁에서 진행됐다. 빌은 투자자로서 좋은 성과를 거뒀지만 생활 방식은 크게 달라지지 않았다.

"투자의 핵심은 그것이 제게 자유를 줬다는 것입니다. 원래 보유했던 자본금의 10배를 벌었지만 저는 여전히 알디Aldi*같이 싼 가게에서 쇼핑하길 좋아해요."

수학과 과학을 좋아했던 어린 시절

빌은 웨일스 북부의 작은 농장에서 '좋은 농부지만 서투른 사업가'의 아들로 자랐다. 그는 어린 시절 내내 가난 때문에 분노하고 부끄러워했다. 권위에 호소하는 것보다 숫자와 사실에 더 영향을 받는 지적 독립심이 강한 아이였다.

"어른들이 하는 말만으로는 아무것도 믿지 않았습니다. 이치에

• 할인형 슈퍼마켓 체인.

맞고 제가 가진 기존 지식과 모델에 부합하는 것만 믿었습니다. 이런 점 때문에 다들 저를 어려운 아이라고 생각했지만 수학과 과학은 매우 잘했죠."

빌은 지역 공립 중고등학교를 다니다가 자연과학을 공부하기 위해 케임브리지 대학교에 입학했고, 이후 전공을 전자공학으로 바꿔 1982년에 졸업했다. 1980년대 초반 불황기에 직업을 구하기란 어려웠다. 고집스럽게 평상복을 입고 면접에 간 것도 도움이 되지는 않았을 것이다.

"옷보다는 능력을 보고 사람을 뽑아야 한다고 생각했습니다."

결국 빌은 1980년대 초 케임브리지 주변에 많이 생긴 소규모 가정용 컴퓨터 회사 중 한 곳에서 일하게 되었다. 그러나 곧 회사가 파산해버렸고 그다음에 입사했던 비슷한 회사도 금세 파산했다.

일했던 회사들이 결국 다 망해버렸는데도 빌은 작은 회사에서 일하는 걸 좋아했다.

"작은 회사에서는 자율성이 아주 많이 주어졌는데 저는 이게 정상이라고 생각했습니다. 대기업에서 일하고 나서야 전혀 정상적이지 않다는 걸 알았죠!"

평상복을 입고 면접을 보러 갔던 일화는 형식보다 본질에 집중하는 빌의 성격을 보여주는 단적인 사례로, 이런 성격은 이 책에 등장하는 투자자 대부분에게 흔하게 나타난다. 이런 특징은 자기주도적인 투자자에게는 도움이 되지만, 큰 조직에서 성공하는 데는 도움이 되지 않는다.

투자의 시작

경제적으로 궁핍한 어린 시절을 보냈기 때문에 성인이 된 빌은 "돈을 아끼고 모으는 것이 몸에 배어 있었습니다. 소비하기 위해서가 아니라 자기보호를 위한 본능 같은 것이었어요."라고 말했다.

1980~1990년대에 투자를 시작한 많은 사람처럼 빌의 첫 투자는 단기 수익을 노리고 민영화되는 기업의 주식을 매수하는 것이었다. 즉, 거래소에 새로 상장하는 회사의 공모주를 청약하고 상장되자마자 매도해 수익을 남기는 방식이었다. 빌의 첫 번째 투자는 1987년에 민영화된 롤스로이스였다.

"롤스로이스로 14% 수익을 얻었습니다. 적은 금액이었지만 그전에는 주식을 사본 적이 없었기 때문에 쉬운 돈처럼 보였죠."

빌은 민영화되는 기업에 투자할 기회를 몇 번이나 그냥 보냈는데 브리티시 스틸^{British Steel} 처럼 구경제의 기업들이 그다지 매력적으로 보이지 않았기 때문이다.

"처음에는 민영화가 조작된다는 사실을 몰랐습니다. 하지만 결국 일반투자자가 초기 수익을 가져가도록 가격을 책정한다는 사실을 알게 되었죠. 민영화된 주식이 할인된 가격으로 거래되기 시작한다면 그건 정부가 실수를 했다는 뜻입니다."

이 사실을 깨달은 빌은 투자로 번 돈을 다음 투자에 또 재투자하면서 1990년대 내내 모든 민영화 주식 공모에 참여했다.

빌은 다른 경제 뉴스에도 관심을 가졌지만 가벼운 수준이었다.

"경제면을 읽고 토요일이면 《파이낸셜 타임스》를 사서 봤지만, 《인베스터스 크로니클》이나 비슷한 다른 잡지들을 구독하지는 않았습니다."

그는 엔지니어 일을 싫어하지도 않았고 이때는 전업투자자가 될 생각도 전혀 없었다.

기술주 거품: 지식이 늘 도움이 되는 것은 아니다

이 책에 등장하는 투자자 중 몇몇은 1990년대 후반 기술주 거품이 일 때 하나 이상 투자해서 눈부시게 큰 수익을 얻었다. 그래서 빌 같은 괴짜라면 응당 이런 횡재에서 한몫 잡았으리라고 예상하게 된다. 그러나 빌은 전자공학 엔지니어로서 대부분의 기술 프로젝트가 예산을 초과했고 많은 신기술이 상업적으로는 실패라는 사실을 잘 알고 있었기 때문에 기술주 투자에 신중했다.

"이렇게 큰 이익을 놓치는 것에 신물을 느꼈던" 그는 생각을 바꾸고 1997년 7월, 대체 통신망 회사인 아이오니카^{lonica} 공모주에 자사주 우선배정권이 있었던 친구에게 정보를 얻어 투자했다. 상장 직후 터진 악재에 주식 가격이 떨어지자 그 친구는 회사 내부자들이 주식을 더 사들이고 있다고 말했고 빌은 주식을 추가 매수했다. 그러나 결국 이 투자는 실패했다. 빌은 아이오니카를 매우 낮은 가격에 매도했고 1998년 10월, 이 회사는 파산의 한 종류인 회사관리 상태에 들어갔다. 그는 이 주식으로 모아놨던 돈의 절반을 잃었다.

"비싼 가르침이었어요. 민영화되는 주식은 정치적인 이유로 소액투자자에게 수익을 보장하기 위해 가공됐어요. 다른 공모주도 종종 이익이 나지만 거기에는 정치적 안전판이 없지요."

이 재앙과도 같은 사건으로 큰 교훈을 얻었음에도 빌은 쪼그라든 포트폴리오로 막무가내 투자를 계속했다. 여러 기술주, 미디어주, 통신주를 분별없이 매수했고 한두 개 기술주 공모에 단기 수익을 노리고 들어갔으며 업계 친구들이 추천한 종목에도 돈을 걸었다. 이 중에 성공한 것은 아무것도 없었다.

"저는 성장성이 좋은 회사들을 골랐습니다. 하지만 성장성에 혹해서 지나치게 비싼 값을 지불했다면 선망이 좋은 성장주에 투자했어도 돈을 잃을 수 있어요. 이것을 깨닫는 데 오랜 시간이 걸렸습니다."

가치투자자가 되기로 결심하다

빌은 다른 투자자들에 비해 자본금도 적고 전문 지식도 적은 상태에서 우연히 전업투자자가 되었다. 2001년 다시 한 통신 회사에 엔지니어로 입사했는데 몇 주 지나지 않아 회사가 곧 파산할지도 모른다는 사실을 알게 되었다. 직장은 한가했고 자리에서 인터넷 접속도 가능하니 온라인으로 투자 리서치를 하고 관련 책을 읽으며 공허한 하루를 채워나갔다.

그는 이렇게 말했다.

"벤저민 그레이엄의 《현명한 투자자》를 읽고 깨달음을 얻었습니다. 가치투자자가 되기로 한 거죠. 높은 성장성을 보일 거라는 기대감으로 비싼 가격을 지불하느니 확실한 가치에 대해 낮은 가격을 지불하는 편이 낫다는 사실을 마침내 알게 된 것입니다."[9]

취미로 투자하며 직장에서 몇 개월 동안 할 일 없이 시간을 보낸 뒤 빌은 해고당했다. 41세였다. 사실 이때까지만 해도 다른 직장을 찾게 될 거라고 생각했다.

"자본금은 적었지만 3개월치 월급을 퇴직금으로 받았고 몇 개월 전 회사에서 받은 입사 장려금도 있었습니다. 20년 동안 소소하게 저축해놓은 돈도 있었던 데다가 부양할 가족은 없었죠. 그래서 다른 직장을 찾는 데 여유가 있었습니다."

빌은 시간을 들여 지금까지 그저 그랬던 투자 성과가 개선되길 바라면서 더 골똘히 《파이낸셜 타임스》를 공부하기 시작했다. 처음에는 단순하다 못해 순진한 방법을 썼다.

"주식면의 주가수익 항목을 살펴보고 주가수익비율$^{price-earnings}$ ^{ratio}*(이하 PER)이 다섯 배 정도 되는 기업들을 찾아봤습니다. 주로 유통업체와 전통적인 산업 기업들이었죠. 일주일 만에 보유 중이던 기술주를 전부 팔고 PER이 낮은 주식들을 매수했습니다. 지금 생각

---

* 현재 주가를 주당 순이익으로 나눈 지표.

해보면 정말 순진했죠. 하지만 효과가 있었고 몇 가지 간단한 지표에 집중하는 것이 효과가 있다는 가르침을 얻었습니다.”

투자에 대한 열정이 다시 살아나고 충분한 시간까지 확보되자 그는 온라인에서 하루 종일 시간을 보냈다.

“지난 15년 동안 취미 삼아 투자하면서 배웠던 것보다 전업투자자로서 처음 몇 개월 동안 더 많은 것을 배웠습니다.”

온라인으로 더 쉽게 정보에 접근할 수 있게 된 것은 빌이 독립투자자로 살아남는 데 결정적으로 작용했다. 이런 변화가 없었다면 다시 엔지니어로 돌아갔을지도 모른다. 그의 성공에 기여했던 또 다른 중요 요인은 개별 주식에 스프레드 베팅*을 할 수 있는 새로운 비과세 상품이 나온 것이었다. 2002년 초 스프레드 베팅 계좌를 만들고 그 계좌를 데이트레이딩day-trading**이나 단기 트레이딩이 아닌 중기로 주식을 갖고 가는 대용 계좌로 주로 이용했다.

“제가 너무 잘해서 몇 개월 만에 다른 직장을 구해야겠다는 생각은 포기해버렸습니다.”

- 스프레드 베팅은 이 책이 출판된 영국 내에서만 엄격한 규제 관리 아래 합법으로 이루어진다. 48쪽 각주 참고.
- 매수한 주식을 당일 매도하는 초단타 매매 기법.

잘못된 투자 습관으로 인한 재앙

스프레드 베팅은 투자로 인한 수익이 비과세된다는 점 외에도 개별 주식의 가격 하락에 베팅하는 공매도 기능이 있다는 이점이 있다. 빌은 스프레드 베팅 계좌를 열고 몇 주 만에 지금은 없어진 통신 회사 KPNQ웨스트^{KPNQwest}를 처음으로 공매도했다.

통신 분야에 대한 지식과 아이오니카에 투자했던 부정적 경험에 따른 결정이었다.

"일단 대체 통신망이 너무 많았어요. 우연히 통신 회사 중 몇 곳의 파산을 예상하는 자세한 브로커 보고서를 읽었는데 꽤 설득력 있는 분석이라고 생각했습니다. 그래서 채무 압박이 가장 심한 기업을 골라 6유로에서 공매도하기 시작해서 40센트까지 계속해서 포지션을 늘렸습니다. 이 투자로 몇 개월 만에 엄청난 돈을 벌었죠."

주가가 불과 몇 센트까지 더 하락하자 주주들에게 남은 가치가 없는 것 같았고 빌은 회사의 재무제표가 이를 보여준다고 생각했다. 그럼에도 주가는 변동성이 아주 커서 어떨 때는 가격이 두 배가 되었다가 몇 시간 만에 다시 반 토막이 났다. 유명한 하락장 트레이더이자 시장 논평가인 사이먼 콕웰^{Simon Cawkwell}은 이런 현상을 '지나간 입자^{past particle}' 현상이라고 부른다. 회사는 끝났지만 주가는 먼지 입자처럼 이리저리 튕기기 때문이다. 공매도 포지션이 커지자 빌은 실시간으로 가격을 확인해야 했다. 이것 역시 그가 엔지니어로 돌아가지 않기로 결심한 이유 중 하나였다.

스프레드 베팅을 시작한 많은 사람이 그렇듯 빌도 공매도로 처음 성공을 맛보자 자신감이 과잉되었고, 과도한 레버리지를 사용하게 됐다. 반대매매를 당하지는 않았지만 몇 개월 만에 단일 매수 포지션의 주식이 25% 하락했고 이후 손실의 반 정도만이 회복되었다. 심지어 증거금 부족분을 채우기 위해 직접 보유 주식까지 팔아야 했는데 이는 레버리지 관리가 잘못되었다는 분명한 표시였다.

잘못된 공매도 습관으로 인한 재앙은 몇 년 뒤 부동산 중개회사인 컨트리와이드Countrywide를 거래할 때 폭발했다. 빌은 이전에 주택 시장에 대한 낙관적인 전망으로 영국의 주택 및 부동산 가격의 변화를 측정하는 핼리팩스 주택가격지수Halifax House Price index에 스프레드 베팅을 해 돈을 벌었다.

"1포인트에 진짜 집 한 채와 가상의 집 세 채 값을 벌었습니다."

이 성공 덕분에 대담해진 그는 주택 시장과 컨트리와이드 같은 부동산 중개회사를 비관적으로 보게 됐다. 2004년 가을 컨트리와이드가 영업 조직망을 3분의 1 감축했다고 발표하자 그는 공매도에 자신이 생겼다.

"제가 옳다고 확신했기 때문에 가격이 제 생각과 반대로 갈 때마다 계속 포지션을 늘렸습니다."

몇 년 후 빌은 예전보다 훨씬 더 커진 포트폴리오에서 20% 손실을 확정지으며 진입할 때보다 75% 높은 가격에 공매도 포지션을 정리했다.

"펀더멘털 투자자라면 꼭 배워야만 하는 값비싼 교훈을 얻었죠.

시장은 투자자가 포지션을 버틸 수 있는 것보다 더 오래 비이성적인 상태를 유지할 수 있습니다. 이 거래는 제 능력을 초과해서 거래했던 마지막 거래이기도 했어요."

빌은 개별 주식에 대한 스프레드 베팅을 계속했고 종종 공매도 포지션을 잡았다. 인터뷰 당시 빌의 스프레드 베팅 계좌는 순매도 상태, 즉 전체 매도 포지션(주가 하락에 베팅)이 전체 매수 포지션(주가 상승에 베팅)보다 큰 상태였다. 컨트리와이드의 실패 경험에도 불구하고 빌은 여전히 미리 정해놓은 손절매를 이용하지 않는다. 기업 펀더멘털과 제반 상황이 변하지 않았다는 가정하에 최초 주문 이후 주가가 떨어지면 빌은 대개 주식을 더 매수한다.

대부분의 스프레드 베팅 투자자가 그렇듯 빌 역시 스프레드 베팅 회사가 갑자기 고객 신용한도를 급격히 줄여 어려움을 겪기도 했다. 2007~2009년 약세장의 특징이었다. 하지만 상대적으로 낮은 레버리지를 썼기 때문에 더 큰 손실은 입지 않았다.

배경 지식 | 투자자는 손절매를 사용해야 할까?

손절매 또는 '정지' 주문은 투자자가 브로커(또는 스프레드 베팅이나 CFD 공급자)에게 일정 규모의 손실에 도달하면 가능한 빨리 포지션을 정리하라고 남기는 지시다. 예를 들어, 투자자가 100p에 주식을 매수하면서 90p에 정지 주문을 설정해놨다고 해보자. 주가가 그 가격까지 떨어지면 브로커는 즉시 주식을 매도하려 할 것이고, 투자자의 손실은 10%로 제한된다.

손절매 주문의 중요한 단서 조항은 보통 '최선을 다해' 정해진 손절매 가격에 매도하겠다는 것이지 가격이 폭락했을 때 설정해놓은 가격을 보장한다는 의미는 아니다. 가령, 어떤 회사가 나쁜 뉴스를 발표해서 순간적으로 100p였던 주가가 80p나 그 이하로 '갭' 하락했다고 하자. 브로커는 손절매를 실행하겠지만 더 낮은 가격에서 체결될 것이고 투자자의 예상보다 손실 폭은 더 커질 것이다.[10]

이 주문을 사용하느냐 마느냐는 논란이 많은 주제다. 투자보다는 트레이딩 쪽으로 경력을 쌓은 사람들은 트레이더의 계좌를 지키고 파산을 피하는 데 손절매의 중요성을 강조한다. 레버리지 비율이 높은 투자자들에게는 이 말이 맞을 것이다. 앞선 사례에서 주식이 100p에서 80p로 갭 하락한다면 다섯 배 레버리지를 사용했던 투자자의 전체 자본금은 사라져버리고 말았을 것이다. 손절매 레버리지를 사용한 투자자가 살아남아 다음에 싸울 가능성을 높인다.

다만 이 책에 등장하는 대부분의 투자자는 레버리지를 거의 쓰지 않는다. 그들이 얻는 투자 수익의 확률분포를 생각해보면 손절매를 설정한다고 통계적으로 분포가 개선된다고 보기는 어렵다.

손절매는 새로운 정보나 통찰 없이 순수하게 가격 움직임만을 근거로 매도하려는 의사다. 이것은 시장이 나보다 주식에 대해 더 많이 알고 있다고 무조건적으로 생각하는 태도다. 이런 수용적 자세는 장기적으로 시장에서 돈을 빼앗아 오겠다는 기대와 조화를 이루기가 어려워 보인다.

손절매는 심리적 자기 통제의 근거 또는 포지션의 논리적 근거를 재평가하라는 경고 신호, 권한을 위임한 통제 메커니즘으로 유용할 수 있다. 그러나 자기 주도적이고 자기 인식적인 투자자에게는 레버리지와 포지션 규모를 제한함으로써 손실을 줄이는 편이 더 신뢰할 수 있을 것이다.

흘려보낼 것을 아는 것

가치투자자로서 처음 성공을 거두고 거의 10년이 지난 지금도 빌은 여전히 사실 중심의 가치투자 방식을 선호한다. PER이라는 기본적인 지표가 그의 가장 중요한 판단 기준이다.

다만 이제는 낮은 PER이 가장 좋은 지표가 아닐 수도 있는 시나리오들을 알게 되었다. 기업이 회복하는 상황에서는 주가매출비율 price-sales ratio (이하 PSR)이나 기업가치 대비 매출비율 EV/sales ratios (기업가치를 매출액으로 나눈 비율) 등을 활용한다.[11]

광산 회사의 경우에는 "믿을 수 있는 인터넷 게시판에서 논의되는 자산 가능성에 대한 주관적인 평가와 함께" 순자산가치 net asset values를 이용한다. 기업 인수는 입찰 성공, 고가 입찰, 입찰 철회 등 다양한 결과의 확률을 평가한다. 이렇듯 세밀하게 개선되었음에도 빌은 여전히 현금흐름할인법 discounted cash flow *(이하 DCF)이나 다른 복잡한 계산보다 단순한 판단 지표를 선호한다.

---

* 기업의 가치를 평가할 때 회사가 미래에 수익을 창출할 능력을 기반으로 현재의 현금흐름을 적정한 할인율로 할인해 측정하는 것.

몇 가지 핵심적인 기준에만 집중하는 빌의 전략은 "무엇을 못 본 척할지 아는 것이 현명해지는 기술이다."라고 말한 19세기 미국의 철학자 윌리엄 제임스^{William James}의 말을 떠오르게 한다.[12] 빌은 그의 방식에 대해 1996년 버크셔 해서웨이^{Berkshire Hathaway} 주주총회에서 워런 버핏의 투자 파트너인 찰리 멍거가 했던 말을 언급했다. 복잡한 가치평가 방법에 대해 한 주주가 질문을 던지자 멍거는 이렇게 대답했다.

"워런이 종종 DCF에 대해 이야기하긴 하는데 계산하는 건 한 번도 본 적이 없습니다."

이 책에 등장하는 다수의 투자자와는 달리 빌은 포트폴리오를 중소형주에만 국한하지 않는다. 그렇다면 대형주는 파악하기가 더 어렵지 않을까? 빌은 이렇게 대답했다.

"꼭 그렇지는 않습니다. 크기보다는 기업의 종류에 따라 다른 거죠. 은행의 자산가치는 언제나 의심쩍습니다. 또 사이클 산업이기 때문에 PER도 신뢰하기가 어렵습니다. 큰 은행은 물론 심지어 작은 은행도 대형 제조업체나 유통업체보다 파악하기가 어렵습니다."

빌은 PER과 같은 지표를 가장 중요하게 생각하지만 실적 가시성^{earnings visibility}, 즉 미래 수익의 예측가능성 또한 고려한다. 그로서는 회사의 수익 전망이 예측 범위 또는 표준오차와 함께 발표되지 않는 것이 이상하다. 예를 들어, 영국의 슈퍼마켓 체인인 테스코^{Tesco}처럼 저렴한 품목을 대량으로 취급하는 대형 유통업체는 실적 가시성이 매우 높아서 현재 수익을 내지 못하고 있는 기술 스타트업에 비해 전망에 대한 오차 범위가 훨씬 좁다. 하지만 발표된 여러 보고서와 논평 들은 은연중에 서로 다른 유형의 사업들에 대해 직접 실적 전망치를 비교할 수 있는 것처럼 분석한다.

전업투자자의 일상

처음 엔지니어링 업계를 떠났을 때는 매일 11~12시간씩 투자에 열중했다. 그러나 시간이 지나면서 여러 가지 이유로 방식이 보다 느긋해졌다.

"이제 돈이 충분하기 때문입니다. 현 상태에 만족하고 있기 때문이죠. 물론 더 효율적으로 일하게 되기도 했고요. 이제는 어떤 회사를 평가할 필요가 없을 때를 훨씬 더 빨리 알아차리죠."

요즘에는 보통 아침 7시에서 8시 사이에 일을 시작한다. 포트폴리오의 주가 확인 창, RNS 창, 주요 거래 증권사의 주식매매 창, 즐겨 보는 게시판(뉴스 검색 기능으로 몇 개는 모틀리풀을 띄워놓고 ADVFN의 게시판은 전부 띄워놓는다.)을 펼쳐놓는다. 빌은 매일 혼자 일하는 것이 지루하다고 생각하지 않는다.

"저는 평생 내성적인 사람이었습니다. 제 비밀이라면 대부분의 시간을 이곳에서 혼자 보내는 것을 정말로 좋아한다는 것입니다."

때때로 잘 모르는 기업의 주가가 더 높거나 낮아야 한다고 주장하는 뉴스 또는 설득력 있는 글(가령, 그가 존경하는 게시자가 올린 글)을 읽으면 별 조사를 하지 않고도 신속하게 행동하려고 한다. 불완전한 정보에 근거해서도 기꺼이 행동하려는 태도는 그가 "행동을 자극하는 고립공포감 fear of missing out "이라고 말하는 심리학적 동기와 '단순한 게으름'에서 기인한다.

빌은 몇 년 동안 유지해온 커다란 엑셀 스프레드시트 하나에 구체적인 회사들의 모든 기록을 보관하고 있다. 엔지니어였던 그는 간략하게 거래일지를 작성하는 데 익숙했고 사실상 이것이 그가 투자를 위해 하는 일이다. 조사 기업에 대한 메모는 스프레드시트에 적어놓는다(종종 인터넷에서 복사해서 붙여넣기한다.). 여기서 실제 거래 기록은 굵은 글씨로 표시한다. 엑셀의 자동 필터 기능을 활용해 회사 이름만 선택해도 특정 회사에 대한 지난 몇 년 동인의 모든 기록을 빠르게 확인할 수 있다.

마이크로소프트 액세스와 같은 데이터베이스 프로그램이 더 사용하기 좋다는 것은 인정하지만 빌이 쓰기에는 익숙지 않았다. 기록을 다시 읽어보는 일은 거의 없지만 그럼에도 빌은 이 과정이 생각을 정리하는 데 도움이 된다고 생각한다. 그는 생각을 구조화하는 데 이 스프레드시트가 얼마나 중요한지 강조했다.

"이 습관은 제게 매우 중요합니다."

빌은 대부분의 거래를 온라인으로 한다.

"더 싸고 빠른 데다 전화로 사람들을 귀찮게 하는 것을 싫어해요."

많은 거래가 장 초반에 이루어지지만 빌은 다른 시간대에도 거래하며 거래일에는 주로 집에서 머문다. 간혹 비유동적인 주식을 거래하기 위해 전화로 주문을 내기도 한다.

빌은 기업 임원들과 거의 대화를 나누지 않으며 연례 주주총회나 그 밖의 회사 회의에도 참석하지 않는다. 그 이유 중 하나는 그가 어떤 상황에서든 본질적인 사실에만 초점을 맞추기 때문이다. 빌은 "숫자가 이야기해준다."고 말한다. 또 다른 이유는 그가 다른 투자자들에 비해 이런 교류에서 얻는 것이 많이 없다고 생각하기 때문이다. 빌은 스스로 "사람을 잘 볼 줄 모른다."라고 말한다. 또한 회사 미팅에 참석하면 "어쨌든 가장 내리기 어려운 결정인" 매도 여부에 대해 객관성과 냉정함을 유지하기도 어려워질 거라고 생각한다. 비슷한 이유로 그는 연차보고서도 잘 읽지 않는다.

"대부분의 숫자는 RNS에 나와 있고 연차보고서도 어느 정도는 PR 활동이니까요."

핵심적인 숫자에 집중하는 빌의 방식은 전기공학 기술자의 방식이다. 빌이 데이터마이닝이나 백테스팅, 그 밖의 통계적 접근 방식으로 주가나 기업 회계를 정량적으로 분석하는 것에 관심을 가질 거라고 예상할 수도 있을 것이다. 하지만 이런 분석 방법을 따르지 않는다. 몇 가지 이유가 있다.

"먼저 괜찮은 데이터를 구하려면 돈이 드는데 그 비용을 지불하기에는 제 사정이 빠듯해요. 과대적합 over-fitting 은 아주 다루기 어려운 문제라고 생각하기도 하고요. 이런 분석법이 지금까지 별로 필요하지 않았던 것도 이유입니다. 더 단순한 방법으로도 지금까지 잘 해왔고 지금도 투자에 너무 많은 시간을 쏟고 있어요."

그렇다고 빌이 자신의 공학적 배경을 완전히 이용하지 않는 것은 아니다. 그는 '간단한 html과 자바스크립트'로 자신이 만든 주식 정보 사이트를 조금씩 프로그래밍하며 투자 데이터를 보여주는 다양한 스프레트시트와 비주얼 프레젠테이션을 실험한다. 그가 개발한 가장 독창적인 프레젠테이션은 '가치 스파이더value spider'다.

배경 지식 | 가치 스파이더

가치 스파이더는 주식의 재무 지표를 평균적인 지표와 비교해 그래픽으로 나타낸 것이다. 각각의 바큇살은 PER, 수익률, 수익 능력 대비 기업가치EV/EBITDA 등 서로 다른 지표를 보여준다(용어에 대한 설명은 주석에 소개된 책을 참고하라.).[13]

시장에 있는 모든 주식의 지표별 평균값을 표준화해 바큇살 위에 표시하고 이 평균값들을 연결하면 원이 그려진다. 연구 중인 특정 주식의 지푯값도 바큇살 위에 표시한다. 그다음 거미줄을 치듯 이 값들을 연결하면 불규칙한 모양이 만들어진다. 모양의 면적과 기하학적 구조가 그 주식만의 강점과 약점을 특징짓는다.

기본적인 가치 지표들은 바큇살의 오른편에 표시한다. 12시 방향부터 시계 방향으로 EV/EBITDA, 예상 수익률, 주가순자산비율, 실제 PER과 예상 PER, 기업가치 대비 매출액EV/sales, 주당 순이익 예상 성장률, 턴오버 예상 성장률을 표시한다. '질적' 지표는 바큇살의 왼편에 표시한다. 7시 방향부터 시계 방향으로 수익 가시성, 순차입금비율, 자본 이익률, 현금흐름/주당 순

이익, 배당 성향, 영업이익률, 임원 지분을 표시한다.

다음은 2010년 2월 《인베스터스 크로니클》이 뽑은 올해의 저평가 주식(기본 가치 지표가 대단히 매력적인 주식들) 중 두 개 종목의 가치 스파이더다. 텔포드 홈스^{Telford Homes}는 특히 실제 PER과 성장률 지표 등 기본 가치 지표에서는 강점을 보이지만 상대적으로 질적 지표는 대부분 약하다. 이에 비해 KBC 어드밴스드 테크놀로지^{KBC Advanced Technology}는 기본 가치 지표는 적당히 매력적인 수준이지만 질적 지표가 상당히 좋다.

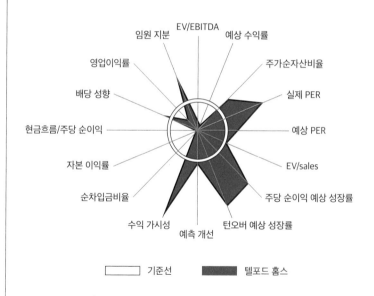

2010년 2월 텔포드 홈스의 가치 스파이더

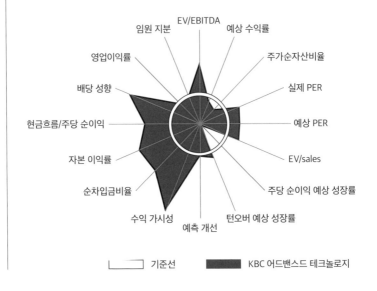

2010년 2월 KBC 어드밴스드 테크놀로지의 가치 스파이더

임원 지분
EV/EBITDA
예상 수익률
영업이익률
주가순자산비율
배당 성향
실제 PER
현금흐름/주당 순이익
예상 PER
자본 이익률
EV/sales
순차입금비율
주당 순이익 예상 성장률
수익 가시성
턴오버 예상 성장률
예측 개선

☐ 기준선　　■ KBC 어드밴스드 테크놀로지

인터넷 게시판에 의지한다

지적 독립성과 자신감이 있음에도(어쩌면 이런 것들이 있기 때문에) 빌은 눈에 띄게 훌륭한 투자 전문가를 발견하면 망설임 없이 그들을 따른다. 빌은 이것을 활용^{tail-coating}이라고 솔직하게 설명한다.

"분명히 저보다 더 많이 아는 개인투자자들이 있어요. 특히 원유나 천연가스와 같은 전문적인 섹터에서 그렇습니다. 이런 섹터는 제가 존경하는 인터넷 게시판 논객들에게 많이 의존합니다."

소수 논객을 신뢰하는 빌은 회사 이름이나 주제보다는 게시자의 이름을 검색해서 인터넷 게시판을 살펴보는 편을 좋아한다.

"저는 몇몇 게시자의 글은 전부 다 읽고 싶어요. 이 사람들을 찾는 데 몇 년이나 걸렸습니다."

도움이 되는 것이라면 가리지 않고 다른 사람의 전문 지식을 활용하려는 빌의 태도는 "눈을 써서 도용해라!"[14]라고 말한 전문투자자 닐스 타우버Nils Taube의 격언을 떠오르게 한다.

그 역시 보답으로 다른 사람에게 참고할 만한 아이디어를 게시판에 제공한다. 한 게시판에 올린 게시물만 해도 3,000개가 넘는다. 빌이 올린 글들은 평소 본질적인 요소에 초점을 맞추는 그의 방식을 반영해 몇 가지 핵심적인 숫자들을 요약한 정보 집약적인 스타일이다.

그는 게시판에 글을 올리는 것 외에도 투자 관련 사이트에 프리랜서로 글을 쓰기도 한다. 돈보다는 자아를 위한 활동이다.

"저는 수년 동안 아마추어 작가로 일해왔습니다."
빌이 쓰는 글은 매수할 주식을 알려주는 흔한 접근법이 아니라 표면적으로는 매력적인 주식이 좋은 매수 대상이 아닐 수 있음을 보여주는 회계와 특징에 초점을 맞춘다. 그는 이런 방어적 비관주의가 투자자에게 유용한 정신적 습관이라고 생각한다.

"주식을 사야 할 이유는 늘 찾기 쉽습니다. 대부분의 정보 제공자들이 하는 일이 이런 것이죠. 그러나 좋은 의사결정을 내리려면 주식을 사지 말아야 할 이유를 적극적으로 찾아봐야 합니다. 그런 이유가 있어도 감내할 만한 주식에만 투자하는 것입니다."

자신의 한계를 인정하라

빌은 투자자로서 지적인 자립이 중요한 요소였다고 생각한다.

"감정적 매도로 이어지는 손실의 고통을 예방하려면 내면의 자신감이 필요합니다."

이런 자신감은 사실 자신의 약점과 균형을 이룬다. 그도 "사람을 잘 볼 줄 모르기 때문에" 회사 미팅에 참석하지 않는다고 하거나, "병적인 고립공포감 때문에" 불충분한 정보만으로 너무 빨리 의사결정을 내릴 때가 있다고 고백했고, "단순한 게으름" 때문에 예전보다 최근 몇 년 동안 투자 연구에 많은 시간을 쏟지 않는다고 이야기하는 등 이 책 여기저기에 흩어져 있는 솔직한 인터뷰에서 자신의 약점을 인정했다. 이런 자기 통찰은 자신의 한계를 아는 것이 한계를 뛰어넘기 위해 애쓰는 것보다 더 중요한 투자 영역에서 특히 중요하다.

빌의 조언

☑ **형식보다 본질에 집중하라** | 형식보다 본질에 집중하는 방식은 조직생활을 할 때보다 투자할 때 더 유용하다.

☑ **생각을 정리하는 수단으로 기록하라** | 투자 아이디어를 기록하는 과정은 설사 그 기록을 다시 보는 일이 없더라도 생각을 정리하는 데 도움이 된다.

☑ **인터넷 게시판을 활용하라** | 흥미로운 주제보다 똑똑한 게시자들을 찾아라. 그들이 쓰는 모든 글을 읽고 좋은 아이디어는 활용한다.

투자 포인트

☑ **방임하는 지혜** | 무시할 것을 아는 것이 현명해지는 방법이다.

☑ **선택적 관심** | 어떤 상황에서든 가장 핵심적인 몇 개의 지표와 사실에 집중한다. 회사와 상황의 유형에 따라 다른 정보가 중요하다.

☑ **방어적 비관주의** | 이것은 투자자에게 유용한 습관이 될 수 있다. 주식을 매수하지 말아야 할 이유를 적극적으로 찾고, 그러한 이유에도 불구하고 매수해야 할 주식에 투자해라.

☑ **손절매에 회의적인 태도** | 손절매가 기대 수익 분포를 개선한다고 보기는 어렵다. 손절매를 설정하고 포지션을 크게 갖고 가는 것보다 포지션을 더 작게 잡거나 다각화해서 손실을 제한하는 편이 낫다.

방어적 가치와
배당에 집중한다

기업의 가치를 생각하는 투자자: 존

존의 프로필

• 인터뷰 당시	68세
• 마지막으로 직장을 떠났을 때	50세
• 경력	공인회계사
	영국 의회 의원이자 장관
	경제 저널리스트
• 투자 스타일	기본적 가치 지표, 특히 배당에 초점을 맞춤
• 주요 거래 분야 및 섹터	영국 소형주
	가족경영 '비공개' 회사 선호
• 상품	주식
• 보유 기간	몇 년
• 투자 성과	~2003년: ISA에 100만 파운드 이상 보유
	2001~2009년: FTSE 종합주가지수가 7% 하락한 데 비해
	87%의 자본 이익률 달성
• 투자 마인드	"상식과 인내가 장기적인 투자 성공의 열쇠다."
• 주요 키워드	#DVD_투자, #가족_기업, #상식과_인내

존 로버트 루이스 리^{John Robert Louis Lee}는 이 책에 등장하는 대다수의 사람이 태어나기도 전인 50여 년 전 첫 주식을 샀다. 그동안 배당과 배당의 증감에 특히 주의를 기울이는 그의 간단한 투자 원칙은 크게 변하지 않았다. 존은 자신의 투자 방식을 'DVD 투자', 다시 말해 방어적 가치와 배당^{Defensive Value and Dividends} 투자라고 말한다. 그는 일반적으로 PER이 7 이하이고 배당 수익률이 7% 이상인 '더블 세븐' 주식을 매수한다. DVD나 더블 세븐과 같은 용어는 매달 《파이낸셜 타임스》에 '나의 포트폴리오'라는 칼럼을 기고하면서 만들어졌다.

1980년대 영국의 토리당 의원이자 장관이었고 2006년 자유민주당원(상원의원)이 된 독특한 이력 때문에 그의 실명을 숨기는 것은 별 의미가 없다. 하원의원 선거구는 랭커셔였고 인생의 대부분을 런던과 잉글랜드 북서부에서 살았다. 인터뷰 당시 존은 자유민주당 상원 원내총무이자 여러 장관직의 대변인이었기 때문에 의회가 열리는 월요일부터 목요일까지는 런던에서 지냈다. 그는 주말과 휴회 기간에는 체셔주 올트링엄에서 지낸다.

인터뷰는 그가 1972년에 구입한 첼시의 조용한 거리에 있는 집에서 이루어졌다. 작은 거실에 놓인 앤티크한 안락의자에 앉아 존은 자신의 투자 방식과 경험을 친절하게 풀어놓았다. 이야기에서는 그가 기고하는 《파이낸셜 타임스》 칼럼에 늘 배어 있는 재미가 느껴졌다. 인터뷰를 방해한 것은 오후 4시 30분경 두 명의 증권 브로커 중한 명에게서 매일 걸려오는 전화뿐이었는데 존에게 현재 보유 중인 주식과 관련된 뉴스를 업데이트해주기 위한 것이었다.

투자의 시작

존은 1942년 맨체스터에서 의사인 아버지와 교사였다가 이후 아동 심리학자가 된 어머니 사이에서 태어났다. 그래머스쿨을 졸업하기 직전에 받은 진로 적성 검사에서 그는 상업 또는 회계 관련 업무를 추천받았다. 5년 동안의 실무 수습을 마친 후 존은 1964년에 공인회계사 자격을 얻었다.

"아주 유용하지만 지루한 일이었죠."

최종 결과가 나오기도 전에 존은 맨체스터에 있는 헨리 쿡 증권중개소Henry Cooke Stockbrokers에 들어가 시니어 파트너의 개인비서가 되었고, 이 일은 공인회계사로서의 경력을 크게 발전시켰다. 그는 이렇게 말했다.

"즐겁고 신났습니다. 22세에 취미인 투자를 하면서 돈을 받았으니까요."

이 취미는 아버지에게서 비롯되었다. 그의 아버지는 16세에 아버지를 잃고 학교를 일찍 졸업해야만 했는데 이 불행은 평생에 걸친 아버지의 절약정신과 투자에 대한 관심에 영향을 미쳤다. 그는 아버지가 "《인베스터스 크로니클》과 오래된 증권거래소 관보 더미에 둘러싸인 채 입에 파이프를 물고 서재 바닥에 앉아 있던 모습을 기억한다."고 말했다.

존은 어릴 때부터 우체국 예금 계좌에 용돈을 저축했다. 16세에는 처음으로 주식을 매수했는데 아직까지도 그 세부 사항을 기억하고 있었다. 45파운드로 배가 한 척 있는 에비에이션 앤드 시핑Aviation & Shipping이라는 회사에 투자해 참담한 결과를 얻었던 것이다.

"결국 배도 회사도 주식도 모두 침몰했지만 저는 인내심을 갖고 계속 투자를 했죠."

헨리 쿡에서 2년을 보낸 후 그는 동료들과 함께 회사를 떠나 지방에서 기업금융 자문 서비스를 제공하는 세컨드 시티 증권Second City Securities을 설립했다. 1970년대 초 이 회사는 챈서리 트러스트Chancery Trust로 발전했다. 챈서리 트러스트는 당시 전성기를 구가하던 슬레이터 워커Slater Walker에 특별한 상황에 놓인 기업을 소개하고 의뢰비를 받았다.

1972년, 30세이던 존은 정치에 입문하는 것을 진지하게 고민했다. 몸이 좋지 않아서 회사 일에 관여할 수 없었다. 다음 해 회사 지분을 팔아 경제적 독립을 이룬 뒤 수십 년 동안 그의 투자 포트폴리오의 중심이 되는 약간의 자유 자본을 마련할 수 있었다.

정계에 입문하다

정치에 대한 존의 관심은 어린 시절부터 시작됐다. 그의 아버지는 잠시 동안이었지만 보수당 주의회 의원이었고(아버지의 정치 경력은 건강 문제로 짧았다.), 존도 10대에 청년 보수당에 가입했다. 챈서리 트러스트의 지분을 판 이후 1974년에는 야당 의장(재무 장관을 겸직한다.)인 로버트 카^{Robert Carr} 밑에서 일했고, 그해 10월에는 보수당을 위해 맨체스터의 노동당 지지 지역에서 의석 경합을 벌이다 접전 선거구인 랭커셔의 넬슨과 콜른 지역구에 배정되었다. 그 후 5년 동안 낮에는 그의 투자 포트폴리오에서 큰 비율을 차지하는 PZ 쿠손^{PZ Cussons}의 전신, 패티슨 자코니스^{Paterson Zachonis}에서 사내 기업금융가로 일했다. 저녁 시간과 주말은 자신의 선거구에서 선거운동을 했고 1979년 선거에서 400표 차이로 노동당을 누르고 승리했다.

국방부와 노동부 차관을 역임했으며 1987년부터 1989년까지 관광부 장관으로 재직했다. 1989년에는 늘 아슬아슬한 득표 차이를 보였던 선거구를 돌보는 데 더 많은 시간을 쏟기 위해 평의원으로 돌아갔다. 하원의원 시절 기사들을 보면 존은 항상 보수당에서도 일국주의와 영국의 유럽연합 가입을 지지하는 온건파였다. 1990년에는 노동당과 함께 인두세에 반대하는 투표를 한 다섯 명의 전직 장관 중 한 명이었고 일찍부터 당수로 마이클 헤셀틴^{Michael Heseltine}을 공식적으로 지지했다. 그러나 1992년 보수당에 대한 국민적 반발로 그의 선거구는 패하고 만다.

그 이후 존은 보수당 일에 거의 관여하지 않았다. 그는 1990년대에 접어들면서 유럽연합 가입에 반대하며 사회적으로 편협한 메시지를 전달하는 보수당에 점점 더 불만을 품게 되었고 결국 1997년 후반 보수당을 탈당했다. 그러다가 2001년 총선에서 자유민주당에 입당했다. 2006년에는 자유민주당에서 상원의원으로 지명받았다.

존은 하원의원으로 일하는 내내 계속 활발한 투자자였다. 존의 투자 활동은 어떻게 그의 정치 커리어와 조화를 이룰 수 있었을까?

"특히 제 선거구가 접전 지역이었다는 점을 고려하면 두 번째 수입원은 하원의원으로서 저를 안심시켜주는 독립성의 원천이었습니다. 장관 업무와 직접적으로 관련된 기업의 주식은 투자를 피해야 했지만 그것은 사소한 불편에 불과했습니다. 의원직을 잃었을 때 고작 50세였는데 다른 경력이나 일도 없어서 근로 소득이 크게 줄었어요. 그때 투자를 하고 있어서 다행이었습니다."

방어적 가치와 배당

'방어적 가치와 배당'에 대해 자세히 설명해달라는 부탁에 존은 '방어적 가치'는 "자산에 초점을 맞추고 이익을 생각하기 전에 손실을 피하는 것"을, '배당'은 "단지 현금이 들어온다는 이유 외에도 그 자체로 투자의 기준이 되기 때문에 중요하다."며 배당을 지급하는 회사는 '진짜 이익이 존재한다는 의미'라고 말했다.

존은 "회사의 사업과 철학을 이해할 수 있으며 경영진이 자사주를 상당량 보유한" 기업들을 찾는다. 이 기준에 따라 그가 '가족' 기업이라고 부르는 회사에 자주 투자한다. 가족 기업proprietorial company은 큰 위험을 감수하기보다는 사업 보존을 중시하며, 일하지 않고 배당금만으로 생활하는 가족원이 있어 배당의 유지와 증대에 중점을 두는 가족 경영 회사를 말한다.

이와 대조적으로 대기업의 이사들은 그들이 받는 보수에 비해 자사주를 적게 보유할 때가 많고 그에 따라 배당 결정을 내릴 때도 배당 소득에 의존하는 주주들을 거의 고려하지 않는다.

DVD 투자 방식은 많은 개인투자자가 선호하는 일부 주식 유형에는 투자하지 않는다. 가령 광산, 원유, 바이오처럼 투기적인 섹터에서의 '믿을 만한 정보'라거나 껍데기만 남은 기업, 회복 중인 주식은 배제한다. 존은 이런 주식들을 취급하지 않는 것에 만족한다.

"본질적으로 주식의 가치는 회사의 기본적인 수익성과 투자자들이 그것에 적용하는 PER의 조합입니다. 수익성이 입증되지 않은 채미래에 대한 희망만을 근거로 하는 주식은 대부분의 투자자들이 평가하기가 매우 어렵습니다. 물론 저도 어렵죠."

존은 간혹 배당보다 순자산가치를 주요 판단 지표로 삼아야 하는 부동산 회사 주식을 매수하기도 한다. 그러나 순자산가치에 프리미엄을 얹어서 매수하지 않으며 "다른 투자자들이 왜 그렇게 하는지 알 수 없다."고 말한다.

'방어적 가치와 배당'을 더 많이 제공한다는 점 외에도 중소형 주식은 몇 가지 다른 이점이 있다.

"중소형 주식은 연구하는 사람이 많이 없고 인수될 가능성은 더 높습니다. 일반적으로 진지한 개인투자자들이 회사 임원들에게 다가가기도 더 쉽죠."

그렇다고 존은 매수 주식의 시가 총액 규모를 임의적으로 제한하지는 않으며 '방어적 가치와 배당'을 제공하는 주식을 찾으면 언제나 매수한다.

2009년 말에 인터뷰할 당시 존은 FTSE 100 지수에 포함된 대형주 BP와 보다폰Vodafone을 매수했다.

"저는 보통 이렇게 큰 기업에는 투자하지 않습니다. 그러나 이 기업들의 최근 배당 수익률은 6%가 넘어서 현금을 가지고 있는 것보다 훨씬 더 낫죠. 게다가 환금성이 좋아서 보유 주식을 언제든 당장 현금으로 바꿀 수도 있습니다. 제가 평소에 투자하는 주식들은 종종 그렇게 하지 못하는데 말이죠."

이것을 '플레이스홀더placeholder' 투자라고 표현하는 투자자도 있다. 더 좋은 아이디어에 투자할 수 있을 때까지 포트폴리오의 유동성을 확보하는 안정적인 주식에 투자하는 것이다. (2010년 4월 BP의 멕시코만 원유 유출 사고 이후 존은 2010년 7월《파이낸셜 타임스》칼럼에서 투자 결과를 솔직하게 털어놓았다. 그는 매수했던 BP 주식을 2010년 5월, 442포인트에 매도하며 18%를 손실했고 주식을 보유하고 있는 동안 약 3%의 배당을 받아 손실 일부를 상쇄했다.)

존은 부인할 수 없는 가치투자자지만 가치라는 하나의 진정한 신념만 고수하기보다는 상식을 충족시키는 아이디어를 찾는 데 관심을 기울이는 실용적인 사람이었다. 가치투자자 중에는 주식을 사야 하느냐 팔아야 하느냐 하는 문제보다는 어떤 주식이 '진정한 가치'가 있는지 없는지에 대한 현학적 논쟁에 더 관심을 갖는 독단적인 유형도 있다. 그 둘 사이의 관계는 투자와 정치가 밀접한 유사점을 갖는 드문 경우다. 뛰어난 투자자와 정치가는 유연하고 실용적이지만 이류들은 독단적이고 지루하다.

기업 미팅의 과정을 즐겨라

존은 기업 미팅의 가치를 믿는 투자자다. 그는 다수의 연례 주주총회에 참석하며 주식을 보유하는 기업들의 공장이나 사무실 등 현장에 방문한다. 일반적으로 매년 12개 정도의 주주총회에 참석하며 기타 회의에도 참석한다.

존은 기업 미팅이 좋은 결과로 이어진다고 생각하지만, 회의에 참석하고 기업을 방문하는 과정 자체를 즐기는 편이다. 그가 기고하는 《파이낸셜 타임스》 칼럼 덕분에 기업들이 그와 대화하고 싶어 하는 것도 있지만 작은 기업과 미팅을 잡기는 대부분 쉬운 편이다. 더불어 기업 미팅은 '모든 진지한 개인투자자'가 쉽게 잡을 수 있어야 한다고 생각한다.

존은 기업과 관계를 형성하는 데 한 가지 단점이 있다고 말했다.

"매도에서 도망친다는 느낌을 가질 수 있다는 것입니다. 그 때문에 지나치게 오래 포지션을 유지하고 싶어질 수도 있어요."

그러나 모든 것을 감안해도 존은 기업 미팅이 더 나은 결정을 내리는 데 도움을 준다고 확신한다.

장기적이고 느린 투자 방식

존은 일반적으로 약 50개의 종목을 보유하고 있으며 이 중 절반은 일반 상장 주식이고 반은 AIM 주식이다. AIM에 상장된 회사들은 이전에는 일반 상장 기업이었으나 느슨한 규제와 주주들에게 주는 세금 혜택 때문에 AIM으로 이전한 경우가 많다. AIM 상장 주식은 자본이익에 대해 기간에 따른 공제제도taper relief(2002~2008년)가 있었고, 최소 2년 이상 보유한 주식에 대해서 상속세가 면제된다.

포트폴리오에서 가장 비중이 큰 주식은 잘 알려져 있지 않은 기업들이다. 2007년 그는 칼럼에서 보유 비중이 큰 상위 10개 종목을 소개했는데 개별 종목은 다음과 같다. 크리스티 그룹Christie Group, 구치 앤드 하우스고Gooch & Housego, 포친스Pochins, PZ 쿠손, 쾨르토Quarto, 티톤Titon, 타운센터Town Centre, 트리트Treatt, 웰링턴마켓Wellington Market, 윈저Windsor. 칼럼에서도 언급했지만 그가 대중을 따라 했다고 비난할 사람은 없을 것이다.

존은 매일 거래하지 않는다. 그는 "나무늘보와 같은 게으름이 우리 투자 스타일의 초석이다."라는 워런 버핏의 말을 인용했다. 다만 상대적으로 유동성이 부족한 소형주에 집중하기 때문에 일반적으로 몇 주 혹은 몇 개월에 걸쳐 여러 번 매수해야 원하는 규모의 포트폴리오를 구축할 수 있다. 회사가 인수되지 않는 한 매도할 때도 마찬가지다. 따라서 대부분 주중에 매수나 매도 주문을 조금씩 내는데 완전히 새로운 아이디어를 실행하는 것이라기보다는 큰 포지션에서 소소하게 움직이는 주문들이다.

그의 포트폴리오에는 수십 년 동안 보유한 종목도 있다. 이런 종목은 가격이 상승하면 전체 규모에는 영향이 없게 미미한 수량을 매도했다가 가격이 떨어지면 포지션을 다시 늘린다.

존은 몇몇 기업을 아주 오래 보유한 덕분에 원래 투자에 들인 총비용보다 매년 더 많은 배당을 받게 되었다. 북서부 지역에서 건설업과 부동산 개발업을 하는 포친스가 그 예다. 포친스는 고점에서 그가 투자한 금액의 약 80배가 되었다(비록 2008~2009년 건설업 침체기에 주가도 하락하고 배당도 줄었지만 말이다.).

2009년에 창립 125주년을 맞이하고 아프리카와 아시아에 광범위한 사업체를 가지고 있는 맨체스터 소재의 비누 제조업체 PZ 쿠손 역시 존의 또 다른 장기 보유 종목이다. 존은 1976년부터 이 종목을 계속 보유해왔다. 상장 기업으로서 PZ 쿠손의 역사와 성장은 눈부시다. 1953년 상장 당시 이 기업의 시가 총액은 120만 파운드였으나 이후 57년 동안 세계적인 비누, 세면도구, 화장품, 세제 제조 회사로 성장해 시가 총액이 1,000배 이상 증가했고 현재 10억 파운드를 넘어섰다. 이런 성장은 대단해 보이지만 복리의 효과는 강력하며 상식을 벗어난다. 57년 동안 1,000배 성장했다는 것은 사실 매년 13%도 안 되는 성장률을 이뤘다는 의미와 같다.

장기투자자는 1987년부터 도입된 PEP와 1999년부터 도입된 ISA에 강력한 복리의 효과가 있음을 잘 알았다. 그래서 1987년 이후 매년 PEP와 ISA에 최대 적립금을 납입해왔고 과세 계좌에서 일부를 매도해서 비과세 계좌에 돈을 넣기도 했다. 2003년 초, 존이 PEP와 ISA에 적립한 12만 6200파운드는 100만 파운드 이상으로 불어났고 이 결과를 《파이낸셜 타임스》에 기고했다.

"칼럼에 쓰기 전에 꽤 오랫동안 생각했습니다. 자랑하는 것처럼 보이고 싶진 않았지만 많은 사람이 정기 적립금의 장기적인 복리 효과를 잘못 이해하고 있어서 분명히 알려주고 싶었죠. 고소득자들은 연간 납입 한도가 낮다고 종종 ISA를 무시합니다. 매년 ISA에 적립하는 사람들도 대개 일관성이 없죠. 어떤 해에는 유행하는 펀드를 샀다가 또 다른 해에는 적립을 안 해버리고요. 저는 칼럼에서 느리고 상식적인 투자 방식과 장기적인 정기 적립의 이점을 보여줬습니다."

'느린 투자 방식'은 2003년 칼럼에 공개한 그의 ISA 포트폴리오의 18개 종목만 봐도 확실히 알 수 있다. 2009년 말에도 존은 이 중 11개 종목을 들고 있었다. 다섯 종목은 인수되었고 매도한 것은 세 종목뿐이었다.

PEP와 ISA 외 계좌에서는 수년간 해마다 자본이익에 대해 얼마간 세금을 납부해왔다. 존이 얻는 자본이익은 대체로 기업 인수, 자본분배$^{capital\ distribution}$, 기타 기업 이벤트에 따른 소극적 현금화에서 기인한다.

"포트폴리오에 종목이 50개나 있다 보니 늘 기업 활동의 일선에서 어떤 일이 일어나고 있습니다."

50개 종목 대부분이 배당주이기 때문에 포트폴리오에서는 꾸준히 최종배당과 중간배당이 나온다. 따라서 존이 적극적으로 매도하지 않아도 늘 새롭게 투자할 자본금이 창출된다.

포트폴리오 관리의 어려운 측면은 실망스럽게 변하는 주식들을 단호히 다루는 것이다. 존은 결과 발표가 지연되거나, 감사나 이사가 사임하고, 회계 결산 연도가 바뀌고, '너무 자주 인수되는' 등의 몇 가지 조기 경고 신호들을 언급했다. 처음에 그는 경영진에게 무죄 추정의 원칙을 적용해주는데 이 때문에 일부 나쁜 주식이 필연적으로 더 악화되기도 한다.

그는 자신의 칼럼에서 여러 차례 "내 포트폴리오는 구세군과 합작 사업이 아니라는 사실을 잊지 마라!"라는 내용의 결의안을 썼다. 하지만 간혹 실망스러운 주식에 대해 지나친 관용을 베푸는 것은 대부분의 경우에는 긍정적 효과를 발휘하는 '나무늘보와 같은 게으른' 투자 방식의 불가피한 결과다.

존은 지난 50년 동안 주식투자를 해왔지만 목적을 불문한 모든 대출에 대해 세금을 공제해주던 1970년대 초반부터 지금까지 단 한 번도 돈을 빌려서 투자해본 적이 없다. 스프레드 베팅이나 CFD 같은 다른 형태의 레버리지도 실험해보지 않았다. 첫 번째 집을 살 때를 제외하고는 부동산을 사기 위해서도 빌린 적이 없다. 존과 그의 아내는 1975년부터 가족이 함께 살던 체셔의 집에서 계속 살고 있다. 런던에 있는 집은 투자라기보다는 거처를 마련하기 위해 구매했다.

"제가 늘 관심을 가졌던 것은 주식입니다. 몇몇 부동산 회사에 투자해서 성공했지만 그게 제 부동산투자의 전부였죠."

투자의 역사는 반복된다

레버리지를 쓰지 않고 수익성 있는 배당 성향 기업에 집중하는 존의 보수적인 투자 스타일은 1970년대 초 제2금융권 위기를 겪으며 형성된 투자 경험의 산물이다. 1973년부터 1974년까지 일부 제2차 은행들이 파산했고 내셔널 웨스트민스터 은행Natwest Bank의 생존 가능성에 대한 루머까지 돌았다.

"역사 의식은 투자자에게 도움이 됩니다. 이전에 경험했던 과오를 알면 다시 생길 수 있는 문제에 더 잘 대비할 수 있습니다."

2007년까지 그는 《파이낸셜 타임스》 칼럼에서 언젠가 또 다른 위기가 닥칠 수 있기 때문에 조심스러운 접근 방법을 취하고 있다며 이 시기를 자주 언급했다. 위기는 2008년에 찾아왔다. 스코틀랜드 왕립 은행과 로이드/HBOS 두 곳의 대형 청산은행이 사실상 국유화되며 적어도 은행 업계에서만큼은 1973~1974년의 위기보다 더 심각한 상황이 되었다.

존은 1975년 1월에 6주 동안 FT 30 지수(당시 대표적인 런던의 시장 지수)가 두 배로 상승하며 급격한 반전이 일어났다는 사실도 기억하고 있었다. 그래서 2008년 시장이 바닥을 찍는 타이밍에 주의를 기울였다.

"주식이 싸 보이면 매수해야 하고 설사 다음 주에 시장이 더 내려서 가격이 10%쯤 떨어진다 해도 상관하지 말아야 합니다."

그는 시장 타이밍에 대한 논의에 이어 또 다른 난제를 꺼냈다.

"지구에 종말이 온다면 뭘 할 건가요? 주식을 전부 팔고 위스키 상자를 들고 침대 밑에 숨어 있을 건가요? 그런 상황에서 지구 종말이 일어나지 않는다면 나중에서야 주식들이 엄청나게 쌌었구나 할 겁니다. 실제로 종말이 온다면 주식 포트폴리오보다 더 큰 걱정을 해야겠죠."

투자 성과의 공개

존은 '나의 포트폴리오' 칼럼을 쓰면서 정기적으로 지난해를 평가하고 재검토한다. 나는 발표된 칼럼들을 취합해 대략적인 장기 투자 성과를 추정해봤다.

그리고 그의 포트폴리오 연도별 수익률을 FTSE 스몰캡 지수^{FTSE}

Smallcap Index• 수익률과 비교해봤다. 존의 포트폴리오가 대부분 소형주에 투자되어 있으므로 FTSE 스몰캡 지수가 비교하기 가장 적절한 지수라고 생각했다. 두 번째 표는 존이 달성한 9년 동안의 누적 수익률을 FTSE 스몰캡 지수와 FTSE 100, FTSE 종합주가지수와 비교한 것이다. 포트폴리오의 배당 수익률은 연간 약 3%고, 지수에서 나오는 배당은 수치에 포함해 상쇄했다. 비교해보면 존이 달성한 수익률은 9년 내내 우수하지만 지수 수익률을 상회한 것은 초기 연도에 집중돼 있다.

9년간 스몰캡 지수에 투자했을 때 수익률(-13%)은 FTSE 100에 투자하거나(-13%) 종합지수에 투자했을 때의 수익률(-7%)과 비슷하다. 이것만 보아도 존의 포트폴리오가 지수를 상회하는 수익률을 낸 것은 단순한 '사이즈 효과'가 아니라 '무시의 효과neglect effect'와 투자 기술이 조합된 결과라는 것을 알 수 있다. 같은 기간 동안 전체적인 중소형주가 대형주보다 더 높은 수익률을 제공한 것은 아니었다. 하지만 개별 중소형주는 무시돼 잘못된 가격으로 책정될 가능성이 높았고 노련한 투자자는 이를 이용할 수 있었다.

• FTSE 인터내셔널은 영국의 《파이낸셜 타임스》와 런던증권거래소가 공동으로 설립한 회사로 영국의 주가 지수 및 관련 데이터를 제공한다. FTSE 지수는 글로벌 주가지수를 다루며, 중소형주를 다루는 FTSE 스몰캡, 시가 총액 100위의 우량 주식으로 구성된 FTSE 100, 시가 총액 101~350위 기업으로 구성된 FTSE 250, FTSE 100과 FTSE 250을 합친 FTSE 350, 스몰캡과 350을 합친 FTSE 종합주가지수 등이 있다.

(a) 연간 자본 수익률

연도	① 존의 포트폴리오 수익률	② FTSE 스몰캡 지수	③ 존 - 벤치마크 수익률 ① - ②
2001	+5%	-19%	+24%
2002	+5%	-29%	+34%
2003	+44%	+36%	+8%
2004	+30%	+11%	+19%
2005	+20%	+20%	0%
2006	+18%	+18%	0%
2007	-14%	-12%	-2%
2008	-42%	-46%	+4%
2009	+28%	+50%	-22%

(b) 2001~2009년 누적 수익률

	누적 자본 수익률(2001~2009)
① 존의 포트폴리오	+87%
② FTSE 스몰캡 지수	-13%
③ FTSE 100 지수	-13%
④ FTSE 종합주가지수	-7%

상원의원 투자자의 일상

존은 영국 상원의원이기 때문에 이 책에 등장하는 대부분의 투자자와 똑같은 의미의 전업투자자는 아니다. 하지만 매일 시장을 지켜보며 시장에 대해 생각한다는 점에서 진지한 직접투자자다.

매일 아침 8시 15분, 존은 투자 결과나 50여 개의 보유 종목에 영향을 미치는 뉴스를 업데이트하기 위해 정기적으로 연락하는 두 명의 브로커 중 한 명과 이야기를 나눈다. 요즘은 대부분의 투자자가 온라인으로 정보를 나눈다는 사실을 알고 있지만 존은 스스로 "기술적으로 뒤떨어져 있고 어떤 경우든 사람과의 접촉을 즐긴다."고 말한다.

그렇다면 존의 브로커는 어떻게 전화 통화로 몇 페이지에 달하는 투자보고서의 요지를 전달하는 걸까?

"제가 늘 알고 싶은 핵심은 배당 결정입니다. 보통은 이것만으로도 과거의 결과, 미래에 대한 경영진의 전망, 사업의 현금 유동성 등 전체적인 그림이 보입니다."

나머지 시간은 상원의원의 업무나 다른 관심사에 몰두한다. 하지만 존의 브로커는 가능하면 언제나 시장이 마감되는 오후 4시 30분쯤에 다시 전화를 걸어서 상황을 업데이트하고 종가를 요약해 팩스로 보낸다. 그리고 적어도 일주일에 한 번은 존이 관리하는 모든 ISA와 가족 포트폴리오의 현금 유동성을 요약해서 팩스로 보낸다. 브로커는 연중무휴 매일 전화하는데 존이 3월에 트위드로 연어 낚시를 떠나거나 가을에 골프를 가도 연락은 계속된다.

이미 이야기했듯이 존은 투자 결정에 영향을 미치는 정보를 알아내기 위해 기업과 만나는 것을 중요시한다. 그러나 추가 조사에는 책상머리에서 하는 연구가 많이 필요하다. 존은《헴스콧 컴퍼니 가이드^{Hemscott Company Guide}》와《파이낸셜 타임스》,《인베스터스 크로니 클》을 주로 읽는다. 여기에는 기업 회장의 발언과 배당 수익률, PER 등의 기본적인 지표들을 훑어보는 일이 포함된다. 이 연구는 깊다 기보다는 넓게 이루어진다.

"저는 지루함을 못 견디는 성마른 사람입니다. 따뜻한 성격으로 감춰져 있길 바라지만요! 저는 개괄적인 접근 방법을 활용하는 데 다 그렇게 세세한 사람도 아닙니다."

그러나 존은 이처럼 공공연히 개괄적 접근 방법을 사용함에도 톱다운 투자자가 아니라 바텀업 투자자다. 그는 개괄적 접근 방법을 개별 기업의 수준에서 적용할 뿐 거시경제 이벤트를 예측하지 않기 때문이다.

증권 브로커와 조언자들

존은 주로 두 곳의 증권사와 거래하는데 그중 하나는 1964년에 일했던 헨리 쿡의 승계 회사다. 담당 브로커는 수년 동안 여러 차례 바뀌었지만 존은 이렇게 말한다.

"실은 브로커에게 조언을 구하지 않습니다. 그저 일을 제대로 관 리하고 실행하기를 바랄 뿐이죠. 브로커는 믿을 수 있고 언제나 저 한테 전화를 걸어주는 사람이면 됩니다."

그는 대부분의 증권사 서비스가 만족스럽지 않으며 수년 동안 브로커들의 역량이 떨어진 것을 유감스럽게 생각하고 있었다.

"예전 브로커들은 대개 자기 돈을 좀 굴려서 고객에게 추천하는 주식에 직접 투자를 하기도 했거든요. 하지만 요즘엔 대다수에게 그냥 직업일 뿐이에요. 어떤 브로커는 자기를 위해서는 한 주도 사 본 적이 없으면서 추천 종목에 있는 주식들을 그냥 권한다니까요."

그렇다면 존은 전문적인 펀드매니저에 대해서는 어떻게 생각할까?

"개인적으로 저는 누구에게도 내 돈을 맡기고 싶지 않습니다. 공인된 투자자문이라는 게 약간 사기 같다고 생각하거든요. 투자자문가 자격증은 운전면허증이 아니라 낚시허가증에 가까워요. 그저 돈을 내면 물고기를 잡아도 벌금을 물지 않을 거라고 확인해주는 것이죠. 낚시를 잘하는지 못하는지에 대해서는 아무것도 알려주지 않습니다."

그는 여러 헤지펀드의 전문 운용가가 다루는 단기운용도 좋아하지 않는다.

"저는 성장 사업에 장기 투자하는 것이 더 가치 있고 국익에도 도움이 된다고 생각합니다. 레버리지를 활용해 포지션을 짜고 공매도에 초점을 맞추는 펀드는 실제 경제에 전혀 기여하는 바가 없어요. 제가 정말 혐오하는 일이죠."

장기 투자가 가져오는 사회적 이점 외에도 존은 이 방법으로 가장 높은 수익률을 달성할 수 있다고 생각한다. 이 생각은 현재 30대 초반인 두 딸이 어렸을 때부터 병행 포트폴리오를 운용해보면서 더욱 강해졌다. 그는 딸들을 위해 자신의 포트폴리오와 똑같은 주식을 더 적은 금액으로 매수했다. 놀랍게도 시간이 지날수록 거래 활동이 적은 포트폴리오가 더 높은 수익률을 거뒀다. 그는 이 성과에 대해 딸들이 "기뻐하긴 했지만 특별히 감명받지는 않았다."고 슬픈 듯이 말했다. 딸들에게 그가 투자에서 느낀 흥미를 물려줄 수는 없었다.

대기업보다는 중소기업

존은 수년 동안 투자해온 기업에 관심이 많았고, 공직 경험도 있기 때문에 종종 등기이사 자리를 제안받는다. 1970년대 초 직접 설립한 기업금융 회사의 역인수합병^{reverse takeover}•으로 등기이사직을 맡은 것을 제외하고도 PZ 쿠손, 제임스 할스테드, JR 놀스에서 여러 차례 이사를 맡았다. 인터뷰를 진행할 당시에도 존은 OFEX에 상장된 영국의 길거리형 시장의 선두주자인 웰링턴 마켓^{Wellington Market}의 의장이었다. 웰링턴 마켓은 19세기 의회법에 의해 법인으로 창립되었으나 회사의 역사는 왕립 헌장^{Royal charter}에 따라 웰링턴 시장이 설립된 1244년까지 거슬러 올라간다.

• 소규모 비상장사가 이미 상장된 대규모 회사를 인수해 상장하는 것.

"저는 거래 이력이 있는 회사들을 선호하는 편입니다."

수년 동안 그는 다양한 자선단체와 보험 회사, 기타 기관의 신탁 관리자나 투자 위원회 위원으로 활동해왔으며 이들 중에는 투자 포트폴리오가 몇 십 억 파운드에 달하는 곳도 있었다. 이런 펀드들은 대부분 대형주에 투자했다.

존은 이런 직책을 기쁘게 맡았으나 여기에서 얻은 경험은 중소형주 쪽이 더 흥미로운 주식 분야라는 원래의 생각을 더욱 강하게 만들었다.

"자산 배분과 벤치마크에 대한 끝없는 토론이 특별히 도움이 된 것 같지 않아요. 대기업들은 투자자가 경영진에 대해 알 수 있는 중소기업보다 인간적인 관심이 훨씬 적습니다."

상식과 인내의 투자

첫 주식을 사고 50년도 더 지난 지금 존은 다른 어떤 활동보다도 투자가 자신의 삶에서 가장 변함없는 부분이었다고 생각한다. 사회적 경력과 이사 직책은 왔다가도 가고 정치와 정당에 몸 바쳤던 생활 역시 기복이 있었다. 하지만 투자에는 지속적으로 관심을 쏟았다.

존은 이렇게 말했다.

"50년을 투자해보니 장기 투자에 성공하기 위한 열쇠는 상식과 인내, 두 가지뿐입니다. 결국 수익은 언제나 따라옵니다."

존이 투자에서 느끼는 즐거움은 대화를 나누거나 그가 쓴 칼럼을 다시 읽어봐도 분명하게 알 수 있다. 칼럼 중 하나는 다음과 같이 끝을 맺는다.

"나에게 주식 시장, 특히 중소형주 투자는 취미이자 핵심 활동이다. 이에 대해 생각하고 이야기하고 글을 쓸 때 가장 행복하다."

존의 조언

☑ **기본으로 돌아가라** | 상식과 인내는 장기적인 투자 성공의 핵심 요건이다.

☑ **투자의 즐거움을 느껴라** | 투자는 단순한 부의 원천만이 아니라 즐거움의 원천이 될 수 있다.

☑ **'개인' 회사에 주목하라** | 가족이 경영하는 개인 회사는 견실한 투자 대상이다. 일하지 않고 배당금으로 생활하는 가족원이 있어 배당을 유지하는 데 중점을 두기 때문이다.

투자 포인트

☑ **DVD 투자** | 순자산가치에 비해 주가가 낮고 오랫동안 상당한 배당금을 지급한 기업을 찾아라.

☑ **작은 기업 큰 수익률** | 작은 기업은 주인 의식이 더 높고, 잘 알려져 있지 않으며, 기업 인수의 대상이 되기 쉽다. 개인투자자들이 경영진에 더 쉽게 다가갈 수도 있다.

☑ **조기 경고 신호** | 결과 발표 지연, 감사나 이사의 사임, 회계 결산 연도가 바뀌거나 지나치게 인수가 많이 이루어지는 등의 신호에 주목한다.

☑ **신호로서 배당** | 기업의 성과보고서를 읽을 때는 특히 배당 결정에 주의를 기울여라. 배당 결정은 기업의 전체적인 그림을 요약해준다.

CASE 05

기업의 상태 변화에
주목한다

알 수 있는 것에 집중하는 투자자: 수실

수실의 프로필

· 인터뷰 당시	45세
· 마지막으로 직장을 떠났을 때	35세
· 경력	계량경제학 박사
	기업경제 컨설턴트
· 투자 스타일	응용 인식론으로서의 투자
· 주요 거래 분야 및 섹터	영국의 중소형주, 총 보유 종목은 60여 개이나
	비중이 큰 상위 6개 종목이 포트폴리오의 절반 정도를 차지하고 있음
· 상품	주식, 스프레드 베팅
· 보유 기간	몇 개월
· 투자 성과	~2003년: ISA에 100만 달러 이상 보유
	2003~2010년: 4월까지 8년 동안 FTSE 종합소형주지수
	연간 약 10% 상회하는 과세 펀드 운용
· 투자 마인드	"어떤 회사에 대해 모든 것을 알 필요는 없다.
	단지 인식할 수 있는 상태 변화에 집중해라."
· 주요 키워드	#세후적_사고, #켈리_베팅, #마지못한_도박꾼

대부분의 투자자는 시장이 나를 비롯한 모두에게 열려 있다고 생각한다. 이들은 주로 자유시장, 즉 시장의 가치에 대한 정치적 논쟁에서 자유방임주의를 선호한다. 그러나 수실은 경제학을 전공했음에도 관점이 조금 다르다.

"시장은 자원을 배분하는 곳이지만 때로 원활하게 이뤄지지 않을 때가 있습니다. 포트폴리오 투자자의 관점에서 보면 시장은 제로섬 게임입니다. 케인스의 표현대로 일반적으로 게임의 목적은 시간과 무지의 어두운 힘을 물리치기보다는 대중을 한 수 앞서는 것입니다. 제로섬 게임을 하면서 뇌 수술을 하는 것보다 더 좋은 보상을 받는다는 사실이 늘 저를 괴롭혀왔죠."

이런 고민에도 수실은 게임에 뛰어났다. '대외' 요인과 '대내' 요인이 있었지만 그가 투자에 집중하기 위해 마지막으로 직장을 떠났을 때는 35세였다. 그가 3% 이상 지분을 소유한 작은 상장 기업들을 보면 그는 돈 버는 데 적성이 뛰어난 듯하다. 반면 돈을 쓰는 데는 별 관심이 없어 보인다.

수실은 버크셔 교외 주택지 외곽에 인접한 두 채의 현대식 주택에서 살고 있다. 앞서 언급한 것처럼 그가 대규모로 여러 회사의 지분을 보유하고 있다는 사실을 감안하면 그가 소유한 주택의 소박한 규모와 수수한 모습은 약간 놀라웠다. 수실은 대저택 대신 작은 사무용 주택 하나와 주거용 주택 하나를 구매했는데, 그 이유를 다음과 같이 이야기했다.

"돈이 가져다주는 주된 이익은 자유입니다. 자유를 얻는 방법에는 두 가지가 있습니다. 자산을 늘리거나 원하는 것을 줄이면 되죠. 저는 항상 두 가지 방법을 모두 사용하려고 노력해왔습니다."

수실은 잉글랜드 중부 지방 출신임이 살짝 드러나는 목소리로 빠르고 쾌활하게 말한다. 인터뷰는 대형 평면 모니터 여섯 대가 놓인 높낮이를 조절할 수 있는 커다란 책상에서 진행됐다. 수실은 스크린 맞은편에 있는 '주간 침대'에서 등에 쿠션 여러 개를 대고 빈쯤 누워 책상 아래쪽으로 다리를 쭉 뻗고 앉아 있었다.

근무 장소가 이렇게 특이한 것은 그가 10대 때부터 겪어온 수십 년간의 정형외과 질환과 관련이 있다.

"지난 25년간 수술을 15번 받았어요. 수술 후 회복 기간에는 몇 주 동안 이렇게 앉아 있어야 합니다. 오늘은 그렇지 않지만, 뭐 어떻습니까? 사무용 의자에 앉아 있는 것보다 더 편한걸요. 관절통도 없고, 요통도 전혀 없어요."

몇 번의 '특이한 정형외과 수술이 성공한' 덕분에 지금은 다리를 절뚝거리는지도 거의 모를 정도로 잘 걷고 있지만 그 전에는 수년 간 목발을 짚고 생활했다. 이런 신체적 장애가 그가 일반적인 직업을 가지지 않고 투자에 집중하게 된 주된 이유였다.

투자의 시작

수실은 버밍엄에서 자랐고 그곳에서 그래머스쿨을 다녔다. 17세 생일을 맞이할 무렵 뼈에 문제가 발생하기 전까지 그는 장거리 달리기 선수였다. '점점 더 힘들어하는 환자 때문에 점점 더 좌절한 외과의사들은 갈수록 더 극단적인 수술'을 계속했고, 결국 6학기 중 두 학기만 학교에 나갈 수 있었다. 이후 설립된 지 얼마 안 된 한 대학에서 경제학을 공부했다.

여름방학에 회계 법인에서 아르바이트를 하면서 수실은 회계에 정이 떨어져버렸다. 그는 "그건 일이라기보다는 통제였어요."라고 말했다. 학부를 최우등으로 졸업한 후에는 계량경제학 박사 학위를 받았다. 학업을 계속할까도 생각해봤지만 "당시에 경쟁은 치열하고 보상은 미미하다."고 생각했기 때문에 대신 기업경제 컨설팅 회사에 인턴으로 입사했다.

장애가 심해지면서 그의 컨설팅 경력에도 곧 그늘이 드리워졌다.

"저는 직장생활에 대해 매우 낙담하게 되었습니다. 어떤 종류의 직업이든 유지하기 어렵다는 게 점점 더 분명해졌어요."

이전에는 금전적인 욕심이 거의 없었지만 이제는 투자로 돈을 버는 것이 건강하지 않아도 독립할 수 있는 기반이 되겠다고 생각했다.

"26세가 되어서야 처음으로 소비가 아니라 자유의 측면에서 진정으로 돈을 이해하게 되었습니다."

1992년 가을, '검은 수요일*'이 터진 직후에 수실은 월급을 모아 만든 5,000파운드도 안 되는 돈으로 첫 주식 투자를 시작했다. 회사에서 해고를 당하고 그다음 해부터 대학 강사로 취직했다.

"경영대학원에서 경제학 강의를 한 덕분에 대학 도서관을 이용할 수 있게 됐죠. 인터넷 이전 시대였기 때문에 아주 유용했습니다. 게다가 투자를 공부할 시간적 여유도 생겼죠."

그 후 몇 년 동안 투자에 대한 지식을 서서히 쌓아갔고 착실히 포트폴리오를 만들었다.

"추세는 서서히 상승했지만 순자산은 크게 오르내렸고 종종 마이너스 통장의 잔고가 줄거나 신용카드 빚이 생기기도 했어요. 그게 자주 부끄럽고 기분 나빴습니다."

수실은 이러한 불규칙한 투자 성과가 실수에서 배우는 과정이었고 다른 한편으로는 인터넷 이전 시대의 개인투자자로서 정보에 대한 접근성이 떨어졌기 때문이라고 생각한다.

"처음 시작했을 때 저는 말 그대로 쓰레기통에서 정보를 얻었습니다. 매일 저녁 기차역으로 가서 쓰레기통에 버려진 《이브닝 스탠더드Evening Standard》를 찾아내곤 했거든요."

저녁 시간 런던 중심부에서 퇴근하는 사람들이 교외 기차역의 쓰레기통에 버리고 가는 신문은 그날의 종가가 나와 있는 중요한

---

* 1992년 9월 16일 수요일, 독일의 금리 인상으로 외국인 투자자들이 파운드화를 팔아치워 파운드화가 폭락했다. 영국 정부가 유럽 환율조정체제(ERM)를 탈퇴한 사건으로 영국 최악의 금융 위기였다.

정보원이었다. 그는 다양한 곳에서 투자를 배웠다.

"1994년 버핏의 주주 서한을 얻기 위해 오마하로 국제 우편환을 보낸 일이 기억나네요. 대학 도서관에서 학술서도 많이 읽었습니다. 또한 《데일리 메일Daily Mail》의 마이크 월터스Mike Walters에게도 많은 걸 배웠죠. 학계와 《데일리 메일》은 서로를 싫어하지만 저는 늘 열린 마음으로 모든 곳에서 배웠습니다. 만약 《더 선The Sun》에서 좋은 아이디어를 찾았다면 그것도 써먹었을 겁니다."

기술주 거품: 동기화된 어리석음

수실의 투자 성과는 세기가 바뀔 무렵 기술주 거품을 타고 날아올랐다. 18개월 동안 그의 포트폴리오는 10배 이상 증가했으며 그는 대부분의 이익을 계속해서 유지한 운 좋은 투자자였다.

어떻게 그럴 수 있었는지 설명해달라고 부탁하자 '동기화된 어리석음'이라는 자기비하적인 말과 함께 다음과 같이 설명했다.

"딱 맞는 때의 순진함은 강점이 될 수 있습니다. 저는 1995년부터 1998년까지 포트폴리오의 상당 부분을 기술주에 투자하고 1999년 여름과 가을에 기술주가 급상승할 때에도 계속 포지션을 유지하고 있을 만큼 순진했습니다. 시장을 한 발 앞서서 좋은 성과를 냈는데, 세 발 앞서서 냈을 성과보다 훨씬 좋은 결과였죠. 하지만 시간이 지날수록 더 많이 배웠습니다. 그래서 2000년 봄에는 기술주를 계속 매수할 만큼 순진하지 않았죠."

계속된 인터뷰에서 수실이 '순진하다'와 같은 폄하적인 용어를 사용한 미묘한 이유가 드러났다.

"1999년에 적은 노트를 보면 저는 그해 중반 이후 기술주에 터무니없는 거품이 끼어 있다는 것을 분명히 알고 있었어요. 하지만 일단 가격이 펀더멘털이라는 닻에서 분리되면 투기의 거품을 타는 것이 합리적일 수 있습니다. 저는 제가 뭘 하는지 잘 알았어요."

수실은 기술주 시장의 꼭지를 정확히 예상한 적은 없다. 하지만 1999년 중반 이후 펀더멘털에 근거해 종목을 선정하다 보니 주식을 팔 때마다 재투자는 점점 기술주에서 멀어졌다. 결과적으로 수실은 2000년 3월 거품의 정점에서부터 2003년 초 약세장의 바닥까지 약간의 손실만 입게 되었다.

전업투자자가 되다

교수였을 때 수실은 경제 컨설턴트로 야간 부업을 하면서 수수료를 받아 영국의 DC형 연금 펀드인 개별개인연금self-invested personal pension(이하 SIPP)에 기여금을 냈다. 수실은 투자 성과의 상당 부분이 기술주 거품 덕분이라고 강조했지만 1990년대 중후반에 그가 낸 연금기여금은 이후 10년간 약 30배 증가해 연간 약 40%의 연평균 성장률을 달성했다.

투자자로서 점점 성공했지만 학자로서의 경력에는 어려움이 더 많아졌다.

"본업을 유지하는 게 신체적으로 고통스러웠습니다. 저는 어떤 종류의 일도 계속할 수 없으리라는 걸 깨달았어요."

게다가 수실은 자신의 행운이 덧없이 사라질까 봐 걱정했다.

"당시에는 포트폴리오의 절반 정도를 한 종목에 투자하고 있어서 수익경고profit warning 공시가 나면 이익의 상당 부분이 사라질 수 있었습니다."

몇 개월 뒤에도 이익이 유지되자 수실은 학교를 그만두었다. 그의 나이 35세였다. 하나의 종목에 쏠려 있던 포트폴리오를 다각화했지만 여전히 수익을 유지할 자신은 없었다. 다만 금욕적인 전직 학자로서 소비 욕구는 낮은 편이었다.

"저는 갖고 있는 대부분의 돈을 잃더라도 더 나은 삶을 살 수 있을 거라고 생각했습니다."

처음에 수실은 투자와 가정 경제 컨설팅을 겸업했지만 18개월 뒤에는 컨설팅 일이 점점 줄어들어 투자에만 전념했다. 얼마 후 지금은 부자가 된 그의 대학 시절 친구들이 수실의 투자 성적을 알게 되었고 그의 투자 아이디어에 공동 투자하기 위해 펀드를 만들었다.

"저는 운용을 사업으로 하지 않아요. 운용해달라는 지인, 친구, 가족 들의 모든 문의는 거절합니다. 하지만 이 펀드는 제가 20년 이상 알고 지내왔고 저와 함께 제 아이디어에 투자하는 것을 좋아하고, 제 투자 스타일에 포함된 기회와 위험을 모두 이해하고 있는 소수의 사람으로 구성했습니다."

수실에 따르면 이 펀드는 세후 기준 2010년 4월까지 8년 동안 FTSE 종합소형주 총수익지수^{FTSE All-Small Total Return Index}를 매년 약 10%씩 상회했다. (2004년 4월 계좌를 개설했을 때부터 이미 100만 파운드 이상의 자금으로 시작한) 그의 비과세 PEP와 ISA는 2010년 4월까지 6년 동안 매년 15%씩 이 지수를 상회했다.

다만 수실은 같은 기간 동안 소형주들의 상승폭이 대형주에 비해 뒤떨어져서 PEP와 ISA의 수익률을 FTSE 100 총수익지수^{FTSE 100 Total Return Index}와 비교했을 때는 수익률이 매년 약 9%만 상회할 뿐이라고 말했다.

수실은 다음과 같이 말하며 이런 투자 결과에 만족해했다.

"제가 기대했던 최고의 성과에 가깝습니다. 자산관리사에게 돈을 주고 운용을 맡기지 않고 내가 이 일을 계속하는 걸 정당화할 수 있을 정도죠."

그러나 한편으로 기관이 운용하는 금액에 비해 총 운용액이 적기 때문에 대부분의 기관투자자보다 더 잘할 수 있어야 한다고 강조했다.

"10억 파운드가 넘는 펀드를 운용하면서 오랫동안 벤치마크를 연 6% 이상 웃도는 수익률을 달성한 앤서니 볼턴처럼 탁월한 펀드 매니저를 보면 수천만 파운드 펀드를 운용하는 투자자가 레버리지 없이 벤치마크를 연 10% 상회하는 수익률을 내는 것이 터무니없는 일은 아닙니다."

수실이 운용하는 전체 펀드가 수천만 파운드 규모로 커지자 유동성이 더 큰 문제가 되었다. 유동성은 수실의 보유 종목이 늘어나는 주원인이다. 포트폴리오의 절반 정도는 상위 여섯 개 종목에 올려 있지만, 전체 보유 종목은 10년이 채 되지 않는 기간 동안 계속 늘어나 현재는 약 60개가 되었다.

전통적인 금융 이론에서는 분산투자를 개별 종목의 고유 위험을 줄이기 위한 수단이라고 설명한다. 즉, 개별 기업의 특유한 위험을 줄이고 포트폴리오에 '시장 위험'만을 남겨두는 것이다. 그러나 수실은 이런 생각이 도움이 되지 않는다고 생각한다.

"가격이 잘못 책정되었다는 가정하에 포트폴리오가 고유 위험에 많이 노출되었으면 좋겠습니다."

수실은 분산투자를 위험 헤지보다는 포트폴리오의 유동성을 높이고 주가와 예상이 변함에 따라 생각을 바꿀 수 있는 선택지를 늘리는 수단으로 생각하는 것이 더 도움이 된다는 것을 알았다.

그는 투자 결정에서 유동성 제약을 간과하면 소액투자자들이 운용 규모가 더 큰 투자자들의 행동을 잘못 이해하는 경우가 발생할 수 있다고 생각한다. 예를 들어, 대규모 투자자가 매수 또는 매도한다고 해서 반드시 동일한 정보와 분석 결과를 가진 소액투자자도 그대로 하는 것은 아니다. 소액투자자는 보유 주식을 훨씬 더 효율적으로 현금화할 수 있기 때문에 (적어도 원칙적으로는) 바닥 근처에서 매수하고 천장 근처에서 매도하는 것이 가능하다. 그러나 수실과 같은 대규모 투자자들은 이렇게 할 수가 없고 더 넓은 가격대에 걸쳐 매수하고 매도해야 한다.

"주식을 매수할 때 열 번 중 아홉 번은 가격이 내려가길 바랍니다. 그래야 더 살 수 있으니까요. 매도할 때는 팔아야 할 물량이 있기 때문에 가격이 오르길 원하죠."

투자 전략: 인식 가능성

전반적인 투자 전략을 설명해달라는 요청에 수실은 이의를 제기했다.

"저는 전략이 없습니다. 모든 이론에 의심을 품죠. 유연해지려고 노력하고 상식대로 하려고 합니다."

하지만 다른 분야처럼 수실의 가벼운 대답에도 어느 정도의 심오함이 숨어 있다. 수실은 투자 결정을 분류하는 세 가지 방법을 설명했다. 지속적인 수익 흐름을 보고 싸게 매수하거나(가치투자법), 시장의 인식 변화를 예상하고 매수하거나(미인대회 투자법the Keynesian beauty contest[15]), '인식할 수 있는 상태 변화'를 예상하고 매수하는 것이다. 수실은 이 세 가지 투자법을 다음과 같이 평가했다.

"첫 번째는 매력적이지만 실제로는 실천하기가 어렵습니다. 두 번째는 향후 시장의 인식 변화에 대해 당신이 상대방보다 어떻게 더 나은 통찰력을 가질 것인가라는 문제가 있습니다. 세 번째 응용 인식론으로서의 투자는 더 흥미로운데, 이 방식은 기업에 대해 모든 정보를 알 필요도 없고 완벽한 가치평가도 필요하지 않으며 단지 눈에 보이는 상태 변화에 초점을 맞추면 됩니다."

수실에게 '인식 가능성'은 연구 방향을 알려주는 유용한 단서다.

"인식할 수 있는 것에 집중하세요. 다시 말해, 연구로 우월한 통찰력을 그럴듯하게 얻을 수 있는 것들이요. 예를 들어, 특정 기업이 가진 미시경제적 장점 같은 것 말입니다. 일반적인 거시경제처럼 예측하기 어려운 것들은 무시하세요."

이러한 방식에 집중하면서 수실은 주로 작은 기업 또는 매도인 측이 세금 문제나 긴급하게 자금을 조달해야 할 필요성 때문에 주식을 매도하는 상황에 초점을 맞추게 됐다.

"거래할 때 내가 더 우월한 정보를 가지고 있다는 생각이 들어도 대개는 마찬가지 생각을 하는 상대편이 있다는 사실을 늘 염두에 둡니다. 평균적으로 대기업은 그 기업을 살펴보는 수십 명의 애널리스트들보다 제가 더 잘 안다는 게 말이 안 되죠. 그래서 저는 대기업은 처다보지도 않습니다. 하지만 지켜보는 사람이 거의 없는 작은 기업들은 가끔씩 제가 더 잘 알 수가 있죠."

문제는 스스로 해결한다

수실은 조언자에게 의지하지 않는다. 한 가지 예외가 있다면 증권 브로커가 거래 지시에 대한 응답으로 제공하는 피드백과 전략적 제안이 전부다. 회계사와 변호사의 조언은 대체로 피한다. 회사의 회계장부와 소득세 신고서도 직접 준비하고 간혹 발생하는 세금 관련 심판청구 역시 스스로 처리한다.

"분명히 변호사나 회계사만큼 기술적 지식이 많지는 않죠. 하지만 저는 제가 뭘 원하는지 잘 알고 신속하게 판단을 바꿀 수 있는 능력이 있습니다. 지금까지는 자문료를 지불하는 것보다 문제를 직접 조사하는 쪽이 더 빠르고 저렴했습니다."

수실은 투자에서 전문가의 조언이 대부분 과대평가되었다고 생각한다.

"전문가 컨센서스는 이미 현재 시장 가격에 반영되었기 때문에 투자에서 별로 유용하지 않습니다. 하지만 의료, 법률, 심지어 배관까지 다른 분야는 그렇지 않습니다.

그는 성공한 투자자들은 생소한 주제에 대해 조언을 구하는 식의 전통적인 패러다임을 따르지 않고 '스스로 주제를 이해하길 좋아하는' 경향이 있다고 생각한다.

경제학 박사 학위를 받은 수실은 인터뷰 대상자 중 수리 능력이 가장 뛰어났을 것이다. 그러나 그는 이 능력을 매일의 투자를 결정하는 데 사용하지 않는다.

"기본 확률을 계산할 수 있으면 도움이 됩니다. 덧셈, 뺄셈, 곱셈, 나눗셈을 할 줄 알고 레버리지와 복리를 이해하면 끝입니다. 그 이상의 어려운 수학은 대부분 도움이 되지 않는 것 같아요."

여러 시장 참가자가 정량적 분석을 강조하면 사실 기회가 생길 수 있다.

"가장 흥미로운 상황은 질적 정보qualitative information만이 좋은 전망을 제시하는 때입니다. 정량적 분석을 신봉하는 사람들, 또는 상사에게 자신의 행동을 정당화해야 하는 사람들은 이런 상황을 피합니다. 그래서 질적 정보에 근거해 행동하는 사람들이 더 많은 기회를 잡을 수 있어요.

세금, 스프레드 베팅, 레버리지

많은 투자자가 세금에 대해 상대적으로 자세히 관심을 기울이지 않는다. "세금이라는 꼬리가 투자라는 개를 흔들면 안 된다."라는 말이 투자자들의 심리를 요약해서 보여준다. 이런 점에서 수실은 이례적이다. 그는 투자 결정에 세금을 하나의 요소로 자주 계산에 넣는다.

"투자에서 대부분의 요소는 불확실하고 유동적입니다. 하지만 세금은 내가 뭔가 조치를 취할 수 있는 확실하고 안정적인 몇 안 되는 요소 중 하나입니다."

그는 "법정에서 내 인생을 보내고 싶지는 않다."고 말하며 절세 전략을 활용하지는 않지만 언제나 세후 기준으로 생각하려고 노력한다. 2000년대 중반 수실은 조세피난처로의 이전을 고려하며 당시 여자 친구와 집을 구하러 건지섬을 방문했다가 "ISA와 SIPP, 스프레드 베팅을 이용한다면 영국도 투자자들에게 부과하는 세금이 상당히 낮은 곳이다."라는 결론을 내렸다.

수실은 총 투자액 중 일부만을 스프레드 베팅에 투자하는데 이 상품에 대한 감정은 복잡하다.

"양도소득세capital gains tax 가 없다는 점은 매력적이에요. 저도 조금이지만 개별 주식을 공매도할 때가 있고 스프레드 베팅은 공매도하기에 가장 편한 상품이죠. 지난 15년간 이걸로 현재 순자산의 10% 가까이를 벌었습니다. 하지만 공매도로 돈을 벌기는 정말 어려워요. 시장은 시간이 지남에 따라 상승하려는 경향이 있습니다. 게다가 공매도의 역학은 불안합니다. 매수 포지션은 잘못되더라도 100%만 손해를 보지만 공매도는 잘못되면 손해가 기하급수적으로 커지거든요."

개별 주식을 공매도하는 것 외에도 수실은 전체 시장 익스포저를 부분 헤지하기 위해 가끔 FTSE 100 선물을 활용한다.

"하지만 자주는 아니고 포트폴리오의 30% 이상 헤지해본 적은 없습니다. 시간이 지나면 시장은 오릅니다. 아주 강하게 하락을 전망하지 않는 한 헤지하지 않아요. 세금 때문에 스프레드 베팅을 이용하지 레버리지에 열광하지는 않는 마지못한 도박꾼이죠."

수실은 매수 포지션을 위해서는 스프레드 베팅을 거의 이용하지 않으며 유일한 레버리지는 계좌 금액의 10% 미만으로 한도가 설정된 마이너스 통장뿐이다.

"레버리지는 치명적일 수 있습니다. 내가 실수하거나 은행이 대출을 줄이거나 취소해버릴 수 있는데 이런 일은 꼭 최악의 시기에 일어납니다. 아주 낮은 수준을 넘어선 레버리지는 거의 항상 나쁜 생각입니다."

그는 다수의 스프레드 베팅 애호가들이 포트폴리오에 레버리지를 쓰는 것의 수학적 의미를 잘 이해하지 못하는 것 같다고 생각한다. 그러면서 존 켈리[John Kelly]나 에드워드 소프[Edward Thorp] 등 수학자이자 도박 전문가들의 최적복리성장이론[theory of optimal compound growth]을 언급하며 많은 투자자가 이 이론을 공부하면 좋을 거라고 추천했다. 최적복리성장이론은 다음의 배경 지식에서 설명한다.[16] 수실은 이렇게 말했다.

"이 이론은 직접 적용할 수 있는 답을 준다기보다 올바른 질문에 집중하게 합니다."

배경 지식 | 최적 켈리 베팅

수실이 최적 또는 '켈리' 베팅 이론에서 도출해낸 핵심은 투자자들은 기대수익률이 아닌 기대로그 수익률을 극대화해야 한다는 것이다. 이것은 대충 짐작하는 것보다 더 낮은 레버리지를 써야 한다는 것을 의미한다.

예를 들어, 각각의 기간에 동일한 확률로 25% 상승하거나 20% 하락할 수 있는 투자의 기대 수익률은 2.5%지만 기대로그 수익률은 0이다. 이 투자에 스프레드 베팅에서 흔히 나타나는 두 배 레버리지를 쓰면 각 기간에 포트폴리오는 50% 상승하거나 40% 하락할 것이다.

두 배 레버리지는 기대 수익률을 5%로 높이겠지만, 기대로그 수익률은 -0.0527로 0보다도 작아진다. 장기간에 걸친 복리의 효과를 생각해보면 음의 값을 갖는 기대로그 수익률은 각 기간의 기대 수익률이 양의 값을 갖는다고 해도 레버리지를 이용한 투자자가 거의 확실히 파산한다는 의미다.[17]

수실의 요점은 다음과 같이 일반화할 수 있다. 여러 기간에 걸쳐 위험한 투자 전략의 수익률을 복리로 계산했을 때 일반적인 결괏값의 최적치는 복리 수익률의 중간값(평균값이 아님)이다. 레버리지에 대한 복리 수익률의 중간값 곡선은 역전된 U자형이다. 예시의 그래프에서 주의해야 할 주요 특징은

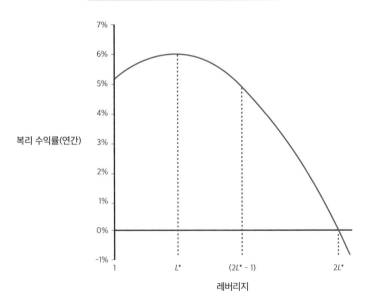

레버리지 함수로서 복리 수익률의 중간값

출처: 가정과 계산은 주석 참조[18]

다음과 같다.

- 초기에 추가된 레버리지는 복리 수익률의 중간값을 높이지만 최적 수준인 레버리지 $L*$까지만 높인다.
- $(2L* - 1)$ 이상의 레버리지는 레버리지가 아예 없을 때보다 복리 수익률의 중간값을 더 낮춘다.
- $2L*$ 이상의 레버리지는 복리 수익률의 중간값이 음수가 되어 결국 투자자는 파산할 가능성이 아주 높다.

앞에 나오는 수학적 세부 요소들 외에도 수실은 레버리지를 제한적으로 사용하는 몇 가지 다른 이유를 이야기했다.

"저는 이미 돈이 충분합니다. 제가 왜 높은 레버리지로 인한 위험을 부담해야 합니까? 신문에서 수백만 파운드를 가진 자산가가 레버리지로 곤경에 빠졌다는 기사를 읽을 때면 믿어지지가 않아요."

그는 사이클과 반대의 투자 결정을 내리는 데 낮은 레버리지가 심리적으로 도움이 된다고 말했다.

"지난 한 해 동안 시장이 40% 하락했다면 당신은 어느 때보다 과감하게 투자하고 싶을 것입니다. 그러나 이미 40% 손실을 보고 있다면 심리적으로 그렇게 하기가 어렵겠죠. 만약 레버리지를 썼다면 80%를 잃었을 테고 이때는 과감한 투자가 심리적으로 불가능하니까요."

전업투자자의 일상

수실의 하루는 오전 7시에서 8시 사이에 시작된다. 아침 7시 증권거래소 뉴스가 시작할 때 하루를 시작해야 한다고는 생각하지만 그는 '아침형 인간'이 아니다. 프로쿼트 프라이스 서비스^{Proquote price service}를 이용하며 전날 밤 늦게 조건을 설정해놓는다. 보유 종목에 대한 모든 뉴스 알림을 확인하고 어제자 거래 '위시리스트'를 오늘의 가격과 비교한다.

오전 8시쯤 브로커에게 오늘의 거래 위시리스트를 주문한다. 간혹 12개까지 주문을 넣기도 하지만 일반적으로 주문의 일부만 특정한 날 원하는 가격으로 거래한다. 수실은 늘 제시된 가격 스프레드 안에서 매수/매도하려고 노력하는 참을성 있는 딜러다. 수실의 브로커는 전자증권거래 SETS^{Stock Exchange Electronic Trading Service} 호가 창에 매수/매도 주문을 넣거나 시장조성자가 일하도록 주문을 걸어놓는다. 이 말은 그가 하루 종일 가능한 거래 상대방을 찾게 하거나 거래 상대방이 그날 중 자발적으로 주문을 넣는지 지켜보게 한다는 뜻이다.

브로커를 통해 그날의 주문을 넣으면 수실은 계속해서 각 회사별로 파일이 나눠진 A4 크기의 링 바인더에 손으로 글씨를 휘갈기면서 60여 개 보유 종목과 관련된 모든 재무보고서와 기타 뉴스들을 살펴본다.

기업이 중요한 뉴스를 발표하는 경우 관련 파일을 다시 훑어보고 가치평가를 재검토해 새로운 매수/매도 가격 수준을 적는다.

"가능한 한 많은 회사의 거래 가격을 기록하려고 노력합니다. 훈련이 필요하죠."

또한 현재 보유 종목에 대한 찾을 수 있는 모든 새 증권사보고서를 살펴본다.

오전 내내가 될 수도 있고 오전 중 잠깐이 될 수도 있지만, 현재 보유하고 있는 종목 전부에 대한 뉴스를 검토하고 나면 수실은 새로운 아이디어를 찾는 단계로 넘어간다. 그가 정기적으로 살펴보는 자료에는 그날 증권거래소에서 가장 큰 폭으로 하락한 종목들과 52주 신저가 종목, 낮은 PER과 높은 배당 수익률, 높은 주당 순현금, 그 밖의 다른 지표를 조합해 정량적으로 골라낸 종목들이 있다. 그는 종종 과거 회계보고서와 증권사보고서, 업계 웹사이트, 과거 인터넷 게시판 게시물을 살펴보면서 몇 시간씩 특정 회사를 조사하기도 한다.

수실의 스크린 여섯 개에는 브로커를 통해 거래 주문을 완료하지 못했거나 주문하려고 했다가 가격이 맞지 않아 실패한 약 24개 종목의 레벨 1 또는 레벨 2의 주가 정보 창이 떠 있다. 또한 하루 종일 현재 보유하고 있는 60여 개 종목의 RNS 창과 호가 창, 거래량 창도 켜놓는다. 이미 매도한 종목 50여 개와 감시대상 종목 약 100개도 늘 화면에 떠 있다. 수실은 이렇게 많은 스크린이 인체공학적으로 중요하다고 생각한다.

"가격을 보기 위해 마우스를 클릭해야 한다면 지금보다 자주 보지 않을 거예요."

수실의 브로커는 하루에도 여러 번 간격을 두고 전화해서 주문 진행 상황을 업데이트하고 지시 사항을 수정하거나 추가한다. 대부분의 전화 통화는 몇 마디 말로 끝나는데 수실과 그의 브로커는 10년 동안 함께 일하며 만들어낸 약칭으로 대화한다.

지금은 주문을 내지 않은 주식이지만 시장조성자가 최근 몇 주안에 수실이 거래한 이력을 보고 매도나 매수를 제안하는 경우에도 브로커가 전화한다. 이런 경우 수실은 거래 여부를 결정하기 위해 몇 분 동안 파일을 살펴본다. 파일을 보지 않고 성급하게 결정하는 일은 좀처럼 없지만 기관보다는 빠르게 결정할 수 있다는 점이 개인투자자가 갖는 우위라고 생각한다.

"기관보다 더 빨리 새로운 정보를 흡수하고 실행할 수 있는 능력이 소규모 투자자들의 지속적인 비교 우위입니다."

이따금 수실은 투자를 하는 친구 몇 명이나 다른 브로커들과 대화를 나누기도 하지만 다른 사람과의 논의가 그의 생각에 큰 영향을 미치지는 않는다.

"집단의사결정은 거울을 보는 것과 같다고 생각합니다."

수실은 수많은 증권사보고서와 다양한 경제 블로그, 신문을 훑어본다. 구체적인 질문을 올리고 싶을 때를 제외하고는 인터넷 게시판에 글을 쓰지 않지만 읽는 데는 시간을 투자한다.

"물론 인터넷 게시판에는 말도 안 되는 소리가 많아요. 하지만 무시할 수 없는 글도 있거든요. 업계 전문가나 공급업자, 고객, 불만 있는 직원들의 코멘트가 그런 거죠. 최근 ADVFN에서 어떤 얘기가 나왔는지 확인하지 않고는 절대 주식을 사지 않을 거예요."

수실에 따르면 정보를 읽고 이해하는 것이 투자자의 주된 업무다.

"워런 버핏은 그의 시간의 80%를 읽는 데 쓴다고 말합니다. 저는 거의 95%를 쓰는 것 같아요."

그의 평온한 하루는 단순한 환경의 문제가 아니라 경험에서 만들어진 기질의 문제다.

"지금 고통 없이 지내는 것이 행복하기 때문에 그 밖의 다른 것에 대해서는 별로 흥분하거나 화내지 않아요. 침착함은 투자자에게 도움이 되는 특성이라고 생각합니다."

수실은 혼자 일하고 혼자 살기 때문에 보통 일하는 시간이 일정하지 않고 저녁 늦게까지 일한다. 전반적으로 상당히 긴 시간을 일하지만 전혀 고되다고 느끼지 않는다.

"업무라고 말하기 우습죠. 저는 매일매일 하루 종일 제가 좋아하는 일을 하면서 세상에 대해 배웁니다."

기업 미팅에 대한 생각

이 책에 등장하는 투자자 중에는 기업 경영진을 만나는 데 열정적이며 기업 미팅이 그들이 갖는 우위 또는 장점이라고 생각하는 사람도 있다. 수실은 기업 미팅에 대해 양가적인 감정이다. 일단 기업 미팅은 시간 분배의 문제다. 대체로 유용하지만 시간 집약적이기도 하다.

"기업 미팅을 하고 회사를 나서면서 유익한 시간이었다고 생각하기는 매우 쉽습니다. 그러나 제가 하고 싶은 질문은 이겁니다. 어떤 회사 하나와 미팅하기 위해 준비하고, 런던을 가로지르고, 나중에 정리를 하고, 발생하는 문제들에 대해 더 알아보면서 여섯 시간을 쏟는 것이 가능성 있는 신규 투자 12건을 살펴보면서 30분을 쓰는 것보다 더 유익하냐는 거죠."

기업 미팅은 비교 우위의 문제이기도 하다. 수실은 자신이 사람을 직접 판단하는 데 특별한 기술이 없다고 생각한다. 또한 자신은 내성적인 사람이고 하루의 대부분을 앉아서 읽고 생각하면서 보내길 좋아한다고 말했다.

성공과 실수

수실은 세기가 바뀔 무렵 기술주인 트래픽마스터^{Trafficmaster}, BATM, 어드밴스드 파워 컴포넌트^{Advanced Power Components}에 투자해 각각 10배 이상의 수익을 얻으며 수익률 기준으로 가장 큰 성공을 거뒀다.

그는 이 주식들을 매수하는 데 이점이 있기는 했지만 과분한 성공을 얻었다고 말한다. 그러면서 '덜 화려하지만 더 가치 있는' 성공의 예로 작은 엔지니어링 회사를 언급했다(다음 차트를 참고하라.).

그는 여러 해 동안 이 회사의 지분을 다량 보유하고 있었으며 매수/매도를 반복해 수백만 파운드의 이익을 실현했다.

"흥미로운 사실은 PER이나 유형자산 같은 기본적인 지표를 기준으로 봤을 때 이 주식이 전혀 싸 보이지 않았다는 것입니다. 하지만 지적재산이 많았고 노후화의 위험이 적었습니다. 전 세계적으로 규제가 늘고 있어 이 회사 제품에 대한 수요가 높아지고 있었다는 것이 '상태 변화'였죠. 최근 경기 침체로 타격을 입었지만 여전히 5년에서 10년 사이에 훨씬 더 큰 기업이 될 거라고 생각합니다."

수실에게 투자 실수에 대해 묻자 그는 웃으면서 "많죠."라고 답했다. 가장 크게는 사기를 당한 적도 있었다. 수실은 때때로 투자한

작은 엔지니어링 기업: 2001년 1월부터 2010년 12월까지 가격 차트

2001년 6월부터 2002년 8월 평균단가 30p에 지분 10% 매수

2004년 4월 116p에 3% 매도

2007년 5~8월 평균단가 215p에 4% 매도

2004년 10월 78p에 1% 매수

2010년 여전히 4% 보유 중

회사명은 수실의 요청으로 밝히지 않는다.

출처: ADVFN

기업에서 뭔가 일이 잘못 돌아가면 행동주의 투자자의 역할을 맡기도 한다. 그러나 자주 그러지는 않는다. 충돌은 최후의 수단이 되어야 한다고 생각한다.

"비법은 행동주의가 필요한 상황을 피하는 것입니다. 소통할 수 있는 좋은 사람은 충분히 많습니다."

책임자의 진실성이나 기업의 지배구조가 의심스러운 상황을 피하는 것이 신규 투자를 연구하는 데 중요한 부분이다. 수실은 책임자들의 이전 회사 기록, 현재 회사에서의 공약과 결과를 보여주는 실적 자료, 인터넷 게시판에 올라온 부정적인 글을 모두 살펴본다. 경영진과 만나고 싶지 않은 때가 많지만 이런 '인물 연구'를 의사결정의 중요한 부분이라고 생각한다.

"아무도 쓰지 않는 투자의 한 측면은 경영진이 사기꾼인지 아닌지를 알아내는 것입니다. 오래 전부터 제가 사기꾼 같다고 생각한 사람들의 목록을 적은 작은 블랙북(사실은 컴퓨터의 파일)을 가지고 있습니다."

투자와 학계의 차이

수실은 10년 전 대학에서의 일을 그만두었지만 가끔 공공 정책에 초점을 맞춘 경제학 연구 논문을 쓴다. 창의적으로 생각할 기회이기 때문이다.

"투자는 멋진 게임이지만 대체적으로 새롭지 않습니다. 어떤 새로운 것도 만들어내지는 않아요. 투자에는 독창적인 생각이 거의 없습니다."

수실은 학문적 연구를 투자보다 지적 도전으로 여긴다.

"저는 항상 학자로서 지성의 한계를 인식하고 있습니다. 아이큐가 10만 더 높았어도 아주 달랐을 거예요. 하지만 투자에서 아이큐 점수는 제한 요소가 아닙니다. 자신의 무지를 아는 것 같은 다른 자질이 오히려 더 중요하죠."

수실은 공공 정책을 다룬 학문적 연구가 세상을 변화시키는 하나의 방법이라고 본다.

"수많은 경제학·재정학 연구 들이 어리석거나 해롭지만 그중 아주 일부는 투자자가 되는 것보다 훨씬 더 가치가 있습니다. 잘만 한다면 말이죠."

마지막으로 수실은 시간의 시험을 견디는 어떤 작품을 만들고 싶은 욕망이 있다.

"투자는 흔적도 남기지 않고 지속적으로 가치를 창출하는 어떤 것도 만들어내지 않습니다. 50년 뒤에는 아무도 제가 돈을 벌었는지 신경도 안 쓸 거예요. 저는 부자로 죽기보다는 쓸모 있게 살고 싶어요."

수실은 투자와 학계를 비교하면서 특히 다음과 같은 차이를 강조했다. 학계(그리고 여러 다른 분야)에서는 중요하지만 쉬운 문제를 해결하면 거의 인정받지 못한다. 영광은 어려운 문제에 뛰어들었을 때 얻어진다. 하지만 투자에서는 쉬운 일을 해도 어려운 일을 해결했을 때만큼의 인정을 받을 수 있다. 워런 버핏은 이런 특징을 다음과 같이 요약했다.

"투자는 올림픽 다이빙이 아니다. 난이도를 보여주는 표시가 없다."

부의 재분배

수실은 투자 활동의 사회적 가치를 저평가하고 있기 때문에 자선활동에도 관심을 갖게 됐다.

"20년 전의 저는 자선가가 되기는커녕 오랫동안 그저 살아남기 위해 애썼습니다. 하지만 그 문제를 해결하고 나니 재미도 있고 수익성도 좋지만 시야가 좁고 사회적 효용성도 낮은 게임을 하고 있더라고요. 때때로 더 유용한 일을 해야 한다고 생각하지만 달리 특별한 소질이 없어요. 투자와 자선활동이 제가 대부분의 시간을 보내는 가장 영향력 있고 잘 맞는 방법이에요."

수실은 자선신탁을 설립해 수십만 파운드를 기부했고 이 돈은 자선단체에 다시 분배되었다. 그러면 그는 단체를 어떻게 고를까?

"숫자를 보고요. 저는 사람은 싫어하지만 인정은 많은 사람이랍니다."

자선활동을 하려는 수실의 의지에는 그가 겪은 삶의 기복도 한몫

했다.

"저는 돈과 함께 따라오는 편안함과 자신감, 높은 사회적 배려를 경험했습니다. 장애와 함께 동반되는 불편함, 불안감, 낮은 사회적 배려도 경험해봤죠. 둘 다 당연하지 않습니다."

이렇게 남들과 아주 다른 경험으로 얻은 정체성과 공감능력은 그의 세계관을 잘 설명해주기도 한다. 경제학을 공부한 사람이 시장에 대해 더 호의적일 것 같다는 지적에 그는 다음과 같이 주장했다.

"종교로서 경제학을 말씀하시는 건가요? 저는 이미 그 교단을 떠났고 다른 교단에 들어가는 일도 없을 겁니다. 제 생각이 제 정체성에 구속되는 것을 원치 않아요."

수실의 조언

☑ **잘난 척하지 말고 현명해져라** | 투자 정보를 얻는 곳을 가리지 마라. 학술 보고서와 버핏뿐 아니라 인터넷 게시판의 좋은 아이디어도 받아들여라.

☑ **알 수 있는 것에 집중하라** | 연구에서 우월적인 통찰을 얻을 수 있는 것에 초점을 맞춰라. 알 수 없는 것은 무시해라.

☑ **이유가 있는 매도인을 찾아라** | 거래 상대방이 세금이나 유동성 포지션 문제처럼 주식의 미래 전망과는 관계없는 이유로 매도하는 상황을 찾아라.

☑ **다른 사람의 조언이 아닌 나의 생각을 따르라** | 전문가들의 컨센서스는 이미 시장 가격에 반영되어 있기 때문에 투자에 도움이 안 될 때가 많다.

투자 포인트

☑ **세후적 사고** | 세후 기준으로 투자 수익과 위험을 생각하라.

☑ **동기화된 어리석음** | 대중보다 한 발 앞서면 돈을 벌 수 있다. 하지만 세 발 앞서면 돈을 잃기도 한다. 순진함이 옳은 일을 하도록 당신을 자유롭게 하라.

☑ **유동성 확보를 위한 분산투자** | 분산투자를 헤지 수단보다 포트폴리오의 유동성을 높여 주가나 예상이 달라졌을 때 생각을 바꿀 수 있는 선택지를 늘리기 위한 수단으로 생각할 수 있다.

☑ **쉬운 문제 찾기** | 쉬운 문제를 해결해도 복잡한 문제를 해결했을 때만큼의 인정을 얻을 수 있다. 투자는 올림픽이 아니다. 난이도를 보여주는 표시가 없다.

소수 종목에
집중투자한다

독학으로 성과를 낸 투자자: 테일러

테일러의 프로필

· 인터뷰 당시	46세
· 마지막으로 직장을 떠났을 때	31세
· 경력	16세에 학교 중퇴
	인쇄관리자
	1995년(30세)부터 만성피로증후군을 앓고 있음
· 투자 스타일	극소수의 종목만 보유하고 수익률을 방어하는 방식
· 주요 거래 분야 및 섹터	주로 영국의 소형주
	2008~2009년: 약세장에서 헤지 수단으로 매크로 트레이딩을 함
· 상품	주식, 매크로 트레이딩을 위한 ETF
· 보유 기간	몇 개월에서 몇 년
· 투자 성과	2000~2010년: SIPP로 연간 25% 이상의 연평균 수익률
· 투자 마인드	"질병에 발목이 잡혀 있어도
	투자는 여전히 흥미로운 인생을 살 수 있게 해준다."
· 주요 키워드	#레버리지를_쓰지_않는_집중투자, #자기_고집의_부재, #20칸_펀치카드

투자는 실전 경험 없이는 배우기 어렵다는 점에서 수영이나 자전거 타기와 비슷하다. 하지만 대부분의 진지한 투자자는 어느 정도 공식적인 교육을 받는다.

존은 공인회계사로 일했고, 나이절과 수실은 경제학 학위가 있으며, 루크와 빈스는 경영학 석사 학위를, 오언은 공인재무분석사 시험을 치렀다. 심지어 졸업도 안 한 에릭과 칼리드도 18세까지 경제학을 공부했다. 그러나 경제 교육을 체계적으로 받을 기회가 없었던 불운한 사람들도 있다.

테일러는 16세에 아무런 자격증도 없이 학교를 떠났다. 뛰어난 기초 수리능력이 있었지만 투자나 그 밖의 연관 업무를 해본 적은 없다. 소장하고 있는 엄청난 규모의 투자 관련 장서는 그가 완전히 독학에만 의존해온 투자자라는 사실을 확실히 증명한다.

테일러가 한정적인 경력을 쌓을 수밖에 없었던 이유 중 하나는 오랫동안 건강이 좋지 않았기 때문이다. 그는 1994년부터 흔히 만성피로증후군/근육통성 뇌척수염이라고도 알려진 바이러스 감염 후 피로증후군post-viral fatigue syndrome을 앓고 있다. 건강 상태에 기복이 있어 오랫동안 거의 집에서만 지내왔다. 나가서 일을 할 수 없게 되

173

자 투자로 돈을 벌어야 한다는 압박으로 불안한 삶이 이어졌다.

테일러는 1995년 부동산을 팔아 마련한 5만 파운드의 자유 자본으로 매년 수천 파운드의 이익을 창출해내 소박한 생활비와 의료비에 보탰다. 2000년에는 이전 직장에서 SIPP 펀드로 연금을 옮겨 약 10만 파운드의 자유 자본을 확보했다. 이후 매년 25%가 넘는 연평균 성장률을 달성해 2010년에는 이 돈이 거의 100만 파운드에 이르렀다.

투자는 그에게 경제적 생명줄이자 만성 질환이라는 감옥에서 세상과 통하는 주된 창문이었다. 투자가 없었다면 제한됐을 삶에 발전과 성취를 가져다주는 중요한 영역이었다. 비슷한 상황에 있는 다른 사람과 이런 경험을 나누기 위해 테일러는 책을 쓰는 데 도움을 주기로 결심했다.

"제 이야기가 다른 사람에게 희망이 되었으면 좋겠습니다. 설사 질병 때문에 발목이 잡혀 있어도 투자로 여전히 재미있는 삶을 살 수 있다는 것을요."

테일러는 요크셔의 한 마을, 역에서 몇 분 정도 거리의 오래된 복층 아파트에서 어머니, 요크셔테리어와 함께 살고 있다. 40대 중반인 그는 금발에 키가 180센티미터가 넘고 살짝 스코틀랜드식 발음을 섞어 말한다. 만성피로증후군을 앓는 많은 사람처럼 테일러도 상태가 좋은 날에는 아무 문제가 없어 보인다. 그러나 엄격한 식이요법을 적용한 점심 식사만 봐도 건강 때문에 제약이 있다는 게 분명했다.

점심을 먹고 난 다음에 그의 침실 겸 사무실로 자리를 옮겼다. 테일러는 노트북을 옆에 두고 커다란 침대에 다리를 뻗고 앉았다. 침대 한쪽에는 대형 TV가 있었다. 바닥부터 천장까지 닿는 책장 여러 개에는 투자 관련 책이 가득 꽂혀 있었다. 그것은 내가 인터뷰를 진행하면서 본 가장 광범위한 책장으로, 들어본 적은 있지만 읽어본 적은 없는 여러 난해한 책까지 꽂혀 있었다. 가끔씩 테일러는 특정한 요점을 설명하기 위해 책장에서 책을 꺼내 왔고 인터뷰가 끝날 때쯤에는 책이 침대 위에 잔뜩 널려 있었다.

투자의 시작

부모님이 이혼하고 가정이 깨지면서 테일러는 어린 시절 자주 이사를 다녔고 중등교육 과정의 마지막 2년 동안에는 무려 네 번이나 전학했다. 1979년 아무런 자격증 없이 학교를 떠난 후 그는 잠시 건축업자의 견습생이자 창고관리인으로 일했다. 하지만 이 시기에 그는 젊은이의 혈기로 가득했고 이따금 그게 지나쳐 사소한 위법행위를 저지르기도 했다.

런던커뮤니케이션 칼리지에서 인쇄를 전공한 후에는 인쇄관리자로 정착했다. 이 업무에는 기본적인 산술 능력이 필요한데 테일러는 학교 다닐 때 수학에 거의 관심이 없었는데도 이 일이 어렵지 않았다.

테일러의 아버지는 어릴 때부터 그를 경마장이나 경견장에 데리고 다녔고, 그도 17세 때부터 주로 재미를 위해 마권을 구입했다. 1990년대 초반에는 소소하게 주식에 손을 대기도 했다.

"《이브닝 스탠더드》의 경마 페이지 옆에 주식 페이지가 있었거든요."

투자금은 아주 적었고 방법도 순진했다.

"신문에 나오는 정보 같은 걸 보고 한 번에 500파운드씩 투자했어요. 은행에서 주식을 사면 비용이 늘 어마어마했죠."
테일러는 주식 시장에서 그날의 이슈 종목도 지켜봤다. 특히 100배 이상 오른 후에야 결국 악명 높은 사기극임이 드러난 폴리펙^{Polly Peck}^{International}을 기억하고 있었다.

"나중에 폭락했고 저는 사지 않았지만 폴리펙은 저에게 긍정적인 영감을 주었어요. 나도 제대로만 한다면 이 게임에서 돈을 벌 수 있다는 사실에 눈을 떴습니다."

본격적인 투자 경력의 시작

테일러의 만성피로증후군은 1994년 시작됐다. 1995년에는 여전히 건강이 좋지 않아 요크서에 있는 어머니 집으로 들어갔다. 그러면서 런던의 집을 팔아 약 5만 파운드의 자유 자본을 마련했는데 이것이 투자자로서 그의 첫 종잣돈이었다. 직장을 떠나 투자자가 되겠다고 의식적으로 결정하지도 않았다. 사실 만성피로증후군 때문에 다른 일은 거의 할 수 없었다. 직업도 없고 건강도 안 좋은 상태에서 테일러는 평소 관심 있던 주식을 계속하는 편이 낫겠다고 생각했다.

테일러의 초기 투자 방식은 GARP, 즉 '합리적 가격의 성장주Growth At a Reasonable Price'에 투자하는 절제된 전략이었다. 펀더멘털에 초점을 맞췄지만 가치 지표가 가장 싼 주식에만 집중하는 것은 아니었다. 그는 반복 매출이나 시장 독점과 같은 강력한 질적 특정을 가진 기업에 돈을 지불할 마음도 있었다.

테일러가 갖고 있던 투자금의 규모가 작은 편이었기 때문에 포트폴리오에 보유하는 주식도 적을 수밖에 없었다. 그가 처음으로 얻은 큰 성공은 트라팔가 하우스Trafalgar House였다. 이 회사는 테일러가 그의 작은 포트폴리오에서 큰 비중으로 투자한 직후 인수됐다.

"이 경험으로 투자를 해서 생계를 유지할 수 있겠다는 자신감이 조금 더 생기긴 했지만 여전히 경제적으로 불안했죠."

투자자로 살기 시작한 초기에는 정보에 접근하기가 어려웠다. 《헴스콧 컴퍼니가이드》는 페이지마다 네 개씩 영국에 상장된 모든 기업의 기업별 기본 재무 정보와 연락처 등을 요약해서 실었다.

"그 당시에는 모든 회사의 전화번호가 적힌 책 한 권을 갖는 것만으로도 대단한 일이었습니다. 흥미로운 기업을 찾으려고 훑어보다가 바로 사업보고서를 보내달라고 전화할 수 있었어요."

《헴스콧 컴퍼니가이드》와 사업보고서 외에도《파이낸셜 타임스》

에서 뉴스와 투자 해설을 읽었고 존 트레인^{John Train} 같은 칼럼니스트에게 편지를 써서 책을 추천해달라고 부탁하기도 했다. 몇 년 동안이 두 개는 테일러가 투자 정보를 얻는 주요 매체였다.

2000년, 5년 동안의 투자 성과에 용기를 얻어 테일러는 거치되어 있던 연금을 SIPP 계좌로 옮겼다. 처음에는 이 자금을 90%는 자유재량권을 가진 증권 브로커에게 맡기고 10%만 개인적으로 종목을 선택했다. 증권 브로커는 주로 기술주를 선택했는데 2000년대 초반 기술주의 수익률은 저조했던 반면 테일러가 선택한 소형주들은 계속 좋은 수익률을 냈다. 2년도 채 되지 않아 테일러는 전체 SIPP 계좌를 스스로 운용하게 되었다.

레버리지를 쓰지 않는 집중투자

테일러는 언제나 한 번에 10개 미만의 종목에 투자하며 한두 개 종목에 '집중'투자하는 경우도 잦아서 몇 개 종목이 포트폴리오의 절반 이상을 차지하는 때도 있다. 그는 이 전략의 기원을 다음과 같이 설명했다.

"버나드 바루크 Bernard Baruch 의 전기를 읽으면서 강한 인상을 받았습니다. 그는 몰빵투자자였어요. 그게 바루크가 부를 축적한 방법이었습니다. 제럴드 로브 Gerald Loeb 도 《목숨을 걸고 투자하라》에서 같은 주장을 했어요. '바구니 하나에 모든 달걀을 넣고 바구니를 지켜라.' 적은 돈으로 큰 부를 이루려면 몇 개 종목에 집중적으로 투자해야 한다는 말은 일리가 있습니다."

1995년 테일러처럼 투자자의 자본금이 적으면 몇 개의 소수 종목에 투자하는 데 아무런 유동성 제약이 없어서 집약된 포트폴리오를 실현하기가 더 쉽다. 게다가 투자자에게 생활비를 마련하기 위해 적은 자금으로 고수익을 창출해야 하는 절대적인 필요가 있다면 이런 방식이 성공할 가능성이 있는 유일한 전략일 수도 있다.

이 논쟁의 극단적인 버전으로 100파운드를 가진 사람이 카지노에 있는데 새벽까지 1만 파운드를 만들지 못하면 총에 맞는다고 상상해보자. 이 사람에게 가장 최선의 전략은 100 대 1의 확률로 단한 번의 베팅(매우 집중화된 포트폴리오)을 하는 것이다. 평균적으로 믿을 만한 작은 이익을 내는 분산 전략은 의미가 없다. 설사 분산 전략이 양의 기댓값을 갖는다고 해도 시간 안에 목표에 도달할 가능성이 없다.

다행히 투자자는 이런 극단적인 상황에 놓여 있지 않지만 이 사례에서 적은 투자금으로 높은 수익률을 얻어야 한다거나 투자로 삶에 제대로 된 변화를 가져오고 싶다면 소수의 큰 베팅(매우 집중화된 포트폴리오)이 최적의 전략일 수 있다는 직관적 통찰을 얻을 수 있다. 분산 전략이라는 조심스러운 원칙은 양의 기댓값을 보장하지만 한편으로는 평범한 수익만 얻게 한다. 자본금이 적고 다른 수입이 없는 투자자에게 평범한 수익은 충분하지 않다.

소수 종목에 집중된 테일러의 포트폴리오는 부채에 대한 그의 강한 혐오 때문에 무모하지는 않다.

"저는 레버리지를 사용하지 않습니다. 사용해본 적도 없고, 앞으로도 사용하지 않을 거예요. 관심도 없습니다."

레버리지 없이 극소수 종목에 투자한다면 큰 수익을 얻을 기회는 가지면서도 파산 위험은 완전히 피할 수 있다. 레버리지와 손절매를 모두 사용하는 분산투자자들은 자신이 테일러와 같은 집중 투자자에 비해 위험성이 낮다고 생각할 것이고, 정상적인 상황에서는 이 생각이 옳을지도 모른다. 그러나 레버리지를 사용하면 우리는 나심 탈레브 Nassim Taleb 가 말하는 '블랙 스완 black swans •'에 취약해진다. 이런 일이 일어나면 손절매는 실패하고 갑자기 파산해버리고 만다. 그러나 레버리지를 사용하지 않은 포트폴리오에는 이런 일이 일어날 수가 없다. 0이 될 수는 있지만 절대 마이너스가 되지는 않는다.

에리나시우스: 운 좋은 탈출

테일러의 집중화 전략은 지난 15년 동안 좋은 성과를 내왔지만 부동산 및 보험 서비스를 제공하는 에리나시우스 Erinaceous에 투자했을 때처럼 몇 번 운 좋게 탈출한 경험도 있었다. 그는 2004년 주식

• 1987년 블랙먼데이나 전쟁 선언, 주요 도시 핵 문제가 일어나는 것처럼 전혀 예상하지 못한 극단적인 사건.

의 매력을 다음과 같이 말했다.

"처음에 에리나시우스는 아주 좋아 보였습니다. 부동산 서비스와 보험 중개업을 결합한 회사였는데 반복 매출도 좋았고 부동산과 보험 서비스를 교차 판매할 수 있다는 아이디어도 좋았습니다. 저는 형과 함께 이 회사를 방문하러 크로이든에 내려갔습니다. 기업의 지배구조가 탄탄해 보였어요. 작은 기업 치고는 이사회에 유력한 사람도 많았습니다. 그중에는 '턴불보고서Turnbull Report*'를 작성한 사람도 있었습니다.[19]

테일러는 에리나시우스를 담당하는 부동산 전문 신문 기자를 알게 되어 이 회사에 대해 잘 이해하게 됐다.

"저는 종종 전문 기자들과 대화를 나눕니다. 먼저 이메일을 보내면 쉬워요."

에리나시우스가 급성장한 이유 중 하나는 몇 년 동안 수십 개의 회사를 인수했기 때문이었다. 인수를 통해 빠른 성장을 도모하는 기업 전략은 피인수 기업에 대해 완전히 파악하지 못할 수도 있어 위험이 높다. 2006년 봄 에리나시우스에 인수된 회사 중 한 곳에서 사기 혐의가 드러났다. 테일러는 이 사건에 대해 이렇게 말했다.

"회사에 대한 제 생각을 즉시 바꿀 만큼 충격적인 뉴스였습니다."

그는 보유하고 있는 주식을 팔기 시작했지만 수십만 파운드가 들어가 있어 전부 매도하는 데 며칠이 걸렸다. 놀랍게도 에리나시

---

* 1999년 런던증권거래소에 상장된 기업들을 위해 작성된 보고서.

우스의 주가는 테일러가 포지션을 정리하는 동안 크게 하락하지 않았다. 이 일이 있고 며칠 뒤 테일러는 《프로퍼티 위크$^{Property Week}$》의 기자와 대화를 나누다가 고무적인 소식을 들었다. 사기 혐의는 에리나시우스가 인수한 단일 자회사에 한정되었고, 단지 불량한 사무실 하나만 관련된 것으로 보이며, 손실은 보험으로 보상받을 거라는 이야기였다.

이런 의견에 안심한 테일러는 다시 생각을 바꿔 더 낮은 가격에 에리나시우스의 주식을 매수했다. 하지만 곧 더 많은 문제가 생겼다. 2006년 여름 또 다른 자회사가 사기 혐의를 받았고 유능한 보험팀이 에리나시우스를 떠나 새 회사를 차렸다. 이런 위험 신호에도 주기는 2006년 하반기에 회복되있다.

2007년 초, 테일러는 한 전문 기자와 대화를 나누었는데 그는 여전히 에리나시우스를 긍정적으로 평가했다. 하지만 몇 주 후 지난 몇 개월 동안 투자자들을 안심시키는 논평을 냈던 《프로퍼티 위크》의 편집장과 대화를 나누다가 에리나시우스 측 변호사들에게서 명예 훼손으로 소송을 걸겠다는 위협적인 편지를 받고 기사를 실을 수 없었다는 사실을 알고 충격을 받았다.

"분명 아주 충격적인 사건이었어요. 편집장과 대화하면서 느낀 인상은 제가 이전에 기사를 읽었을 때나 취재 기자에게 들었던 것과 완전히 달랐습니다."

이 대화와 인터넷 게시판에 계속 올라오는 부정적인 이야기 때문에 테일러는 보유하고 있는 주식을 전부 매도하기로 결정했다.

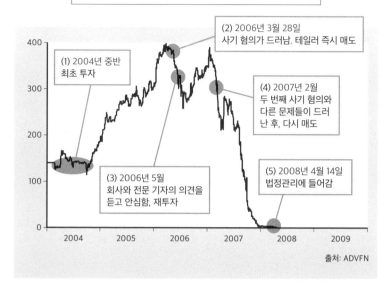

(1) 2004년 중반
최초 투자

(2) 2006년 3월 28일
사기 혐의가 드러남. 테일러 즉시 매도

(3) 2006년 5월
회사와 전문 기자의 의견을
듣고 안심함, 재투자

(4) 2007년 2월
두 번째 사기 혐의와
다른 문제들이 드러
난 후, 다시 매도

(5) 2008년 4월 14일
법정관리에 들어감

출처: ADVFN

그는 재투자에서 억 단위의 손실을 입었지만 이미 이 주식의 누적 거래에서 수십 억 원 단위의 수익을 얻었다. 테일러가 그때 주식을 매도한 것은 정말 다행이었다. 에리나시우스는 이후 2008년 4월 법정관리에 들어갔다. 테일러는 이 경험에서 얻은 교훈을 이렇게 요약했다.

"사실 수집scuttlebutt은 편향된 정보가 제시되기 전까지는 아주 좋습니다."

업계 관계자에게서 얻은 내부 정보로 투자자가 정보의 우위를 점하는 '사실 수집'이라는 개념은 1957년 미국의 투자자 필립 피셔Philip Fisher가 처음으로 창시했다. 당시에는 '정보 조작spin'이 오늘날만큼 문제가 되지 않았었다. 홍보PR 산업은 배아기였고 주주들을 겨냥한 투자자 PR 개념은 알려지지 않았을 때였다. 여러 고전적인 투자 개념들과 마찬가지로 사실 수집이라는 아이디어도 지금의 현실을 인식하면서 적용해야 한다. 이 경우에는 IR 산업이었다.

테일러는 추가적으로 우스꽝스러운 이름을 가진 회사는 피해야 한다는 냉소적인 교훈을 얻었다.

"아주 큰 사전을 찾아보면 에리나시우스라는 단어가 나오는데 고슴도치와 비슷하거나 관계가 있다는 뜻입니다. 끝까지 남았던 투자자들에게는 확실히 가시가 잔뜩 돋은 투자가 되었죠."

버티기 vs. 바꾸기

테일러는 이 책에 등장하는 투자자 중 투자회전율이 낮은 세 사람 중 하나다(다른 두 명은 루크와 존이다.). 왜 그 방식을 선호하는지 묻자 그는 책장에서 에드윈 르페브르Edwin Lefèvre가 미국 증권 시장의 전설인 제시 리버모어Jesse Livermore의 삶과 투자를 소설화한 1923년의 고전《제시 리버모어의 회상》을 꺼내 표시된 구절을 보여주었다.[20]

"월스트리트에서 여러 해 동안 수백만 달러를 벌기도 하고 잃어도 본 내가 하고 싶은 말은 큰돈을 벌어다주는 것은 내 생각이 아니라는 것이다. 나는 늘 진득하게 앉아서 기다렸기 때문에 돈을 벌 수 있었다. 무슨 말인지 알겠는가? 때를 기다리며 버티라는 말이다! 시장에서 옳은 판단을 하기 위한 속임수는 없다. 강세장 초기에 주식을 매수하는 사람들이나 약세장 초기에 주식을 매도하는 사람들을 많이 본다. 나는 딱 맞는 타이밍에 정확하게 판단해서 가장 큰 이익을 남길 수 있는 가격대에서 주식을 사거나 팔았던 사람을 많이 알고 있다. 그리고 그들의 경험은 나의 경험과 언제나 일치했다. 즉, 그들은 진짜 큰돈을 벌지는 못했다. 제대로 판단하면서 기다릴 수 있는 사람은 흔치 않다. 이것이야말로 배우기 가장 어려운 것이다."

테일러는 자신이 유난히 '기다리는' 능력이 뛰어난 이유가 어느 정도는 병 때문일 수도 있다고 생각한다.

"오랫동안 에너지가 부족하고 시장에 집중하기 어려웠기 때문에 거래를 많이 하고 싶다는 생각이 별로 들지 않았습니다."
또한 불교철학에 가벼운 관심이 있어서 명상이나 정신을 집중하면서 배운 고요라는 선 개념이 기다리는 능력을 키우는 데 도움이 됐다고 말했다.

에리나시우스가 법적 위협을 가해 언론의 비판을 막았다고 판단했을 때도 그랬지만 몇 개의 투자가 큰 비중을 차지한다고 해서 테일러가 생각을 재빨리 바꾸지 못하는 것은 아니다. 일인 밴드의 장점 중 하나는 틀렸어도 쉽게 방향을 전환할 수 있다는 점이다.

나는 특정 회사에 포트폴리오의 큰 비중을 투자하고 그 회사에 강한 믿음을 가진 투자자들이 부정적인 뉴스에 인지 부조화를 일으키는 걸 많이 목격해왔다. 그들은 부정적인 뉴스를 접하면 거의 영향을 받지 않도록 이야기를 재구성하거나 마음속에서 몰아내 버리는 방식으로 반응한다. 그러나 테일러의 반응은 빠르고 회의적이었다.

"다른 투자자들은 미치지 않고서는 쉽게 자기 생각을 바꾸지 않을 거예요."

이렇듯 자기 고집이 적다는 점도 투자자로서 테일러가 가진 주된 비교 우위다. 그는 리버모어가 말하는 '옳은 판단을 내리고 기다리는' 능력에다 새로운 정보를 접하면 신속하고 완벽하게 생각을 바꾸는 능력까지 겸비했다. 이 책에 등장하는 투자자 중에는 테일러보다 더 뛰어난 분석 능력이나 시장 지식을 가진 사람들도 있지만 자신의 생각을 바꾸는 것에 완전히 느긋해 보이는 사람은 없었다.

약세장을 방어하기 위한 매크로 트레이딩

소수 종목에 대부분의 자금을 투자한 지 10년도 더 지난 2008년 초, 테일러는 이 전략이 심각한 약세장에서는 별로 적합하지 않을 것 같다고 예상했다.

"시장이 50%나 하락하는 시기에는 틀림없이 오르는 개별 주식을 찾기가 훨씬 더 어렵습니다."

그래서 2008년, 테일러는 일시적으로 통화, 주가지수, 은행 우선주, 채권을 단기 매크로 트레이딩하는 데 집중했다. 레버리지를 쓰지 않은 매도 포지션을 비롯한 매크로 트레이딩을 하기 위해 주식과 똑같은 방법으로 증권 브로커를 통해 사고팔 수 있는 ETF에 투자했다. 그러나 인터뷰를 진행할 당시인 2009년 늦여름쯤에는 다시 개별 주식에 장기적으로 더 큰 비중을 투자하는 방향으로 생각이 돌아서고 있었다.

"단기 매크로 트레이딩은 지난 18개월 동안 자본을 보호하기 좋은 전략이었지만 이제는 다음 단계의 아이디어를 모색하고 있습니다."

이 책의 분류 기준으로 테일러는 약세장에서 자본을 지키기 위해 일시적으로 지리학자 유형이 되었지만 이제는 본래의 투자 방식인 측량사 유형으로 되돌아가고 있다.

"조건이 바뀌면 접근 방식도 바꿔야 합니다. 일관성이 있는 것보다는 옳은 것이 훨씬 낫죠."

배경 지식 | 테일러의 추천 도서

테일러는 투자를 독학으로 배웠기 때문에 인터뷰에서 많은 책을 언급했다. 여기서는 테일러가 말한 내용과 추가적인 정보를 전달한다.

소개된 책의 저자가 대부분 고인이 되었다는 점은 주목할 만하다. 투자 고전에 대한 테일러의 관심은 빅터 니더호퍼^{Victor Niederhoffer}의 책 《어느 투자자의 교육^{The Education of a Speculator}》(1997)에서 영향을 받았다. 테일러는 이 책에 대해 이렇게 말한다.

"저는 이 책이 마음에 듭니다. 니더호퍼는 늘 고전을 봐야 한다고 말했죠."

《나의 이야기^{My Own Story}》 | 버나드 바루크(1870~1965)는 30세에 주식 매

매로 부를 축적했고 이후 우드로 윌슨^{Woodrow Wilson}과 프랭클린 루스벨트 ^{Franklin Roosevelt} 대통령의 경제 자문이 되었다. 1957년 출간된 회고록인 이 책의 19장 <나의 투자 철학^{My investment philosophy}>에서 그는 다음과 같이 조언했다. "너무 여러 종목을 담지 마라. 지켜볼 수 있는 몇 개의 종목에만 투자하는 게 더 낫다."^(국내 미출간)

《목숨을 걸고 투자하라》ㅣ 제럴드 로브(1899~1974)는 증권사 EF 허턴 앤드 컴퍼니^{EF Hutton & Company}의 창립 파트너였다. 1935년 출판되어 명저로 평가받는 이 책 28장에는 다음과 같은 조언이 나온다. "가장 안전한 방법은 모든 달걀을 한 바구니에 넣고 바구니를 지키는 것이다." 로브는 이 조언을 주로 전문투자자에게 적용되는 것으로 한정하며 아마추어 투자자에게는 분산투자가 유용하다고 말했다.

《위대한 기업에 투자하라》ㅣ 필립 피셔(1907~2004)는 1958년에 성장주 투자의 고전인 이 책을 썼다. 그는 어떤 회사에 대한 비공식적인 업계 견해와 가십을 설명하기 위해 사실 수집, scuttlebutt라는 용어를 사용했다. 이 말은 해군에서 쓰는 속어라고 한다. 전통적으로 항해 중인 선박에 싣는 식수는 물이 나올 수 있게 구멍을 뚫은^{scuttled} 통^{butt}(목재금속으로 된 작은 통)에 저장해놓았다. 따라서 스커틀버트라는 용어는 가십이 오가는 장소로서 현대식 개념의 사무실 정수기와 같다.

《제시 리버모어의 회상》ㅣ 에드윈 르페브르(1871~1943)는 미국의 저널리스트로 1923년 유명 주식투자자 제시 리버모어(1877~1940)의 전기를 소설화했다. 단기 트레이더들은 이 책을 트레이딩 분야에서 지금까지 나온 책 중 최고로 여긴다.

《대가들의 주식투자법》 | 테일러가 편지를 보내 책 추천을 부탁했던 《파이낸셜 타임스》의 칼럼니스트 존 트레인(1928~)은 이 책(1980)과 《신 대가들의 주식투자법The New Money Masters》(1989)을 써서 유명해진 미국의 작가이자 투자자문가다. 그의 책은 전문투자자에 대해 글을 썼다는 점을 제외하고는 이 책 《슈퍼개미 마인드》와 형식이 비슷하다.

투자의 고전서 외에도 테일러는 에드워드 앨런 토펠Edward Allen Toppel 의 《시장의 선Zen in the Markets》, 로버트 코펠Robert Koppel 의 《직관적인 트레이더The Intuitive Trader》, 리처드 가이스트 Richard Geist 의 《투자자 테라피 Investor Therapy》와 같은 거래 심리에 초점을 맞춘 생소한 현대 도서들도 추천했다.

소수 종목에 집중투자한다

몇 개의 소수 종목에 투자금의 대부분을 투자하는 테일러의 방식은 분산투자에 대한 오래된 통념에 어긋난다. 일부 뛰어난 투자자들이 집중투자를 선호하긴 하지만 이들은 매수하는 종목에 대해 대부분의 개인투자자들이 알고 싶어 하는 수준보다도 훨씬 더 많은 정보를 알고 있다.

포트폴리오를 집중하고 투자회전율을 낮추는 전략에는 몇 가지 분명한 이점이 있다. 증권사 수수료와 매매가격 차이, 인지세 등이 줄고 양도소득세가 확정되는 것을 지연한다. 또한 확실한 심미적 장점도 있다. 현명하게 선택한 소수의 종목을 유지하는 것이 부산하게 트레이딩하는 것보다 부를 축적하는 더 우아한 방법처럼 보인다.

하지만 아마도 가장 큰 이점은 1년에 한두 번만 결정을 내리는 투자자는 각각의 결정에 훨씬 더 많은 관심을 기울일 가능성이 높다는 것이다. 워런 버핏은 투자를 결정할 때마다 찍는 펀치카드가 평생 20칸밖에 없는 것처럼(투자 한 번에 한 칸씩 펀치를 뚫고 카드에 구멍을 20개 다 뚫으면 더 이상 투자할 수 없다.) 투자에 대해 생각해야 한다고 말하면서 진지한 결정을 강조했다. 테일러는 이 책에 등장하는 그 누구보다도 이런 오래된 이상을 단단히 고수해왔다.

테일러의 조언

☑ **제한된 화력에 집중하라** | 적은 자본으로 높은 수익률을 내야 한다면 고도로 집중된 포트폴리오가 성공 가능성이 있는 유일한 전략일 수도 있다.

☑ **가십이 어떻게 만들어졌는지 기억하라** | 사실 수집, 즉 회사에 대한 업계 가십에 주의를 기울여라. 하지만 현대의 투자 PR 산업으로 퍼진 나쁜 영향을 경계해라.

☑ **자기 고집을 버려라** | 고집이 없으면 생각을 빨리 바꿀 수 있어 투자자로서 도움이 된다.

☑ **일관성을 갖는 것보다 옳은 것이 낫다** | 조건이 변하면 투자 방법도 달라져야 한다.

투자 포인트

☑ **독학** | 기본적인 수리 감각이 있다는 전제하에 폭넓은 독서는 정규 투자 교육을 대체할 수 있다.

☑ **질병의 탈출** | 투자자로서 흥미롭고 보수가 넉넉한 삶을 사는 데 질병은 장벽이 되지 않는다.

☑ **진지한 결정** | 투자 결정의 횟수는 줄이고 질을 높이기 위해 노력해라.

결함 있는 주식을
매수한다

염세주의 역투자자: 버논

• 인터뷰 당시	44세
• 마지막으로 직장을 떠났을 때	38세
• 경력	컴퓨터공학 박사
	비즈니스 시스템 분석가(경영 컨설팅)
• 투자 스타일	역투자(보통 여러 차례 휘청댄 성장주를 금융기관들이 완전히 질려할 때 매수)
• 주요 거래 분야 및 섹터	영국의 소형 기술주
• 상품	주식, 헤징을 위한 인덱스 스프레드 베팅
• 보유 기간	몇 개월
• 투자 성과	1998~2000년: 포트폴리오 수익률 15배 달성
	2002~2003년: 약세장의 바닥에서 3분의 1만 잃음
	2005년: ISA에 100만 파운드 이상 보유
• 투자 마인드	"주식 시장에서 최고의 결정은 박수를 받지 않는다."
• 주요 키워드	#결함_있는_주식_매수, #핵심_주제와_부수_요인과_위생_요인,
	#파스퇴르의_행운, #긍정적_득점_vs._부정적_득점, #경험법칙

서툰 투자자들은 종종 좋은 이야기에 쉽게 넘어간다. 신제품 발표나 '시장 예상'을 넘어선 거래 실적, 시너지 효과가 기대되는 기업 인수 등이 매수자들을 유인하는 긍정적인 뉴스들이다.

그러나 이야기는 투자를 결정하는 한 면일 뿐이다. 또 다른 면은 가격인데, 좋은 뉴스가 나온 주식은 대체로 가격이 비싸다. 가격이 충분히 낮다면 나쁜 뉴스가 나온 주식을 사는 편이 더 좋은 전략일 수도 있다.

버논은 호재가 터진 주식보다는 최근 악재가 터진 주식들을 매수하는 자칭 '역투자자이며 염세주의자'다.

"저는 한 번 이상 휘청거려서 금융업계가 완전히 질려버린 주식을 좋아합니다. 회사는 여전히 문제를 해결하려고 노력하지만 그 주식을 원하는 사람은 아무도 없을 때 그 주식을 잡죠."

버논은 이런 투자 방식을 미국의 투자자인 켄 피셔Ken Fisher의 말을 빌려와 '결함 매수buying the glitch'라고 표현한다.[21]

2006년 런던 교외에서 켄트의 시골로 이사 온 버논은 이곳에서 두 살배기 아들과 애인과 함께 살고 있다. 집으로 들어서면 넓은 중앙 현관 반대편의 전면 유리창으로 노스 다운스 언덕에서 내려다보

195

는 숨 막히는 남쪽 전경이 펼쳐진다.

"큰 집을 원한 적은 없어요. 중요성을 모르겠더라고요. 하지만 전망은 중요해 보이더군요."

잠깐 동안 놀라운 경치를 바라본 후 버논을 따라 복도 한쪽에 있는 그의 사무실로 갔다. 창문 하나는 타원형 책상 앞에 반원 형태로 매달려 있는 다섯 개의 LCD 모니터를 잘 보기 위해 차양을 드리웠음에도 아까와 똑같은 전망이 내려다보였다.

버논은 수염을 기른 금발의 40대 남성으로 180센티미터 정도의 키에 날씬한 체격이다. 그는 질문에 대해 신중하게 생각하는 것 같은 인상을 풍긴다. 진지한 대화를 할 때에는 긴 침묵 끝에 완전한 생각을 완벽한 문장으로 표현한다. 버논은 특히 두사의 성신석 과정에 관심이 많다. 인터뷰 당시 그보다 훨씬 어린 연인은 의사결정에 대한 실험적인 연구를 바탕으로 박사 논문을 쓰고 있었다.

아마추어 프로그래머

버논은 1965년 햄프셔에서 연구 기술자의 외아들로 태어났다. 아버지의 일 때문에 가족들은 영국과 미국을 오가며 살았다. 그는 자신의 학창시절에 대해 "혜택받았지만 혼란스러웠다."고 표현했다. 학구적인 환경에서 자랐음에도 잦은 이사 때문에 불안정했고 불행한 때가 많았기 때문이다. 어린 시절에는 돈에 대한 인식이 거의 없었다. 경제적으로 안정적이었지만 생활 방식은 평범했기 때문에 돈은 "넘치지 않을 만큼 충분해서 별 흥미가 없는" 존재였다.

10대 때는 열정적인 아마추어 프로그래머가 되어 싱클레어 ZX80(영국 최초의 가정용 컴퓨터)으로 베이직BASIC을 독학하며 많은 시간을 보냈고, 컴퓨터 잡지에 작은 광고를 내 직접 만든 컴퓨터 게임들을 판매하기도 했다. 버논은 지역의 신설 대학에서 수학을 전공했다. 학부를 졸업하자마자 컴퓨터공학 박사 학위를 얻기 위해 학교에 남았고(아버지의 학력을 고려하면 자연스러운 단계였다.) 이어 임시 연구보조원이 되었다. 26세가 되어서야 공부하는 직업이 경제적으로 불리하다는 것을 깨달았다.

"아버지는 돈에 대해 전혀 걱정하시지 않는 것 같았어요. 1960년대와 1970년대에는 상대적으로 학교의 급여가 훨씬 더 높았거든요."

연구보조원 계약이 끝나고 버논은 비즈니스 시스템 분석가로 대형 경영 컨설팅 회사에 들어갔다. 기술도 좋았고 표면적으로는 경력을 잘 발전시키고 있었지만 점점 컨설팅 일을 싫어하게 됐다.

"컨설턴트로 성장할수록 고객들에게 필요도 없는 서비스를 더 많이 팔아야 한다는 압박이 커졌습니다. 어떤 이유에서인지 저는 헛소리를 파는 일이 품위 없이 돈을 버는 방법이라고 생각했어요."

4년 후 승진을 하면서 영업 압박이 커졌고, 내부관리 업무가 늘어났지만 이 역할이 마음에 들지 않았다.

"저는 다른 사람을 책임지고 싶지 않았습니다. 기술적인 업무를 좋아했지만 승진하면서 그런 업무에서 멀어지게 됐어요."

그러나 생계를 꾸려야 했기 때문에 당장 더 나은 대안이 없었다. 단지 일이 마음에 안 드는 이유가 "고용주보다 내게 있다."는 사실을 깨달았을 뿐이었다.

투자의 시작

아직 박사과정 학생이었을 때 버논은 삼촌에게서 몇 만 파운드를 유산으로 받았다. 이 돈을 가장 유용하게 쓰는 방법은 주택 보증금을 충당하는 것이었겠지만 박사과정 학생으로서 주택담보대출을 받기는 어려웠다. 유산을 물려준 삼촌은 비록 성공하지는 못했지만 투자에 발을 담갔고 이 때문에 버논은 자신 역시 이 돈을 불리도록 노력해야겠다고 생각했다. 그 결과 그는 1990년대 초 '그렇게 진지하지도 않고 성공적이지도 않은' 아마추어 투자자가 됐다.

"실수는 아주 많이 했던 반면 큰 성공은 없었습니다. 제가 좀 안다고 생각했던 소프트웨어 관련 주식에 집중하려 했어요. 물론 소프트웨어에 대해서는 알고 있었죠. 하지만 회계와 투자에 대해서는 거의 몰랐고 확률에 대한 지식은 오랫동안 쓸 일이 없었어요."

버논은 돌이켜 생각해보면 컴퓨터공학 분야의 일이 투자에 필요한 직관을 기르는 데 방해가 됐을지도 모른다고 말한다.

"수리적 감이 있는 사람으로서 저는 공식적인 의미에서는 확률을 이해했지만, 지적인 세계관은 결정론에 기반을 두고 있었습니다. 컴퓨팅은 어떤 조건하에서도 절대적으로 확실한 결과가 나오니까요. 폐쇄계에서의 확실성이라는 컴퓨팅 패러다임은 투자할 때는 도움이 되지 않았습니다."

기술주 붐

1998년 말, 여전히 하는 일이 마음에 들지 않았던 버논은 경영 컨설팅 회사를 떠나 밀레니엄으로 날짜가 바뀌면서 혹시 모를 'Y2K'의 충격에 컴퓨터 시스템을 대비하고 테스트하는 프리랜서가 되었다. 관리직과 사무실 정치를 싫어하는 프로그래머가 흔히 하는 선택이었다. 그러나 프리랜서는 특별한 이점이 있었다. 자기 시간을 더 잘 활용하면서 더 많은 시간을 투자에 쏟았기 때문이다.

다시 기술적인 일을 하게 되어 행복했지만 그는 자신이 결국 전업투자자가 되리라는 것을 이미 예상했다. 이 무렵 시간과 복리의 은밀한 힘에 거의 사로잡혀 있었기 때문이다.

"1998년쯤 시간과 복리의 힘을 이용하고 큰 실수나 불운을 피한다면 부자가 될 수도 있다는 사실을 깨달았습니다. 구체적으로 말하자면, 매년 30%의 복리로 돈을 불린다면 지금 바보처럼 쓰는 1파운드가 20년 뒤에는 200파운드가 될 수도 있다는 걸 깨달은 거죠. 시시한 데 돈을 쓰고 싶을 때마다 스스로에게 20년 뒤에 은퇴하는 게 낫지 않겠냐고 묻곤 했습니다."

1990년대 후반 주로 기술주에 집중했던 투자자로서 버논은 트래 픽마스터, 북햄 테크롤로지Bookham Technology, 인포뱅크Infobank, 지오 인터 랙티브 미디어Geo Interactive Media 등 '10배 주식'(보유 기간 동안 10배 이상 가격이 상승한 종목)들을 기억한다.

버논은 1998년 자신이 똑똑하게 의사결정을 내리기도 했지만 이후 어마어마한 성공을 얻은 데는 행운이 많이 작용했다고 인정했다. 2000년 3월에는 18개월 만에 자유 자본이 15배 이상 늘어났는데, 정상적인 시장 상황에서라면 믿기 힘든 성과였지만 그 시기에 기술주에 집중했던 투자자에게는 당연한 결과였다.

그때 버논은 투자에 대해 훨씬 더 다양한 글을 읽고 현 상황이 역사적 흐름에서 거품이라는 사실을 깨달았다. 하지만 그에게도 버블의 정점을 예상할 방법은 없었다. 다행히도 그의 포트폴리오에서 비중이 컸던 몇 개 종목이 정점 가까이에서 합병됐다. 합병 수익금은 주식으로 지급됐으나 인수 기업에 대한 정보가 부족했기 때문에 전부 매각했다.

"정보보다는 인수 기업에 대한 무지가 나를 구했습니다."

같은 시기 그는 공매도에 대해서도 잘 알게 되었고 공매도를 하기 위해 스프레드 베팅 회사에 계좌를 열었다. 이번에도 타이밍이 좋았다. 2000년 3월 말 나스닥 지수를 처음으로 공매도했고 몇 개월 동안 공매도 포지션을 유지했다.

2002년 가을, 버논의 포트폴리오는 최고점보다는 약 3분의 1 감소했지만 여전히 수익이 수백만 파운드에 달했고 1998년보다 10배 이상 커져 있었다. 이것은 기술주 거품에서 장부에서만 이익을 얻고 기술주가 무너지자 수익을 실현하지 못하고 큰 손해를 본 많은 투자자들보다 장기적으로 더 훌륭한 결과였다.

프리랜서로 Y2K 문제를 해결하는 일은 수익성은 높았지만 이런 일을 하는 다른 프리랜서들처럼 버논도 2000년 1월 이후에는 불완전고용 상태였다. 투자로 많은 돈을 벌었지만 그는 '만일에 대비해' 계속 다른 일을 찾아야 한다고 생각했다.

그는 단기 계약을 몇 건 했지만 38세였던 2003년이 마지막이었다. 2003년 3월부터 시장이 회복되면서 그는 투자로 생계를 유지할 수 있을 거라고 생각했고, 그래서 프리랜서 계약에 점점 더 까다로워졌다. 물론 이 일을 그만두겠다고 분명히 결정한 적은 결단코 없었다.

"하지만 2004년쯤엔 에이전시들도 제가 아무 계약도 받아들이지 않는다고 예상했을 거예요. 그래서 전화를 하지 않게 된 거죠."

악재에 열광할 것

버논은 주로 기술주에 투자해서 전업투자자가 될 만한 부를 쌓았지만 그를 '기술주 투자자'로 분류하기에는 투자 방법을 설명하는 데 한계가 있다. 뚜렷한 특징이라면 호재보다 악재를 매수하는 것, 혹은 그의 생각처럼 결함 있는 주식을 사는 것이다.

결함의 가장 흔한 유형은 '실적 경고 공시profit warning'다. 실적 경고 공시는 회사에 대한 투자자 인식에 드라마틱한 변화를 가져온다. 일부 투자자는 간혹 완전히 경영진의 통제 밖에 놓인 특별한 상황마저 거의 고려하지 않고 모든 실적 경고 공시를 방만한 경영이나 불신의 표시로 간주하기도 한다.

실적 경고 공시는 증권 회사 애널리스트들이 최근 더 높은 전망치를 발표한 경우 그들을 당황스럽게 만들기도 한다. 공정한 관찰자에게 예측치와 실제치의 차이는 그것이 회사 경영진의 책임이든 애널리스트의 형편없는 판단력 때문이든 똑같아 보인다. 그러나 애널리스트들은 당연히 자신의 형편없는 예측 능력보다는 회사 경영진의 문제 때문에 차이가 생겼다고 책임의 화살을 돌리는 경향이 있다. 애널리스트들의 이런 소극적인 태도는 회사가 처음으로 실적 경고 공시를 내고 몇 주 또는 몇 개월 후 추가 공시를 낼 때 더 심해질 수 있다.

실적 경고 공시를 낸 회사는 단기간에 주식 시장에서 사랑받던 총아에서 따돌림받는 못난이가 된다. 이런 상황이 정당할 때도 있지만 그 회사의 실제 전망과 불균형을 이루는 때도 많다. 그리고 바로 이런 때가 버논과 같이 결함 있는 주식을 사는 투자자에게는 절호의 기회다.

또 다른 결함의 유형은 어떤 회사의 시가 총액이 지수 편입의 기준이 되는 하한선 아래로 떨어져 그 주식이 FTSE 100이나 FTSE 종합주가지수 같은 시장 지수에서 제외되는 경우다. 이 경우 지수를

배경 지식 | 실적 경고 공시*

실적 경고 공시를 이해하려면 먼저 시장 컨센서스라는 개념을 생각해봐야 한다. 애널리스트들은 커버리지 종목의 다음 연도(때로는 1년이나 그보다 더 이후의) 이익과 주당 순이익을 예상해 실적 전망치를 발표한다. 한 기업을 커버하는 모든 애널리스트의 내년도 이익과 주당 순이익 예측치 평균이 '시장 컨센서스'다.

런던증권거래소는 규정상 기업의 실제 실적이 시장 컨센서스와 다를 거라는(보통 10% 이상 차이) 객관적 정보를 기업 경영진이 알게 될 경우 그 불일치를 공시하도록 되어 있다.

애널리스트들은 대체로 낙관적인 견해를 보이는 경향이 있다(판단을 잘못해서라기보다는 낙관적인 의견을 내라고 돈을 받기 때문이다.). 따라서 보통 불일치는 전망치에 비해 실제 실적이 작아서 마이너스 값을 나타내는 경우가 많고 그래서 이른바 실적 경고 공시라고 부르는 것이다.

실적 경고 공시는 언제나 큰 폭의 주가 하락으로 이어진다. 만약 여기에서 예측치와 실제치의 차이를 업계 전반의 일반적인 상황 때문이라고 한다면 투자자들은 동종 섹터 내 다른 회사의 실적도 '예상해' 이 회사들의 주가도 하락하기 쉽다.

• 우리나라에서는 공식적인 실적 경고 공시 규정은 없다. 다만 상장회사는 분기와 반기별로 정해진 기일 내에 실적 발표 내용을 담은 사업보고서를 제출할 의무가 있다.

추종하는 펀드나 자신의 포트폴리오를 특정 지수에 편입된 종목으로만 임의적으로 제한하는 투자자들 사이에서 무차별적인 매도가 이어질 수 있다. 하지만 회사가 지수에서 제외된 이유는 과거의 일이다. 회사 전망이 개선되었거나 적어도 더 나빠지지만 않는다면 무차별적인 매도는 낮은 가격에 인기 없는 주식을 상당량 살 수 있는 기회다.

개별적인 실적 경고 공시를 보고 섹터 전체가 나쁘다고 오판하는 경우도 결함의 한 유형이다. 무심한 관찰자들은 특정 회사가 섹터 내 다른 기업들과 비슷한 문제를 겪고 있다고 잘못 인식하기가 쉽다. 2001년 9월 11일 미국에서 테러 사건이 일어난 후 몇 주 동안 런던증권거래소에 상장된 로이즈 Lloyds* 협회 소속 보험사들은 테러로 발생한 손실을 전부 확실하게 보상받기 어려울 거라는 우려 때문에 큰 폭으로 주가가 하락했다. 그리고 며칠 후 일부 보험사들이 위험 노출액이 없음을 발표했는데도 주가는 몇 주 동안 계속 하락했고 결국 버논은 매수 기회를 잡았다.

2000년대 초 분할자본신탁 split capital trusts ** 위기도 위와 마찬가지 사례다. 많은 매니저가 분할자본신탁 주식을 무분별하게 매도하며 개별 주식을 분석하는 투자자들에게 기회를 제공했다(버논은 이 기회

• 세계 최대의 재보험 회사.
•• 배당 수익 없이 자본 성장에 따른 수익만을 제공하거나 자본 수익과 배당 수익을 섞어서 제공하는 등 투자자의 선호에 따라 수익을 다양하게 분배하는 여러 주식군을 제공하는 펀드.

를 놓쳤지만 9장의 오언은 잡았다.).

　기업 인수가 완료되지 못한 입찰 실패도 또 다른 유형의 결함이다. 기업 인수 상황에서는 일반적으로 입찰 발표 후 단기에 작지만 거의 확실한 '수익'(연간으로 환산하면 높은 수익률)을 얻기를 바라며 주식을 매수한 헤지펀드나 차익투자자들이 인수 대상 회사의 지분 상당 부분을 보유하고 있다. 입찰에 실패하면 주가가 큰 폭으로 하락해 차익투자자들은 큰 손실을 입고 원래 투자했던 근거도 사라져버린다. 이런 상황에서 차익투자자들은 그 기업의 장기 전망과 관계없이 주식을 매도해버리는 때가 많다. 입찰 실패에 따른 차입금 손실이 크다면 매도할 수밖에 없을 것이다.

　'결함 있는 주식 매수하기'를 간단히 설명했지만 이 전략은 일반적으로 실적 경고 공시나 다른 결함이 발표됐을 때 즉각적으로 행동하지 않아도 된다.

　"사람들은 주로 실적 경고 공시가 한꺼번에 나온다고 말합니다. 저는 그건 잘 모르겠어요. 하지만 문제들이 한동안 지속되긴 하죠." 수익 경고 공시가 난 이후 빠르게 매수할 필요는 없으며 그렇게 한다고 유리한 것도 아니지만 결함이 드러난 후 몇 주에서 몇 개월 뒤 매도자가 나타났을 때는 반드시 매수해야 한다.

　회사가 투자자들의 신뢰를 잃어버렸다고 판단한 기업 경영진이 향후 재무 결과가 이러한 문제에 구속되지 않도록 영업권을 상각하거나 대손충당금을 늘리는 식으로 미래의 악재를 미리 당겨오기 위한 회계 결정을 내린다면 매수 기간은 연장될 수도 있다. 이를 '키친 싱킹^{kitchen-sinking}'이라고 한다. 모든 악재를 쏟아놓는 것이다.

버논은 이런 우울한 상황을 기꺼이 이용해 종종 주식을 싸게 매수한다.

"장기적으로 회복한다는 확신이 있다면 추가적인 악재가 나오는 것도 도움이 됩니다. 더 많은 주식을 싸게 사 모을 수 있거든요. 이게 염세적인 부분이죠!"

결함 있는 주식을 사라

결함 있는 주식을 매수했던 사례 중 하나로 버논은 인터넷 경매업체인 QXL 리카도^{QXL Ricardo}를 들었다. 1997년 기술 저널리스트인 팀 잭슨^{Tim Jackson}이 설립한 QXL은 1999년 10월 런던증권거래소에 상장되었고 당시 시가 총액은 2억 5000만 파운드였다. 6개월 후인 2000년 4월에 시가 총액은 여덟 배 이상 증가해 약 20억 파운드가 되었으며 주가는 약 800포인트였다.

그러나 그 후 8개월 만에 주가가 6.5포인트까지 떨어지면서 QXL은 '99% 클럽'(시가 총액의 99% 이상을 잃어버린 닷컴 주식들을 일컫는다.)의 초기 멤버가 되었다. 2000년 가을에는 독일의 경쟁기업이었던 리카도^{Ricardo}를 인수해 QXL 리카도가 되었다. 이후 몇 년 동안 주식시장은 특히 폴란드 등 일부 지역에서 시장을 지배한 QXL 리카도의 조용한 진전을 알아차리지 못했고 주가는 약세를 보였다.

회사가 이룬 발전은 2002년 폴란드 자회사가 주식을 더 발행해서 영국 회사가 폴란드에서의 경영권을 잃는 법적 분쟁 때문에 더 가려졌다. 2003년에서 2004년의 주가는 폴란드에서의 사업이 전부나 일부 회복되었을 때 얻을 수 있는 가치에 비하면 턱없이 쌌다.

버논은 2004년 ISA로 QXL 리카도의 주식을 계속해서 모았다. 2005년 초 이 회사에 대한 두 번의 경쟁적인 인수 입찰이 시도되었으나 시장에서 주식을 매수한 새로운 투자자 컨소시엄이 두 번의 입찰을 모두 무산시켰다. 폴란드 자회사와의 법적 분쟁이 해결될 조짐이 보이자 QXL 리카도는 2005년 런던증권거래소에서 가장 높은 수익률을 냈다. 10배 이상 주가가 상승하며 그는 백만장자가 되

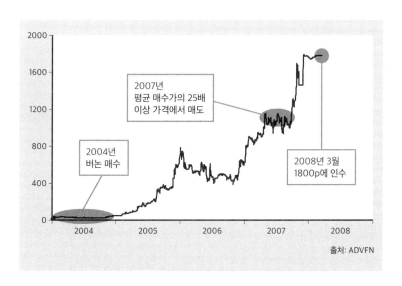

QXL 리카도: 2004년 1월부터 2008년 3월 인수까지 주가

2007년
평균 매수가의 25배
이상 가격에서 매도

2004년
버논 매수

2008년 3월
1800p에 인수

출처: ADVFN

었다.

2007년 법적 분쟁은 해결되었고 폴란드 사업은 2008년 3월 버논의 평균 매수단가보다 50배 이상 높은 가격에 인수되었다. 버논은 2007년에 보유지분을 모두 매도했지만 평균 매수단가의 25배 이상 수익을 얻었다.

"법적 분쟁은 소요되는 기간과 정확한 조건은 알 수 없지만 항상 타협으로 해결된다는 게 핵심입니다. 그동안 폴란드 쪽 사업은 기하급수적으로 성장하고 있었기 때문에 비록 그 가치가 극히 일부만 회복된다 하더라도 영국 회사 시가 총액의 몇 배가 될 것이었습니다."

결함 있는 주식을 찾는 방법

버논은 어떻게 결함 있는 주식을 찾을까? 한 가지 출발점은 주식시장 뉴스 웹사이트에 '시장 컨센서스 하회' 등의 관련 문구로 알림을 설정해놓는 것이다. 《파이낸셜 타임스》(www.ft.com)나 〈셰어캐스트〉(www.sharecast.com) 같은 웹사이트에서 4주 '신저가'와 52주 '신저가' 종목을 살펴보는 것도 방법이다. 그런 다음 관심 종목을 하나하나 검토해서 어떤 종목이 최근 결함이 발생한 성장주인지 확인한다. 템플릿에 맞는 기업들의 재무제표와 전망에 대한 추가 검토는 주로 책상에서 이루어진다. 종종 전화로 이사들과 통화를 하지만 이미 상당한 주식을 보유하고 있지 않다면 회사는 보통 방문하지 않는다.

버논은 기술주에 투자해 큰 성공을 거뒀지만 최근에는 원유, 광물, 이머징마켓 부동산에도 투자한다. 그는 투자하는 섹터에 대해 빈틈없는 지식을 갖는 것과 새로운 기회를 놓치지 않는 것 사이에 균형을 잡아야 함을 알고 있다. 제한된 섹터에 집중하면 '지식 생산 면에서 규모의 경제'가 생긴다. 즉, 어떤 섹터의 한 기업을 공부하면 그 섹터 내의 다른 기업을 이해하는 데도 도움이 되는 것이다. 반면 소수의 섹터를 보느라 모든 시간을 써버리면 '부분 최적점$^{local optima}$에 빠질 위험'이 있다. 훨씬 더 좋은 기회가 있는 다른 섹터를 놓칠 수 있다는 말이다. 한 섹터에서 적당한 성공을 거둔 것이 다른 섹터에서 더 큰 성공을 막는 함정이 될 수 있다.

이렇게도 말할 수 있다. "방어뿐만 아니라 공격에도 확실한 시간을 쏟아라." 방어는 이미 보유한 종목을 모니터링하는 것을 의미하고 공격은 새로운 아이디어를 위해 영국 증권거래소에 상장된 2,500개 기업을 훑어보는 것을 말한다.

투자 결정의 구조화: 핵심 주제, 부수 요인, 위생 요인

버논은 자신이 어떻게 매수 결정을 내리는지 설명하면서 핵심 주제, 이차 요인, 위생 요인$^{hygiene factors}$[22]이라는 3단계 프레임워크로 간단하게 문제를 확인하는 법을 알려줬다.

결함 발표에 대한 시장 반응이 지나친 것 같다는 식의 핵심 주제는 보통 대상 회사를 살펴보기 시작하자마자 머릿속에 떠올라 한두 문장으로 표현된다.

부수 요인은 그 주식을 매수해야 할 추가적인 이유와 모든 중요한 부정적 요인이다. 예를 들어, 저렴한 회계 지표, 회사의 상품 수요를 개선할 향후 입법 변화, 최근 임원들의 주식 매수, 입찰 전망 등이 있다.

위생 요인*은 잠재적 문제점이나 장애 요소로 주식을 매수해야 할 만큼 긍정적인 이유는 아니지만 지나치게 부정적인 요소라면 매수를 포기하게 만들 사안이다. 과도한 임원 보수, 최고경영사의 이전 기업에서의 형편없는 이력, 재무제표 주석에 숨겨진 부정적인 사실, 불만을 품은 직원이 인터넷 게시판에 올린 믿을 만한 악담 등이 있다.

위생 요인을 확인하는 것은 핵심 주제 및 부수 요인 주변과 그 너머를 광범위하게 조사해 숨겨진 문제를 찾는 실사의 본질이라고 생각한다.

3단계 프레임워크를 설명하기 위해 버논은 2008년 헤인즈 퍼블리싱Haynes Publishing과 한사드 인터내셔널Hansard International을 매수하기로 결정하면서 적었던 노트 사본을 보여줬다. 둘 다 상당히 가격이 떨어

• 단순히 불만 감소 효과만을 가지는 요인.

진 후였다. 다음은 버논의 노트 중 요약 페이지의 정리된 버전이다.

두 종목의 사례

1. 헤인즈 퍼블리싱 (2008년 9월)

헤인즈라는 이름은 자동차 수리 매뉴얼의 이름이기도 하다. 이 회사는 매뉴얼 분야를 개척해 현재 영국뿐 아니라 미국과 오스트레일리아에서도 시장 지배적인 위치를 차지한다.

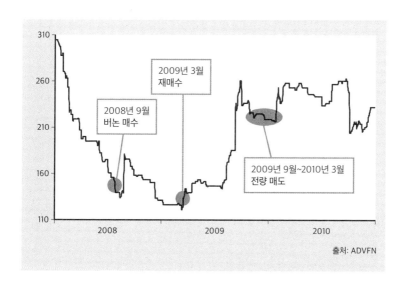

헤인즈 퍼블리싱: 2008년 1월부터 2010년 12월까지 주가

출처: ADVFN

버논의 노트

핵심 주제(2008년 9월 기준)

주가가 2008년 초부터 약 60% 하락했으나 헤인즈 시리즈의 우월한 경쟁적 지위가 신용 위기나 경기침체의 영향을 받을 것이라고 생각할 이유는 없다. 실제로 과거에 침체가 왔을 때 DIY 자동차 정비에 대한 지출이 증가했다는 사례가 있다.

부수 요인

- 매우 싼 기본 지표: p/e 다섯 배, 순유형자산가치[NTAV]와 비슷한 시가 총액, 배당 수익률 11%
- 최근 임원들이 상당한 규모로 주식을 매수함
- DIY 자동차 정비의 인기가 장기적으로 천천히 떨어지고 있지만 이것이 최근 가속화되었다고 생각할 이유가 없음
- 주요 주주: 내가 인정하는 가치추구형 펀드 다수가 이 주식을 장기간 보유하고 있음
- 경영 이력: 직접 개척한 틈새시장에서 오랫동안 실적을 쌓아옴
- 전망 발표나 증권사보고서 없음. 시장의 관심 밖이라는 의미에서 긍정적

위생 요인

- 부채: 없음

- 특이한 이원적 지분구조: 'A' 주식은 보통 주식처럼 똑같이 의결권을 갖고 배당을 받지만 경영권을 가진 헤인즈 가문 안에서만 이전할 수 있음. 부정적인 특징이지만 주식 시장의 오랜 관행으로 외부 주주에게 손해를 입힌 적이 없고 문제없음
- IAS19*에 의한 연금 기금 결손이 1000만 파운드(부정적) 있지만 지난 3년 동안 세금 포함 이익이 700만 파운드였으므로 문제없음
- 임원 보수가 높지만 성과 관련 체계가 비정상적으로 잘 정의되어 있어서 문제없음. 주요 임원은 담당 부서가 낸 순이익의 0.5~1.2%를 가져감. 배당 수익률이 11%인 것으로 보아 주주들을 소홀히 여기지 않음
- 소프트웨어 개발 비용이 자본화되어 최근 이익이 증가됨. OK. 상각은 향후 비용처리 되겠지만 IFRS 기준으로 적법함
- 인터넷 게시판 확인 완료 (게시글 자체가 많이 없음 - 좋음)
- 최근 몇 년 동안의 재무제표 확인: 특별한 이슈 없음
- 지난 2년 동안의 RNS 확인: 특별한 이슈 없음

헤인즈 퍼블리싱의 결과

버논은 2008년 8월 15일부터 11월 6일 사이에 7일 동안 12만 8500주를 매수했다. 가격대는 130~170포인트였고 평균 매수단가는 160포인트였다.

* 지원 급여와 관련된 회계 기준.

2009년 3월, 한 번에 5만 주를 117포인트에 매수하여 총 17만 8500주를 보유, 평균 매수단가는 148포인트였다.

2009년 9월 15일부터 2010년 3월 31일 사이에 12일 동안 17만 8500주를 매도했다. 매도 가격대는 216~255포인트였고 평균 매도가는 232포인트였다. 불과 1년 만에 약 56%의 이익을 실현했고, 배당을 포함하면 66%의 수익률을 달성한 것이다.

2. 한사드 인터내셔널 (2008년 10월)

한사드는 엄밀히 말하면 맨섬의 생명보험 회사다. 그러나 실제로 이 회사는 대부분의 보험 계약상 책임을 재보험 들어 주로 관리 및

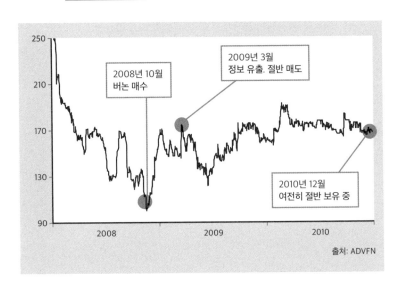

한사드 인터내셔널: 2008년 1월부터 2010년 12월까지 주가

마케팅으로 운영하고 있으며 사실상 모든 보험 상품이 유닛 링크드 unit-linked*이기 때문에 투자 위험이 거의 없다. 직원은 180명뿐이지만 완전히 독립적인 중개업체를 통해 영국이나 미국을 제외한 180여 개국에 상품을 판매하고 있다.

버논의 노트

핵심 주제(2008년 10월 기준)

한사드는 자산가치가 하락하고 지급 능력에 위험이 생길 수 있는 금융회사라는 우려 때문에 2008년 초부터 주가가 60% 이상 하락했다. 그러나 이것은 잘못된 생각이다. 사실 한사드는 생명보험사라는 못생긴 옷을 입은 서비스 회사다.

부수 요인

- 높은 배당 수익률(120포인트에서 약 10%)은 실제로 이익이 존재한다는 의미다. 이 회사는 이익의 70%를 배당으로 지급할 것으로 기대된다.
- 다른 지표들(p/e, NTAV 등)은 내가 완전히 이해하지 못하는 보험사의 복잡한 회계 때문에 유용하지 않다. 그러나 시가 총액 대비 현금 비율이 40%이며 최소 지급 준비금도 10배 이상 준비되어

---

* 영국에서 출시된 생명보험과 투자신탁을 결합한 형태의 변액보험.

있어 재무 상태가 튼튼한 편이다.

- 이 회사는 다른 생명보험사들보다 이익이 더 높다고 주장하는데 이 말에는 어느 정도 진실이 담겨 있을 것이다.

- 증권사보고서: 인정하는 애널리스트들이 상세한 보고서와 긍정적인 추천을 몇 개 내놓았고 목표 주가도 현재보다 훨씬 높다.

- CEO가 80세이며 지분을 절반 정도 가지고 있다. → 중기적으로 입찰 가능성이 있음

- 매출의 50%가 달러로 현재 달러화 강세가 도움이 된다.

위생 요인

- 부채: 없음

- 경영진 보수: OK. CEO 연봉은 1파운드다. → CEO에게 배당이 중요하다는 의미로 부득이한 경우가 아니면 배당을 줄일 가능성이 적다.

- 영국의 사전예산보고서는 "영국 왕실령의 예산을 검토하겠다 (EU/영국의 압력 때문에 맨섬의 세금 정책이 불리하게 변할 가능성)"고 발표했지만, 맨섬은 섬의 일자리와 수익을 창출하는 사업에 해를 입히지 않기 위해 노력할 것이라는 게 일반적인 견해다.

- 일부 중개업체는 보상을 얻기 위해 연말까지 달성해야만 하는 생산 증가 목표가 있다. 이런 구조가 잘못된 회계처리를 유도할 수 있다는 우려가 있지만 지금까지는 어떤 문제의 증거도 없다.

- 모든 사업은 20명의 영업 담당 임원을 통해 관리: OK. 하지만 회

사가 상당히 소수의 사람들에게 좌우될 수 있다.

- 인터넷 게시판 확인 완료 (게시글 자체가 많이 없음: 좋음)

- 최근 몇 년 동안의 재무제표 확인: 특별한 이슈 없음

- 지난 2년 동안의 RNS 확인: 특별한 이슈 없음

한사드 인터내셔널의 결과

버논은 2008년 9월 23일부터 11월 20일 사이에 5일 동안 16만 1632주를 매수했다. 한사드가 지급 능력에 문제가 있는 금융회사라는 잘못된 인식이 가장 극심했던 시기였다. 매수 가격대는 매수 기간 중 가격이 더 떨어져 132~100포인트였고 매수 마지막 날에 최저점을 기록했다. 평균 매수단가는 124포인트였다.

2009년 3월 20일, 시초가 141포인트에서 시작한 주가는 장 중 177포인트까지 급등했다. 가격 급등을 설명할 만한 뉴스가 전혀 없었기 때문에 버논은 출처를 추적하지는 않았지만 어디선가 정보가 샜을 거라고 추측했다.

그는 "(아마도) 정보가 샜을 때는 일부를 매도한다."는 자신의 원칙에 따라 2010년 3월 20일부터 3월 26일까지 6일 동안 8만 주를 매도했다. 매도 가격대는 161~177포인트였고 평균 매도단가는 166포인트였다. 약 5개월 동안 34%의 이익을 실현했으며 2008년 12월에는 일부 초기 매수 주식에 대해 6%의 최종 배당을 받았다.

나머지 주식은 가격이 170포인트였던 2010년 말까지도 계속 보

유하고 있었다. 버논은 중기적으로 인수 이벤트가 있을 거라고 예상되는 저위험 주식인데다 배당 수익률이 8%이므로 나머지를 매도하는 데 크게 서두르지 않았다고 말했다.

버논은 헤인즈와 마찬가지로 한사드도 단순히 이익의 규모 때문만이 아니라 매수 당시의 인지된 위험이 낮기 때문에 성공적인 투자라고 생각했다.

3단계 프레임워크에 대해 더 이야기를 나누면서 버논은 핵심-부수-위생의 분류는 신성불가침이 아니라면서 체크리스트도 없고 (있으면 도움이 될 수는 있지만) 엄격한 순서가 있는 것도 아닌데다 핵심 주제는 새로운 정보가 밝혀지면 수정할 수 있다고 말했다. 그러나 항상 명확하고 간결한 핵심 주제가 있어서 그 주식을 왜 보유하고 있는지 알아야 한다고 강조했다. 그런 다음 다른 관점을 구조화하고 이 관점들을 조사하는 데 적절히 시간을 분배하기 위한 체계가 있어야 한다고도 말했다.

버논에 따르면 모든 조사에는 시간적 기회비용이 들기 때문에 어떤 회사에 대해 모든 것을 알 필요는 없다. 목표는 가능한 모든 위생 요인을 확인하는 것이 아니라 시간이 허용하는 한 오류율을 최소로 줄일 수 있을 만큼 확인하는 것이다.

언제 주식을 매도하느냐는 질문에는 "주식이 인기가 많아졌을 때"라고 답했다. 버논은 이 대답을 더 자세히 설명하면서 매도가 매수보다 개념적으로 더 어려운 결정이라고 말했다.

"원칙적으로 매도는 항상 대안적인 투자로 전환하는 것이라고 생각해야 합니다. 그(현금을 예금하는 것이 될 수도 있겠죠.)에 대한 예상 수익률이 세금과 기타 비용을 보상하기에 충분하다면 매도해야 합니다. 하지만 이것은 실제로는 불가능할 정도로 어렵기 때문에 휴리스틱^{heuristics}* 기술이 필요하죠. 경험에 바탕을 둔 방법 말입니다."

버논의 경험 법칙 중 하나는 "가격이 두 배가 되면 반드시 일부를 매도한다."다. "두 배가 되면 절반은 매도한다."는 나이절의 규칙(2장 참조)과 유사하다. 또 다른 경험 법칙은 "정보가 유출되면 일부 매도한다."다. 최근에 주식을 매수했거나 정보가 유출된 후에도 여전히 주가가 싸다고 여기면 이 규칙을 무시할 때도 있지만 신문이나 잡지에 정보가 알려진 주식은 매수하기보다는 매도한다.

포트폴리오 운용과 레버리지

버논은 때로 시장 위험에 노출된 금액을 최고 25%까지 헤징하기 위해 FTSE 100 지수를 거래하는 것 외에 스프레드 베팅을 이용하지 않는다. 그는 레버리지와 스프레드 베팅처럼 만기가 있는 상품은 역투자자보다는 추세추종 투자자에게 더 적합하다고 생각한다. 최근 결함이 드러나 선호가 없어진 주식은 상당 기간 동안 인기를

---

* 복잡한 과제를 간단한 판단 작업으로 단순화시켜 의사결정하는 것으로 어림셈, 경험 법칙이라고도 한다.

얻지 못하기 때문이다. 간혹 결함이 해결되기 전에 더 악화될 수도 있다. 역투자자는 상황이 반전될 거라는 사실은 알지만 정확한 시기는 거의 모를 때가 많다.

그는 증권 브로커 두 명을 통해 거래하며 오프라인 브로커의 대량 거래 기술에 온라인 거래보다 비싼 비용을 낼 가치가 있다고 생각한다. 유동성이 부족한 소형주를 거래할 때는 브로커 두 명과 거래하는 것도 도움이 되는데 한 명이 거래 가능한 주식을 찾지 못해도 다른 한 명이 찾아낼 수 있기 때문이다. 호재보다 악재에 주식을 매수하는 버논의 선호를 고려했을 때 그는 브로커가 제공해주는 새로운 이슈에는 별 관심이 없다.

"새로운 이슈는 결함과 정반대죠. 이슈를 퍼뜨리고 나쁜 뉴스를 덮으려는 사람들이 있습니다. 이때는 매수할 때가 아니에요."

업무를 정리하기 위해 버논은 보유 종목별로 파일을 만들어 수많은 기록을 남기고 주로 컴퓨터로 관리한다.

"기록 자체는 중요하지 않지만 시간이 지나도 심리적으로 흔들리지 않게 도와줍니다. 충동적으로 매매하고 싶어지는 뉴스가 나왔을 때도 안정을 가져다주지요."

투자에 필요한 정신적 기술

버논에게 그와 같은 유형의 투자에는 어떤 기술이 중요하냐고 묻자 처음 나온 대답은 "행운!"이었다. 그러나 그는 이 책의 들어가는 글에서도 언급했던 것처럼 투자에 영향을 미치는 두 가지 유형의 행운을 구별하면서 이 말에 단서를 달았다.

첫 번째 유형은 완전히 무작위적인 '행운'으로 이를 잡으려면 복권을 사는 것처럼 아주 사소한 노력이 필요하다. 두 번째 유형은 파스퇴르가 말한 "관찰의 영역에서 기회는 준비된 사람의 편이다."라는 문장으로 잘 설명된다.

밀레니엄 무렵 기술주에서 부를 창출할 기회를 잡았던 것은 소수의 사람뿐이었다. 이들은 운이 좋기도 했지만 기술주를 연구하고 투자하는 데 늘 관심을 가지고 성실히 임했기 때문에 행운을 잡을 수 있었다.

버논은 이 책에 등장하는 누구보다도 소프트웨어에 대한 기술적 지식이 많을 것이다. 이것이 그의 투자에서 얼마나 중요할까?

"기술적 지식이 도움이 될 수는 있어도 만병통치약은 아니에요. 상세한 기술적 지식보다는 폭넓게 지식을 수집하고 마음가짐을 바꾸는 능력이 더 중요합니다."

그는 꾸준히 투자하기 위해서는 '장기간 불확실성을 견디며 가능한 마지막 순간에 선택할 수 있도록 여러 가지 경쟁적인 생각이나 통찰력을 마음속에 간직'하고 있어야 한다고 강조했다. 버논은 이런 작용을 '복합적 정신 모델'이라고 부른다.

그는 또 투자자의 생각은 '이전 소속을 뒷받침하기보다 진실을 탐색하는 데' 초점이 맞춰져 있어야 한다고도 말했다. 정치, 기업,

법률 등 많은 분야에서는 진실보다 이전 소속이 주로 의견을 결정하고 사고 작용은 그 의견을 지지하기 위한 논거를 만들 뿐이다. 그러나 투자자에게 '당신은 누구 편인가?'라는 질문은 대개 무의미하다. '투자는 팀 스포츠가 아니다.'

인기에 대한 무관심은 소속에 주안점을 두지 않는 사고방식에서 당연한 결과다. 아주 저렴한 주식을 살 때는 군중의 여론과는 반대로 서서 보통은 혼자인 때가 많다. 혼자인 상태에 행복함을 느끼는 것이 도움이 된다.

버논은 투자자라면 실수를 피하는 것이 특히 중요하다고 강조했다. 그는 승리를 성공으로 정의하는 '긍정적 득점' 활동과 실패를 피하는 것을 성공으로 정의히는 '부정적 득점' 활동을 구분했다.

긍정적 득점 활동에는 판매, 리더십, 대부분의 스포츠가 포함된다. 이러한 활동에서는 용감함과 '돌진하기', 위험 감수가 심사숙고보다 성공 가능성이 높고 실수를 했을 때의 부정적인 측면도 적다. 반면 부정적 득점 활동에는 자동차 운전, 항공기 조종, 의료용 마취 등이 있다. 성공한 운전사, 조종사, 마취과 의사는 항상 '돌진하는' 용감한 사람이 아니라 절대 큰 실수를 하지 않는 꼼꼼한 사람이다.

이것이 투자와 관련이 있는가? 버논은 이렇게 말했다.

"온라인 투자의 편리함 때문에 많은 사람이 투자를 긍정적 득점 활동처럼 생각하지만 실제로 투자는 복리 때문에 부정적 득점 활동입니다. 투자의 성공은 주로 큰 실수를 피하는 것에 있습니다."

스스로 실수를 만들지 않기 위해 집중하는 것 외에도 타인의 실수를 체계적으로 연구해야 한다는 말도 했다.

"투자서나 기사는 성공 스토리에 치우쳐 있습니다. 저는 실패담을 읽는 것도 유용하다고 생각합니다. 남의 불행을 즐기려는 것이 아니라 학습을 위해 필요하거든요."

버논은 뛰어난 수학 능력 덕분에 금융경제학에서 다루는 현대 포트폴리오 이론, 즉 향후 투자 유니버스를 위해 추정 평균과 분산을 바탕으로 포트폴리오를 최적화하는 방법을 공부하며 시간을 쓰기도 한다. 그러나 그는 이 개념이 실제로 도움이 된다고 생각하지는 않는다.

"투자 종목을 고르기 위해 현대 포트폴리오 이론을 배우는 것은 당구를 치기 위해 물리학을 배우는 것과 같습니다."

버논이 자기주도적 투자자에게 중요하다고 강조한 마지막 기술은 효과적인 시간 분배였다.

"시간은 수확체감의 법칙을 따르는 한정된 자원입니다. 어떤 회사를 조사하는 데 들이는 최초의 한 시간이 이후 들이는 10시간보다 훨씬 더 중요합니다. 일부 개인투자자는 그 회사의 열렬한 팬이에요. 인터넷 게시판에 글을 올리고 주주총회에 나가고 그 밖의 활동들을 하느라 너무 많은 시간을 투자합니다. 새로운 아이디어를 찾는 데 쓰면 더 좋을 시간을 낭비하고 있어요."

어느 한 회사에 쏟는 시간 자원을 제한하기 위해 버논은 여러 가지 상황에서 5~7개 이하의 정보만으로 의사결정을 내릴 때 가장 최상이라는 결과를 보여주는 심리학 연구를 떠올린다. 그 이상의 정보는 오히려 의사결정에 방해가 될 수도 있다.

최고의 결정은 박수를 받지 않는다

버논은 수학과 컴퓨터공학을 전공했지만 다른 인터뷰 대상자들과 비교했을 때 특별히 인지심리학과 의사결정 과정에 관심을 갖는다. 그는 투자의 사고 과정에 대해 충분히 생각을 거듭해왔다.

이것은 '결함 있는 주식을 매수'하는 버논의 전략이 고도의 정신적 자제력을 요한다는 사실을 반영하는 것일지도 모른다. 대부분의 사람우 긍정적인 뉴스가 쏟아지고 흥미진진한 전망이 예상되며 인터넷 게시판에 많은 논의가 오가는 주식을 매수하려고 한다.

'결함 있는 주식을 매수하는 전략'은 부정적인 뉴스가 나오고 단기 전망이 어둡고 대중적 매력이 거의 없는 주식을 매수하는 것이다. 이것은 통념과는 상반되고 아마도 약간은 염세적인 사고방식을 요구한다. 이론적으로는 간단하지만 실제로는 대부분의 투자자가 이런 방식에 심리적으로 불편함을 느낀다. 대부분의 투자자는 의식적이든 무의식적이든 동료들의 인정을 구하지만, 주식 시장에서 최고의 결정은 박수를 받지 않는다.

버논의 조언

- ☑ **결함 있는 주식을 매수하라** | 실적 경고 공시, 지수 제외, 개별 문제를 섹터 전체로 잘못 이해한 경우 입찰 실패, 그 밖의 일시적인 문제들을 이용한다.

- ☑ **투자는 팀 스포츠가 아니다** | 아무도 내가 누구 편인지 신경 쓰지 않는다. 판단의 근거를 과거 소속이 아닌 사실에 두라.

- ☑ **파스퇴르의 행운을 기억하라** | 관찰의 영역에서 기회는 준비된 사람의 편이다.

투자 포인트

- ☑ **최적 오류율** | 어떤 회사에 대해 모든 것을 알 필요는 없다. 조사된 모든 포인트가 시간적 기회비용이기 때문이다.

- ☑ **공격과 수비의 균형** | 공격에 쓰는 시간(매수할 새 주식을 찾는 것)과 방어에 쓰는 시간(이미 보유한 주식을 지켜보는 것)을 모니터링한다.

- ☑ **경험 법칙** | 일반적인 경험 법칙이 도움이 될 때가 있다. 가령, 주가가 두 배가 되면 일부 매도한다거나 정보가 유출된 주식은 일부 매도하는 것이다.

- ☑ **부정적 득점 게임** | 용감하게 돌진하기보다는 실수를 피함으로써 승리한다. 다른 사람의 실수를 공부하고 거기에서 배워라.

- ☑ **핵심 주제, 부수 요인, 위생 요인** | 의사결정에 추가적인 정보를 투입하는 일은 오히려 의사결정의 질을 떨어뜨릴 수 있다. 하나의 핵심 주제와 5~7개의 부수 요인에 기초해 의사결정을 내리는 것이 좋다.

활동가 유형은 대화와 설득, 주주의결권 행사, 필요한 경우 무능하고 보수만 비싼 경영자를 폭로하는 등 언론공개 방식을 이용해 자신의 견해대로 회사 경영자의 의사결정에 영향을 미치려 한다. 때로 활동가 유형의 투자자는 회사 경영에 불만족스러운 면이 있고 변화가 필요하다는 사실을 알고도 주식을 매수하기도 한다. 대부분의 투자자들은 이런 상황을 피하려 한다. 하지만 다양한 수준에서 활동가 유형의 투자자들은 문제를 직접 찾아 나서기도 한다.

3

기업의 의사결정에 참여한다

주주의 권리를 행사하는 투자 마인드:

활동가

기업과
의사소통한다

보이지 않는 투자자: 에릭

에릭의 프로필

• 인터뷰 당시	51세
• 마지막으로 직장을 떠났을 때	직장을 그만두었을 때: 28세
	개인 사업을 매각했을 때: 39세
• 경력	스포츠 신문 기자
	부동산 임대 관리
	사마리아인 자선단체의 봉사자
• 투자 스타일	철저한 현장 관찰과 개인 네트워크 활용
• 주요 거래 분야 및 섹터	경영진에 다가가기 쉬운 영국 소형주
• 상품	주식, 스프레드 베팅
• 보유 기간	몇 개월에서 몇 년
• 투자 성과	지난 10년 동안 인디고비전(20배), 로큐(15배), 벤 베일리(10배)를 포함해
	10배 이상 수익률을 낸 주식을 여럿 거래함
	대가족을 부양하기 위해 막대한 세후 생활비(최소 월 1만 파운드)
• 투자 마인드	"언제나 트랙 안에 있을 수는 없지만
	경기장 근처에 사는 사람을 자주 찾아야 한다."
• 주요 키워드	#소형주_역설, #전략적_순진함, #오리들이_꽥꽥거릴_때_먹이를_쥐라

본질적으로 개인투자란 혼자서 어떤 주식을 사고팔지 결정하는 개인주의적인 활동이다. 많은 투자자의 활동에는 이런 내향성이 있다. 투자자들은 주로 읽고 생각하고 관찰과 재무 분석에서 우위를 얻으려 하며 다른 사람과 대화하는 건 가끔뿐이다. 그러나 어떤 투자자는 기업 임원이나 다른 투자자, 지인과의 사회적 상호작용에서 정보를 얻는다.

에릭은 하루에도 여러 명의 기업 임원과 대화를 나누고 거의 매주 주주총회에 참석한다. 다른 투자자와도 자주 대화를 나누는데 오랜 친구는 물론이고 같은 종목을 보유한다는 점 외에는 아무 관련이 없는 낯선 사람과도 쉽게 이야기를 나눈다(나도 에릭과 이렇게 만났다.). 매달 수십 명의 투자자로 구성된 다양한 그룹을 모아 하나 이상의 작은 상장회사가 프레젠테이션하는 사교 만찬을 주최한다. 에릭의 투자 네트워크는 이 책에 등장하는 누구보다도 크다.

50대 초반인 에릭은 키가 작고 통통하며 갈색 생머리에 북쪽 억양을 사용하고 둥근 얼굴에 테가 없는 안경을 썼다. 그의 목소리와 사용하는 어휘, 말투는 좋은 첫인상과는 거리가 멀지만 인생에서 행운이 따랐던 사람답게 공감 능력이 높고 가정적인 사람이라는 인상을 준다.

그가 인터넷 게시판에 올리는 글도 마찬가지로 온화한 스타일이다. 온라인상에서 자주 나타나는 열띤 논쟁이나 사람들의 눈길을 끌어 인기를 노리는 수는 전혀 없다. 이런 상냥한 태도 덕분에 에릭이 어떤 기업을 조사할 때 기업 임원이나 영업 직원, 지역 매니저에게서 쉽게 방심하는 말을 끌어낼 수 있다.

그는 이러한 태도로 명석한 사업적 두뇌를 미묘하게 감춘다. 에릭은 15세 때 가족의 형편에 비하면 상당히 많은 돈을 벌었고, 20대 초반에는 10대 시절 번 돈을 부동산 구입 자금으로 사용했다. 마지막으로 직장을 떠날 때는 28세였고 40세가 되기 전에 상당한 규모의 부동산 임대 회사를 설립해서 매가했다.

에릭은 런던 교외 조용한 마을의 오래된 단독주택에서 살고 있다. 에릭의 아들과 딸은 커다란 소파가 다섯 개나 놓여 있고 돌출된 창으로 정원과 수영장이 내려다보이는 천장이 높은 거실로 나를 안내했다. 에릭의 이야기를 하는 데는 온 가족이 달려들었다. 열 살짜리 딸이 예전 학교 과제로 만들었던 큐카드에는 아빠와 관련된 모든 중요한 사건과 날짜가 적혀 있었다. 두 아이는 오후 내내 방을 들락날락하며 질문을 던지고 의견을 보탰다. 여덟 명의 자녀를 둔 에릭은 이 책에 나오는 일부 사람처럼 무조건적으로 절약할 수 없다.

"아이들 대부분이 아직 돈을 벌고 있지 않아서 한 달에 최소 1만 파운드는 정기적으로 지출합니다. 이를 충당하려면 배당이나 수익이 있어야 하죠."

돈을 벌기 위해 게임을 하던 10대 시절

에릭은 블랙풀에서 자랐다. 그의 아버지는 식료품을 집으로 배달해주는 '작은, 정말 작은' 사업을 운영했는데 일주일에 7일을 아주 긴 시간 동안 일했다. 에릭은 아주 어렸을 때부터 이 일을 도왔던 까닭에 다른 학생들보다 수학 실력이 뛰어났고 비즈니스라는 인생의 현실에 일찍 눈을 떴다. 그는 조숙했고 사리에 밝았으며 아버지의 사업에 관심이 많았다.

11세에는 지역 사립학교에 전액 장학금을 받고 들어갔다. 사립학교에서 그는 큰 문화적 충격을 받았다.

"처음으로 우리 가족이 얼마나 가난한지 깨달았어요. 전화나 자동차도 없었고 아버지의 식료품 배달 밴이 전부였죠. 심지어 제 교복도 중고였답니다."

에릭은 스포츠를 좋아하는 보통의 학생이었다.

"기초 영어와 수학을 잘해서 장학금을 받았지만 나머지 과목은 그렇게 잘하지 못했어요."

그는 O레벨 시험*에서 아홉 과목을 통과하고 경제학을 포함해 다섯 과목의 A레벨 시험**을 준비했지만, 돈을 벌기 위한 프로젝트를 진행하면서 학업을 뒷전으로 미루기 시작했다. 이때 진행했던 프로

젝트 중 하나를 보면 투자에 대한 에릭의 독특한 접근 방식을 더 쉽게 이해할 수 있다.

에릭은 블랙풀에서 여름방학 아르바이트를 하다가 플래져 비치의 오락실 주변에서 시간을 때웠다. 그는 '엘튼 더비Elton Derby'를 위한 특별한 기술을 개발했다. 엘튼 더비는 장애물을 목표물을 향해 몇 분 동안 공을 굴리는 게임으로 스키틀스나 볼링과 비슷하며 각 게임의 승자는 티켓을 받고 이를 모아서 값비싼 상품으로 교환할 수 있었다. 하루 종일 쉬는 시간마다 게임을 하면 게임 입장료보다 훨씬 더 많은 상품을 탔다.

게임 운영자가 계속 이기는 사람을 싫어할 거라고 생각한 에릭은 나중에 7의 전형적인 특징 중 하나가 되는 전술을 택했다. 자신에게 유리하도록 우호적 관계를 발전시키는 것이었다.

"결국 게임장을 운영했던 가족과 친구가 됐어요. 특히 게임장 주인의 딸과 친해져서 그 애의 아버지가 나를 내쫓는 게 곤란해지길 바랐죠."

그는 다른 게임 이용자의 눈에 띄지 않고 위협적으로 보이지 않으려 했으며 때로는 블랙잭의 카드 카운터처럼 전술적으로 잘 못하는 척했다. 게임장 주인들과 허심탄회하게 논의한 끝에 합의도 이끌어냈다. 게임을 한곳에서만 하지 않고 너무 많이 이겨서 다른 손님의 분노를 일으키지 않는다면 원하는 만큼 이길 수 있었다. 그가 플레이한 게임은 빨리 끝났기 때문에 하루에 더 많은 게임이 돌아가서 회전율을 높이고 게임장에도 도움이 됐다.

엘튼 더비 운영자들과 합의한 후 에릭은 진짜 일에 매력을 느끼지 못하게 됐다. 그 후 몇 년 동안 여름휴가 내내 블랙풀의 플래져 비치에서 엘튼 더비를 하고 매주 수백 파운드에 이르는 디지털시계, 카세트 녹음기, 그 밖의 유행하는 물건을 상품으로 받아서 사촌 중 한 명을 통해 대량으로 재판매했다.

학교를 졸업할 무렵 에릭은 엘튼 더비로 수천 파운드를 벌었다. 지금 가치로 환산하면 수만 파운드에 해당하는 돈이다.

"지금은 좀 웃긴 것 같지만 그때는 정말 심각했고 우리 가족에게는 인생이 바뀔 만한 사건이었어요. 아버지는 60대 후반이셨고 여전히 하루 종일 일해서 겨우 생계를 꾸려가셨죠."

플래져 비치에서 얻은 성공으로 가능한 활동 범위에서 가장 보수가 높은 일에 집중하고 관계를 쌓고 사람들의 눈에 띄지 않으며 때로는 진짜 실력보다 서투르고 단순해 보이는 것에 이점이 있음을 처음으로 깨달았다. 이 전략들은 나중에 그가 부동산과 주식 시장에서 투자를 할 때 모두 활용하게 된다.

부동산 관리업

A레벨 시험 성적은 대학에 진학하기에 충분했지만 그의 부모님은 에릭의 돈 버는 능력 때문에 수입 없이 몇 년을 보내야 하는 선택이 마음에 들지 않았다. 에릭 본인도 이미 사업가적 포부가 있었

으므로 어느 스포츠 신문 수습기자로 런던에서 사회생활을 시작했다. 일은 특별히 까다롭지 않았고 나만의 사업 아이디어를 추진할 여유 시간도 많았다.

대부분의 사업 아이디어가 아무 성과를 보지 못했지만 10대 시절 게임으로 번 자본금으로 부동산 사업에 발판을 마련했다. 남는 방을 임대하는 것에서 시작해 미완성된 건축물을 인수해 완성하는 사업, 나아가 주택담보대출을 받아 임대용 아파트를 세 채를 구매했다. 그런 다음 본격적으로 임대 관리업을 시작했다.

그는 세입자 사이에 비공식적으로 입소문을 내는 계산된 전략을 활용해 소액으로 임대 사업을 운영했다.

"우리가 임대하는 집은 늘 평범했습니다. 광고는 대부분 평범한 집주인이 내는 것처럼 보여서 수년 동안 런던의 무료 신문에 공짜로 광고를 낼 수 있었죠. 우리는 다른 세입자가 추천하는 세입자를 선호했습니다. 그러면 소개해준 친구를 생각해서 월세를 밀리거나 기물을 파손할 가능성이 적어요."

절제된 홍보 방식은 사업의 빠른 성장에 도움이 되었다. 에릭은 28세에 부동산 관리업에 온전히 집중하기 위해 직장을 떠났고, 이후로는 다른 회사에 고용된 적이 없다. 1990년대 중반 그의 회사에는 직원 여섯 명, 세입자만 800명이었고 개인적으로 상당한 임대 포트폴리오를 가지게 되었다.

이 시기에 그는 이전의 결혼생활로 자녀가 넷이었던 벨린다와 결혼했다. 외아들로 자랐던 그는 늘 대가족을 원했고 곧 벨린다와의 사이에서 아이들을 얻었다. 에릭은 사업체를 운영하는 것과 아빠가 되는 일이 점점 충돌하고 있다는 사실을 깨달았다.

"어렸을 때 저는 잠자리에 들기 전에 아버지가 배달을 마치고 집에 돌아오시길 기다리면서 10시까지 깨어 있곤 했어요. 우리 아이들은 저처럼 되지 않길 바랐답니다."

그래서 1997년 사업을 팔라는 좋은 제의를 받자 기쁘게 받아들였다. 당시 나이 39세였다. 그는 개인적으로 친구가 된 몇몇 임대주를 위해 비공식적으로 부동산 관리를 계속했다.

"하지만 40~50채 정도로 작은 규모였어요."

2004년에는 이렇게 남은 사업마저도 조카에게 넘겨주었다.

투자의 시작

1980년대와 1990년대에 에릭은 민영화되는 공모주에 투자했고 간혹 다른 종목에도 손을 댔다. 하지만 취미일 뿐이었다. 우선순위는 항상 부동산 임대업과 직접 소유한 임대 부동산이었다. 1980년대 중반부터 에릭은 작은 비공개 기업에 비즈니스 엔젤business-angel• 투자를 했지만 이 중 어느 것도 특별히 성공을 거두지 못했다. 주식투자에 대해서는 분석적인 금융 전문가의 방식보다는 직접 사업하

• 창업 초기 단계에 있는 성장 유망기업에 자금과 경영 노하우를 공급하는 개인투자자.

는 사람들이 가질 만한 실용적인 접근 방식을 취했고 종종 부동산과 주택 건설이라는 익숙한 부문에 투자의 초점을 맞췄다.

1997년 임대 사업을 매각한 후부터는 주식에 더 많은 시간을 쏟기 시작했다.

"우리가 재정적으로 수수하게 살았다면 부동산 사업을 매각한 이후 다시는 일을 안 해도 됐을 거예요. 하지만 지루했을 테고 아이들에게 롤 모델이 되어야 한다는 문제도 있었습니다. 아빠가 아무 일도 하지 않는다면 아이들에게 모범을 보이지 못할 테니까요."

1999~2000년 기술주 거품에서 30배 이상 오른 주식을 한두 종목 보유하고 있었지만 '푼돈을 건 것'에 불과해서 그의 전체적인 자산에 거의 영향을 미치지 않았다. 거품이 꺼진 뒤 그 여파로 에릭은 처음 투자 당시 FTSE 100 구성 종목이었던 인디펜던트 에너지 Independent Energy 와 마르코니에서 큰 손실을 입었다.

이 참사로 그는 소형주에만 투자할 때의 이점을 더 분명히 깨달았다. 소형주에는 한 가지 중요한 역설이 있었다. 연구가 제대로 이루어지지 않지만 막상 실제로는 연구하기가 더 쉽다는 사실이었다. 대형주와 비교해보면 회계도 간단하고 임원들에게 접근하기도 쉬우며 사업을 설명하는 것도 대개 한두 문장으로 가능하다.

역설의 해답은 유동성에 있다. 대부분의 기관투자자들에게 소형주는 연구할 가치가 없다. 연구 결과 주식이 저렴하다는 사실을 알아도 작은 금액만 투자에 쓸 수 있기 때문이다. 하지만 개인투자자에게 소형주는 연구할 가치가 있다.

10배 수익을 낸 벤 베일리

2000년쯤 에릭은 소소한 부동산 개보수 프로젝트를 몇 건 진행했다. 건축업을 하는 동업자와 사우스 런던의 오래된 방 하나짜리 아파트를 방 두 개로 전환하는 매우 성공적인 표준 방식을 개발했던 것이다. 그러나 다른 건설업자들과의 경쟁으로 점차 이윤이 줄어들었다.

2000년대 들어 에릭은 직접적인 부동산투자보다는 주식 쪽으로 더 많은 시간과 돈을 투입했다. 특히 잉글랜드 북부 지역의 주택 건설업체인 벤 베일리Ben Bailey를 자신이 하는 개보수 프로젝트와 직접 비교했다. 벤 베일리의 이윤과 전망을 평가하기 위해 그는 시장 조사에 필요한 공들인 (그리고 대단히 개인적인) 접근 방식을 만들었다. 재무제표를 살펴보고 회사 임원들과 자세한 이야기를 나누는 것은 물론 그 회사의 건설 현장마다 찾아가 매출을 면밀히 모니터링했다.

"모든 개발 내역과 이용 가능한 유닛에 대한 세부 사항이 인터넷에 다 나와 있어요. 우리 가족이 가지고 있는 휴대폰이 총 여섯 대입니다. 그래서 정기적으로 프로젝트 현장에 전화를 걸어서 다른 이름으로 잠재 구매자인 체하고 판매 실적과 가격, 현장마다 몇 개의 매물이 남아 있는지 알아봤습니다. 모든 판매 대리인의 이름을 알았고 문의할 때마다 상세한 내용을 메모해 두었습니다."

결국 벤 베일리의 영업 책임자가 에릭의 역할극을 눈치채고 이

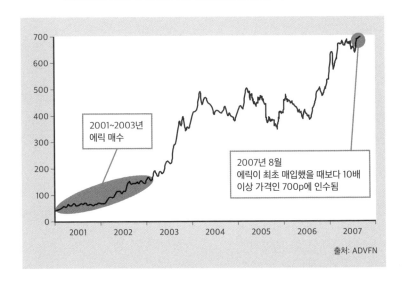

2001~2003년
에릭 매수

2007년 8월
에릭이 최초 매입했을 때보다 10배
이상 가격인 700p에 인수됨

출처: ADVFN

런 짓을 그만두라고 전화했다.

"제 이력을 설명하고 평생 힘들게 일해서 번 돈으로 투자를 하고 있다고 말했어요. 잠재 고객의 입장에서 알아낸 모든 정보는 공개적으로 구할 수 있는 것들이고 나는 불법적인 일은 아무것도 하지 않았다고요. 나를 막고 싶은 사람이 있다면 법원 명령을 들고 와야 할 거고 어디 한번 잘해보라고 으름장을 놨지요."

에릭은 이미 투자한 회사에 대해 많은 것을 알고 있었는데 이런 정교한 조사를 계속하면서 정보를 정말 더 얻었을까?

"이 회사에 제 포트폴리오의 3분의 1을 투자했습니다. 그러니 거기에 많은 시간을 쏟는 게 당연하다고 생각해요. 또 이 회사에 투자한 개인투자자들을 여럿 알게 되었는데 저는 이런 투자의 사회적 측면도 즐겼거든요."

결국 벤 베일리는 2007년에 에릭이 최초로 주식을 매입했을 때보다 10배 이상 높은 가격으로 인수되었다. 에릭은 이곳처럼 주로 '배당금을 지급하는 전통적인 가족 기업으로 요크셔에 연고가 있거나 적어도 요크셔의 정신을 지니고 있는 기업'에 투자해서 많은 성공을 거뒀다. 최근 이런 종목에 투자해 성공했던 사례로는 엔지니어링 회사인 치프턴Chieftain, 장난감 제조업체인 캐릭터 그룹Character Group, 조명 회사인 FW 소프FW Thorpe가 있다.

한편 첨단 기술 분야의 성장주들은 언제나 큰돈을 투자하지 않았음에도 큰 수익을 안겨줬다. 에릭은 특히 CCTV 공급업체인 인디고비전Indigovision(최저 매수 가격 대비 30배 상승)과 '가상 대기' 기술업체인 로큐Lo-Q(최저 매수 가격 대비 15배 상승)를 언급했다.

에릭은 일반적으로 중소기업을 커버하는 런던 금융가의 웬만한 애널리스트보다 더 상세한 수준으로 모든 투자 대상 기업의 현재 사업 정도를 조사한다. 종종 영업 직원에게 전화를 걸어 잠재 고객으로서 '학교 과제'에 필요하다고 하거나 이와 비슷한 구실을 들어 정보를 구한다. 그는 이런 통화를 하는 이유를 다음과 같이 설명한다.

"언제나 트랙 안에 있을 수는 없지만 경기장 근처에 사는 사람을 자주 찾아야 해요."

에릭이 가진 우위는 복잡한 재무 분석보다는 주로 현재 거래 종목에 대한 조사에서 비롯된다. 실제로 투자 분석에 대해 공식적인 교육을 받은 적이 없는 그는 자신의 회계 지식이 투자를 하는 친구들보다 더 약하다는 것을 인정한다.

실패담은 없었는지 묻자 메이플라워^{Mayflower}, 마이너플래닛^{Minor-planet}, SFI 같은 기업을 언급했다. 조사 결과 이 기업들은 모두 회계가 복잡했고 이익 발생과 현금흐름 사이에 차이가 컸다. 개인적으로 조사하면서 현재 사업 단계에 대한 가십의 상당 부분을 밝혀냈지만 영업 활동이 건전하다고 현금흐름 문제가 사라지는 것은 아니다. 오히려 그런 활동이 현금흐름 문제를 일으키는 원인이 될 수도 있다. 때로 영업 일선에 있는 직원들의 솔직한 낙관주의가 오해를 불러일으키기도 한다. 가끔은 어떤 말보다 회계가 중요할 때가 있다.

포트폴리오 운용과 스프레드 베팅

에릭의 포트폴리오에는 늘 50여 종목의 소형주가 담겨 있지만 실제 비중을 살펴보면 보통 12개쯤 되는 종목에 쏠려 있다. 그는 기업별로 분리된 파일에 전체 보유 주식에 대한 기록을 남겨놓는다. 에릭은 이 책에 등장하는 대부분의 투자자보다 기업과의 개인적인 의사소통에 훨씬 더 중점을 두는 편이지만 회사가 마음에 든다면 임원들과 대화를 나눠보기 전에 먼저 매수하기도 한다.

"일단 주식을 갖고 있으면 그들에게 질문하면서 시간을 뺏는 일이 좀 더 정당하게 느껴지거든요. 아주 적은 수량이라도 보유하고 있는 것이 심리적으로 도움이 됩니다.”

처음 투자를 시작했을 때는 시내 중심가에 있는 은행 증권 중개 부서를 이용했지만 최근 몇 년 동안은 개인 고객 전문 중개인을 이용하고 있다. 스프레드 베팅 회사 몇 곳에도 계좌가 있는데 지수나 상품보다는 주로 단일 소형주에만 베팅한다. 스프레드 베팅을 할 것이냐 주식을 매수할 것이냐는 주로 예상 보유 기간에 따라 결정하며 보유 기간을 단기로 예상하면 스프레드 베팅을 이용하고 장기로 예상하면 주식을 매수한다.

온라인 거래는 해본 적이 없고 스프레드 베팅 주문을 넣을 때조차 전화를 사용한다. 런던증권거래소의 레벨2 데이터는 물론 무료로 제공되는 실시간 가격 서비스보다 복잡한 IT 시스템이나 서비스는 전혀 사용하지 않는다.

“레벨2 데이터가 있다면 좋기는 하겠지만 장기투자자에게 꼭 필요한 데이터는 아니라고 생각합니다.”

1990년대 초반부터 주식에 투자해왔음에도 그는 ISA를 이용해서 수익률을 최고로 끌어올리지 못했다. 가족에게 필수적으로 들어가는 생활비가 상당하기 때문에 에릭은 SIPP같이 세금 효율은 높지만 입출금이 쉽지 않은 상품에 자금을 묶어놓는 것에 열성적이지 않다.

그렇다면 매도 결정은 어떻게 내릴까?

“보유량이 많으면 전량을 정상에서 매도할 수는 없습니다. 주가가 여전히 상승 중일 때 수요에 맞춰 팔아야 하죠. 그래서 저는 상승하고 있는 종목을 10분의 1씩 나눠 매도합니다."

가족들이 쓰는 생활비가 상당하기 때문에 2008년 가을처럼 보유 주식의 시장 유동성이 거의 없을 때는 간혹 다른 방법으로 자금을 마련해야 했다. 이런 상황에서 그가 투자한 기업들은 다수가 상당한 양의 순현금을 보유하고 있었기 때문에 기꺼이 에릭의 보유지분 중 일부를 매입해주기도 했다.

에릭은 공매도를 위해 스프레드 베팅 계좌를 이용하기도 한다. 그는 언제나 최대 12개 정도의 단일 종목에 공매도 포지션을 잡는다. 공매도는 일반적으로 매수 포지션보다 훨씬 비중이 작고 성공률도 더 낮다. 에릭이 마지막으로 전체 투자 기록을 검토했을 때 매도 포지션은 약 55%가 수익을 낸 데 비해 매수 포지션은 77%가 수익을 냈으며 누적 수익에는 매수로 달성한 몇 번의 큰 수익이 크게 기여했다.

에릭의 스프레드 베팅은 점점 증가했는데 브로커와는 달리 고정된 최소 수수료라는 비용면의 불이익이 없다. 에릭은 스프레드 베팅이 레버리지보다 세금 면에서 효율적이라고 강조했다.

"스프레드 베팅이 미친 도박이 될 필요는 없습니다. 스프레드 베팅 계좌가 ISA와 다를 이유가 전혀 없어요."

에릭은 2008~2009년 겨울 하락장에서 단일 주식에 대한 공매도 포지션을 늘렸을 뿐만 아니라 헤지 포지션도 더 체계적으로 구축했다. 스프레드 베팅으로 FTSE 100 지수에 대한 공매도 포지션을 잡아 포트폴리오의 20%를 헤지했고, 원유 탐사 주식을 헤지하기 위해 스프레드 베팅으로 원유를 매도했다.

그러나 에릭의 전략은 부분적으로만 성공했다. 하락장이 끝나자 FTSE 100 지수는 반등했지만 소형주로 구성된 에릭의 포트폴리오는 계속 떨어져서 한동안 양쪽 포지션 모두에서 손실을 입었던 것이다. 헤지 포지션 덕분에 에릭은 소형주로 구성된 포트폴리오를 정리하고 싶은 유혹을 뿌리칠 수 있었다. 만약 매수 포지션 포트폴리오를 매도했더라면 대부분의 포지션을 다시 재구축하기에는 너무 규모가 커서 시장 바닥 근처에서 재빠르게 반등할 수 없었을 것이다.

전업투자자의 일상

에릭은 '아침형 인간'이 아니다. 투자한 회사의 실적 발표가 예상되거나 트레이딩을 업데이트하는 날만 오전 7시에 일어난다. 12명 정도의 투자자들이 참여하는 MSN 그룹에서 오전 내내 당일 시황에 대한 의견과 아이디어를 교환한다. 투자한 회사에 관한 뉴스를 꼼꼼히 살펴보고 인터넷 게시판을 훑어본 뒤 하루 중 상당한 시간을 기업 임원이나 직원 들과 연락하거나 전화 통화를 하는 데 사용한다. 임원들과 대화를 나눌 땐 이런 질문을 한다.

"RNS에 올라오는 홍보용 신전 말고 진짜 이야기에 대해 묻습니다. 종종 급여나 스톡옵션에 대해서도 묻고요. 같은 섹터 내에 있는 경쟁사에 대해서도 질문합니다."

이런 질문에 대한 반응은 각양각색이다.

"어떤 작은 기업들은 누가 전화를 거는 일에 익숙하지가 않아요. 그래서 간혹 짜증을 냅니다. 또 가끔은 누군가 관심을 가져준다는 사실에 기뻐하기도 합니다."

대화가 다소 불편하고 어색할 때도 있지만 에릭은 낙담하지 않는다.

"일부러 어려운 대화를 나누려고 하지는 않아요. 하지만 결국 어려운 대화를 얼마나 많이 나누느냐에 성패가 달려 있다고 생각합니다."

이렇게 집요하게 문의하는 개인투자자에게 임원들이 무반응하거나 도움을 주지 않을 때는 그 회사에 투자하지 않는가?

"꼭 그렇지는 않아요. 저는 이런 반응을 보이게 된 회사의 역사를 이해하려고 합니다. 대체로 우연히 상장하게 된 가족 경영 회사일 때가 아주 많아요. 임원들이 개인적으로 내게 도움을 주지 않는다고 해서 그 회사가 꼭 나쁘다는 의미는 아닙니다."

처음에는 에릭의 문의에 선뜻 답을 주려 하지 않던 책임자들도 시간이 지나면서 신뢰를 쌓으면 편해지기도 한다.

계속 연락하고 질문을 던지는 것 외에 경청하는 것도 에릭의 영리한 기법 중 하나다. 무심하게 듣는 것이 아니라 집중하면서 들어야 한다. 에릭은 투자와는 전혀 무관한 분야에서 이 기술을 배웠다. 그는 결혼하기 전 몇 년 동안 사마리아인 자선단체에서 자원봉사자로 일하며 일주일에 몇 시간씩 전화 통화를 했다.

"이때의 경험으로 목소리의 톤, 판단하지 않고 듣는 것의 중요성, 말할 적절한 순간을 기다리는 법에 대해 많은 것을 배웠습니다. 이런 기술이 투자 연구에 큰 도움이 됐어요."

에릭은 하루의 대부분을 투자 연구를 하며 보낸다. 늦은 오후와 이른 저녁에는 아이들과 시간을 함께하지만, 저녁 늦게부터 새벽까지는 자신의 컴퓨터 앞으로 돌아와 다시 일을 한다. 전업투자자의 좋은 점 중 하나는 자녀들의 삶에 완전히 참여할 수 있는 자유가 있다는 것이다.

"부동산 사업을 운영할 때는 제가 사장이었는데도 고객이 원하면 만나야 하니까 휴가를 떠날 수가 없었어요. 하지만 투자자가 되니 아이들의 학교 행사나 이벤트에 전부 참가할 수 있어요."

주주총회를 위한 전술

에릭은 매년 50여 개의 주주총회에 참석하는데 기업들의 회계연도가 12월 31일이나 3월 31일에 끝난다는 점을 반영해 회의는 보통 3월부터 6월까지 집중되어 있다. 이런 회의를 위한 전략이 있는지 묻자 그는 처음부터 예상할 수 있게 하는 게 중요하다고 말했다. 가령, 임원들에게 질문거리가 12개 이상 있다고 알려주는 것이다. 에릭은 총회가 끝난 뒤에도 남아서 이야기를 나누지만 일대일 대화보다는 이사회 전체에 질문하는 것을 더 좋아한다.

"누가 어떤 질문에 답하는지 보면 이사회 구성원 사이의 상호작용과 역학관계를 알 수 있습니다. 누가 진짜 책임자인지를 아는 거죠. 주저하는 모습이나 목소리 톤에서도 많은 정보를 얻고요."

만약 회장이 모든 질문에 답한다면 에릭은 일부러 다른 이사회 구성원의 이름을 불러 질문을 한다. 주주총회에서 개인 주주들을 맞는 방법에는 따뜻이 환대하며 다과를 제공하는 것부터 보안 저지선을 치고 신원 증명을 요구하는 것까지 상당히 다양하지만, 협조적이지 않은 주최측의 태도로 질문이 막힌 적은 없었다. 에릭을 알고 있는 내 친구는 주주총회에서 임원들에게 질문을 하는 에릭의 접근 방식을 다음과 같이 표현했다.

"예의 바르지만 집요한 이런애처럼 언뜻 순진해 보이는 질문을 순진해 보이는 방식으로 아주 많이 던집니다. 다른 사람들이 당황할 때도 있어요. 하지만 전혀 개의치 않는 것 같아요. 순진함은 연기이고 에릭은 자신이 무엇을 하고 있는지 정확히 알고 있어요."

정보를 수집하고 이사들을 평가하는 것 외에도 주주총회에 참석하는 것은 다른 주주와 애널리스트, 회사 고문 들을 만나서 향후 행동주의를 위한 연락망을 구축한다는 의미도 있다.

보이지 않는 투자자

에릭이 여러 작은 회사에 상당히 큰 투자를 하고 있다는 사실을 알고서 나는 어째서 3% 이상 지분 보유 공시에서 그를 본 적이 없는지 의아했다. 그는 이것이 의도적이었다고 말했다.

"만약 어떤 회사 지분을 3% 가까이 보유하고 있다면 그것은 분명히 매수를 멈춰야 할 이유입니다. 그렇게 노골적으로 부를 과시하는 건 불편하니까요."

성공을 드러내길 조심스러워하기 때문에 에릭은 과거의 패턴을 유지한다. 블랙풀의 플래져 비치에서 수천 파운드를 상금으로 탔던 10대 때처럼 의도적으로 사람들의 관심을 끌지 않고 한때 세입자 800명을 관리하는 부동산 회사의 본부였던 원래 집에서 산다. 그는 행동주의자로 활동할 때도 선두에 서 있기보다는 배후에서 활동하며 사람들의 눈에 띄지 않는다.

모든 행동주의가 성공적인 결과를 가져오는 것은 아니다. 임원들이 과도한 스톡옵션이나 보너스를 받거나 회사에 안 좋은 전략을 지속하는 경우처럼 간혹 나쁜 편이 이길 때도 있다. 그러나 에릭은 행동주의를 옳다고 생각하기 때문에 이런 일에 동요하지 않는다. 때로는 상대적으로 지분을 적게 보유하고 있는 기업에서 일어나는 임원들의 부정행위에도 행동주의자로서 관심을 갖기도 한다.

"자기들의 행동이 마음에 안 들면 제가 그냥 주식을 팔면 된다고 말하는 임원들도 있습니다. 최악의 말이죠."

에릭의 스타일은 눈에 띄지 않는 투자의 전형이다. 그는 아주 광범위한 개인투자 연락망을 가지고 있고 여러 작은 기업에 상당한 지분을 보유하고 있다. 하지만 구글에서 그의 정보는 거의 찾을 수 없다. 종종 기업 스토리를 쓰는 저널리스트들의 관심을 끌기도 하지만 신문이나 RNS의 지분 보유 공시에서도 이름을 찾아볼 수 없다.

그를 실업가로 오인하거나 부자라고 추측하는 사람은 아마도 없을 것이다. 에릭의 첫인상은 특별할 게 없다. 하지만 첫인상은 믿을 수 없다. 상냥한 아마추어의 모습으로 통찰력을 가리는 것은 40여 년 전 여름, 에릭이 블랙풀의 플래져 비치에서 조직적으로 수천 파운드어치 상품을 타면서 가장 먼저 개발한 전략이니까.

에릭의 조언

☑ **입은 하나고 귀는 두 개다** | 입을 다물어야 할 때와 들어야 할 때를 배워라. 무심코 듣지 말고 지각과 집중력을 가지고 들어야 한다.

☑ **오리들이 꽥꽥거릴 때 먹이를 줘라** | 주식을 대규모로 보유하고 있을 때는 시장의 정점에서 전량 매도할 수 없다. 주기적으로 보유 주식의 10분의 1 정도씩 분할 매도하는 '톱 슬라이싱 top-slicing'은 가격이 오를 때 유용한 규칙이다.

☑ **불편한 대화를 피하지 마라** | 성공은 불편한 대화를 얼마나 많이 나누느냐에 달려 있다.

☑ **정보를 얻기 위해 네트워크를 구축하라** | 기업 임원 및 다른 투자자 들과 함께 구축한 광범위한 네트워크로 경쟁에서 우위를 차지할 수 있다.

투자 포인트

☑ **전략적 순진함** | 언뜻 보기에 순진한 질문을 따뜻한 태도로 던지면 임원들이나 다른 사람들이 마음을 열게 하는 데 도움이 된다.

☑ **소형주의 역설** | 소형주는 연구가 제대로 이루어지지 않지만 막상 실제로 연구하기는 더 쉽다는 역설이 있다.

☑ **트랙 안쪽** | 정보를 얻기 위해 어떤 회사에 잠재 고객으로서 접근하는 것은 현재 영업 활동을 알아내는 유용한 방법이다.

☑ **기업 미팅 관리** | 질문에 답변하는 과정에서 이사회가 어떻게 상호작용하는지 관찰해보면 의사결정 과정을 유추할 수 있다.

경영진에
영향력을 행사한다

효율적인 행동주의 투자자: 오언

오언의 프로필

· 인터뷰 당시	45세
· 마지막으로 직장을 떠났을 때	38세
· 경력	물리학 전공
	투자은행 근무(프랍트레이더)
· 투자 스타일	순자산가치보다 할인된 가격으로 폐쇄형 펀드를 매수하고,
	펀드 이사회가 할인된 상태를 해결하도록 조치를 취할 것을 요구한다.
	좋은 기회가 없으면 오랫동안 상당한 현금을 보유하고 기다린다.
· 주요 거래 분야 및 섹터	2002~2003년: 분리자본투자신탁
	2008~2009년: 상장된 헤지펀드와 사모펀드
· 상품	주식, 헤지 수단으로 지수 스프레드 베팅
· 보유 기간	몇 개월
· 투자 성과	'수차례' ISA를 몇 배씩 불려 2000년 초 ISA에 100만 파운드 이상 보유
· 투자 마인드	"현금을 가급적 빨리 써야 한다고 생각하면 오산이다."
· 주요 키워드	#공모주_투자, #차익거래, #프랍트레이더,
	#분리자본투자신탁, #상장헤지펀드

가치투자자를 비유적으로 정의하면 '마지막 웃음에 높은 가치를 두는 사람'이다. 이들에게는 종종 인내심이 필요하다. 단순히 각종 지표가 저렴한 주식을 매수해서 주가가 평균으로 돌아올 때까지 수동적으로 기다리기만 한다면 마지막에 웃기까지 오랜 시간이 걸릴 수도 있다.

그러나 간혹 행동주의로 마지막 웃음을 짓는 시기가 빨라지기도 한다. 예를 들어, 일부 헤지 펀드와 차익거래 투자자들은 전문적으로 순자산가치 대비 할인된 투자신탁이나 부동산 회사의 폐쇄형 펀드를 매수한 다음 순자산가치에 가깝게 주주환원을 요구한다. 오언도 시티에서 일할 때 이런 투자자 중 하나였고 기회추구형 투자를 계속해왔다.

옥스퍼드 대학교 물리학과를 수석으로 졸업하고 다년간 투자은행에서 프랍트레이더proprietary trader•로 일한 결과 오언은 이 책에서 누구보다 세련된 투자자가 되었다. 때때로 그는 투자신탁과 이와 유

• 개인이 주식을 보유하지 않고 진입가격과 청산가격의 매매 차익만 현금으로 결제하는 장외파생계약으로 최소 10%의 증거금으로 매수/매도 주문을 낼 수 있음.

사한 회사들에 대해 최대 10%의 대규모 지분을 보유하고 있다고 발표하는데 이것만 보아도 그의 세련된 방식이 투자 성과의 측면에서 결실을 거두고 있음을 알 수 있다.

그의 방식은 투자에 들여야 하는 시간을 아껴 효율성의 측면에서도 효과가 있다. 이 책에 나오는 다른 투자자에 비해 오언은 투자에 쏟는 시간이 적고 모니터 앞에도 덜 매여 있다. 그는 이렇게 설명한다.

"저는 일과가 없어요. 방학 때 아이들이 집에 있으면 함께 시간을 보냅니다. 늦은 밤이나 때로는 이른 아침에 시장 뉴스를 검토해요. 하지만 매일 일정한 시간 동안 책상에 앉아 있어야 한다는 의무감은 없고 하루 종일 시장을 보고 있지도 않죠."

조숙했던 어린 시절

오언의 아버지는 웨스트런던에서 저예산 호텔 몇 개를 운영했다. 그는 성공회 교회와 다양한 지역 자선사업에 깊이 관여하는 이타적인 사람이었다. 오언은 어렸을 때 아버지와 함께 지역 요양원과 병원을 방문한 기억이 있다. 그의 집에는 이런저런 이유로 주머니 사정이 좋지 않은 사람들이 잠깐 머물고 가려는 줄이 끊이질 않았다.

오언의 아버지는 투자, 그중에서도 특히 공모주 투자에 관심이 많았다. 어린 오언은 이에 대해 조금밖에 이해하지 못했지만 "아버지는 호텔 운영보다 공모주 투자로 대부분의 돈을 벌고 있는 것 같다."는 인상을 받았다. 그 돈은 거의 자선활동에 쓰였다.

안타깝게도 오언이 11세 때 아버지는 스스로 목숨을 끊었다.

"우울증과 호텔에 무단으로 머무는 사람들 때문에 속상해하셨어요. 그 사건은 제게 끔찍한 충격이었습니다."

아버지가 다녔던 교회에서는 남편을 잃은 젊은 아내와 그 아이들을 위한 실질적인 지원이 거의 없었고 이 경험으로 오언은 조직화된 종교에 사라지지 않을 반감을 갖게 되었다.

"이 일로 세상에는 나 혼자라는 사실을 깨달았어요. 만약 내가 뭔가 성과를 얻는다면 그것은 스스로 해낸 일일 거라고요. 철이 빨리 들었죠."

아버지가 돌아가신 다음 해에 집안의 전통을 따라 남학생들을 위한 유명한 공립 기숙학교에 입학했다. 가족신탁에서 학비를 지원받았기 때문에 비용은 큰 문제가 되지 않았지만 다른 친구들의 여유로운 가정환경에 비해 홀어머니 밑에서 상대적으로 궁핍한 사회적·재정적 상황을 의식할 수밖에 없었다.

"편부모 가정의 아들은 실업가의 아들과 비교해 학교에서 다른 대우를 받아요. 선생님들을 비롯해서 다른 사람들은 후자에 더 관심을 가질 거예요."

학교에서의 이런 차이를 의식했던 10대의 오언은 이미 투자를 자유와 독립으로 가는 가능성 있는 경로로 생각했다.

오언은 옥스퍼드에서 물리학을 전공했다.

"처음에는 지적으로 엄청난 충격이었어요. 고등학교에서는 1등만 했는데 이젠 주변에 아주 똑똑한 사람들이 넘쳐났던 거죠."

함께 1등급을 받았던 다른 학생들이 더 똑똑했다고 말했지만 오언은 1학년 시험에서 1등급을 받고 성적 우수자로 장학금을 탔다. 다른 학생들이 지금 무슨 일을 하는지 알고 있냐고 묻자 오언은 그들이 옥스퍼드와 케임브리지의 교수이거나 영국 왕립 학회의 펠로우가 됐다고 대답했다. 나보다 더 똑똑한 친구들이었다는 자기비하적인 주장을 뒷받침하는 유용한 기준이었다.

투자의 시작

아버지가 돌아가신 후 어머니는 공모주 투자를 포함해 아버지가 하시던 투자 활동을 계속했다. 오언도 16세에 2,000파운드를 상속받아 공모주 투자에 뛰어들었다. 대학에 들어갈 무렵 이 돈은 2만 파운드가 되었다.

요즘에는 대부분의 공모주 물량이 기관투자자에게 배정되지만*초기에 런던 거래소 규칙은 일반 개인투자자에게 많은 물량을 배정하게 했다. 주관사는 신주 발행 후 흥행 성공을 목표로 공모 가격을

• 우리나라에서 공모주 물량은 대상별로 비율이 달라진다. 기본적으로 우리사주조합 20%, 일반청약자 25%, 그 외 단, 우리사주조합에서 미달된 물량이 있을 경우, 일반청약자에게 5%까지 추가 배정이 가능해 최대 30%까지 늘어날 수 있다.

낮게 정했기 때문에 공모주를 산 사람은 누구나 어느 정도의 초기 수익을 얻었고 따라서 공모주 투자는 꽤 수익성이 있는 편이었다.

공모주는 초과 청약으로 신청 수량만큼 배정받지 못하는 경우가 많다. 가령, 1만 주를 신청했지만 경쟁률이 높으면 2,000주만 받게 되는 것이다. 따라서 일반적으로 공모주 투자를 할 때는 은행 잔고의 한계까지 혹은 그 이상을 동원해 실제로 원하는 것보다 더 많은 주식 수를 신청한다. 소규모 청약에서는 공모주가 우선으로 배정되기 때문에 주식을 최대로 받기 위해 가족 구성원을 여럿 동원해 청약하는 일이 다반사였다.

어린 아이를 포함한 모든 가족 구성원의 계좌를 동원해 청약하는 것은 합법이었다. 하지만 1980년대의 열광적인 시장에서 모험심이 강한 투자자들은 이런 세부 사항을 무시했다. 경우에 따라서는 특정 주식 수(발행이 종료된 후에야 공시)까지만 부분적으로 배정받거나 청약 경쟁률이 높아지면 한 주도 배정받지 못할 때도 있었다. 따라서 한 가족의 최적 청약 전략은 가족 구성원 각각이 다른 주식 수를 신청하는 것이었다.

투자 설명서 또는 《공모주 가이드New Issue Share Guide》의 뉴스레터 읽기, 증권 브로커와 대화하기, 경쟁률 예상하기가 1980년대 초 공모주 투자자로서 학창시절 주로 한 활동이었다.

그런 다음 자신의 가용 자원을 고려해 최적 규모라고 판단되는 공모에 청약을 신청했다.

"보통 제가 쓴 수표들을 전부 다 지불할 수 있었습니다만 만약 그럴 수 없었다 해도 절대 발각되지 않았을 거예요!"

일단 시장에서 신주가 거래되기 시작하면 대개 즉시 팔았다.

"다음 공모주 투자에 쓰기 위해 항상 현금이 필요했거든요."

어째서 요즘엔 1980년대 오언과 같은 학생들이나 1960년대와 1970년대 오언의 아버지 같은 반전문가들처럼 공모주에 투자하는 사람들이 거의 없는 걸까?

주된 이유는 1995년에 런던증권거래소가 대규모로 공모할 때는 발행물량의 일정 비율을 일반투자자에게 배정해야 한다는 규정을 폐지했기 때문이다. 최근에는 정부도 기관투자자들에게만 민영화 주식을 배정하면서 개인투자자들의 진입을 배제하고 있다. 따라서 이제는 일반투자자를 대상으로 한 공모가 서의 없어서 더 이상 공모주에 투자하는 학생들도 없는 것이다.

런던 증권가에 입성하다

옥스퍼드를 졸업할 때가 되자 오언은 런던의 금융 중심지구에 취업하기로 마음먹었다. 하지만 다른 직장도 면접을 봤고 결국에는 초봉이 특히 높았던 경영 컨설팅 회사에 입사했다. 그러나 일은 전혀 즐겁지 않았다.

"말도 안 되는 소리가 정도를 넘는다고 생각했어요. 비즈니스 모델이라는 게 클라이언트가 듣고 싶은 말을 찾아서 잘 전달하려고 꾸미는 것뿐이었거든요."

자신의 투자 지식을 활용하고 싶다는 생각으로 오언은 어느 투자은행으로 옮겨 주식 시장조성 부서에서 리스크 관리 업무를 하는 수습직원이 된다. 그리고 투자분석가 협회 자격증을 따기 위해 공부를 시작한 첫해 말 시험에서 최고 성적을 거두며 상을 받는다.

약 18개월 후에는 옵션의 대표적 평가 방법인 블랙숄즈 모형^{Black-Scholes modelling}으로 개별주식옵션의 장부 가격을 책정하고 모니터링하는 다른 투자은행의 주식 시장조성 지원팀으로 이직했다. 그의 상사는 FTSE 100 선물을 매수/매도하면서 FTSE 100 구성 종목을 반대 매매해 수익을 확보하는 지수 차익거래의 선구자였다. 오언은 차익거래를 위해 제대로 주문을 내는 프로그램을 만들고 유지하는 일을 했다. 이런 매매 전략은 경쟁자가 거의 없었던 초기에는 매우 수익성이 높았고 특히 1987년 주식 시장이 붕괴될 때처럼 시장이 혼란한 시기에는 더욱 수익성이 좋았다.

"그때는 정말 수익률이 좋았습니다. 현물과 선물의 괴리가 자그마치 400bps*나 됐으니까요."

지수 차익거래로 성공한 오언과 그의 상사는 활동 범위를 넓혀 회사의 자본금을 특수 상황에 투자하는 프랍트레이더가 되었다. 여기서 말하는 특수 상황에는 합병, 옵션, 폐쇄형 펀드, 자본구조 차익거래^{capital structure arbitrage}를 포함한 각종 차익거래와 유사 차익거래가

• 1%의 100분의 1. 즉, 0.001%.

모두 포함되었다(상세한 전략은 다음 배경 지식에 대략적으로 요약했다.).
이것은 기회추구형 전략으로 일반적으로 몇 주 또는 몇 개월 동안
만 포지션을 유지하는 것으로 앞서 등장한 투자 방식들처럼 특출한
기업에 장기 투자한다는 생각은 하지 않는다. 많은 포지션이 위험
했던 데다가 오언과 동료들이 운용하는 총 포지션이 은행이 자기자
본 운용을 위해 사용하는 자본 규모보다 훨씬 더 컸기 때문에 그들
은 상당한 레버리지를 사용했다.

오언은 특히 조마조마했던 기업 인수 차익거래 건을 떠올렸다.

"결과가 매우 불확실해서 모 아니면 도였어요. 인수 거래가 실패
했다면 우리는 모두 해고됐을 거예요. 하지만 결국 기업의 58%가
매수되어 인수가 성사됐죠."

오언은 시간이 지나면서 많은 헤지펀드 자금과 기타 투자 자본
들이 차익거래에 몰려들어 기회추구형 전략의 수익성이 낮아졌다
고 말했다.

"요즘에는 차익이 너무 작아서 저는 더 이상 합병 차익거래를 하
지 않습니다. 거래가 결렬되면 투자자는 이중고를 겪게 돼요. 피인
수 기업에 대한 매수 포지션과 인수 기업에 대한 공매도 포지션이
둘 다 타격을 받죠. 당신이 매도했던 외가격* 풋옵션이 되돌아와서
세게 한 방 먹일 겁니다!"

• 기초자산의 시장 가격과 행사 가격을 비교할 때 행사에 따른 이익이 없는 옵션 상태.

배경 지식 | 차익거래

합병 차익거래^{Merger arbitrage} | 투자자는 공개매수^{takeover bid *} 대상이 되는 (더 싼) 기업의 주식을 매수하고 (더 비싼) 인수 기업의 주식을 공매도한다. 투자자는 공개매수가 완료되면 두 기업의 밸류에이션^{valuation **}에 차이가 없어지면서 수익을 얻을 것으로 예상한다(그러나 인수가 실패하면 큰 손실을 입는다.).

옵션 차익거래^{Option arbitrage} | 투자자는 장내 주식 옵션을 매도 또는 매수하고 기초자산(주식)을 옵션 포지션과 반대로 매매한다. 투자자는 옵션 만기에 두 자산 사이의 밸류에이션 차이가 소멸됨에 따라 이익을 얻을 것으로 예상한다.

폐쇄형 펀드 차익거래^{Closed-end fund arbitrage} | 폐쇄형 펀드(영국에서는 투자신탁이라고도 한다.)는 다른 회사, 헤지펀드, 부동산 자산의 지분을 보유하는 것이 유일한 목적인 상장회사다. 폐쇄형 펀드의 주식은 펀드가 보유하고 있는 기초자산의 순자산가치보다 할인되어 거래되는 경우가 많다. 투자자는 폐쇄형 펀드의 주식을 매수하고 기초자산 또는 지수 선물처럼 기초자산을 대신할 수 있는 상품을 매도한다. 투자자들은 폐쇄형 펀드가 펀드 자산을 순자산가치로 현금화해서 주주들에게 반환하거나 할인을 줄이기 위해 다른 조치를 취할 것을 요구한다.

---

* 특정기업의 주식을 주식 시장 외에서 공개적으로 매수하는 방식.
** 감정된 가치, 가치평가.

자본구조 차익거래 Capital structure arbitrage | 기업의 주식 자본이 보통주와 전환우선주convertible preference shares처럼 두 종류 이상으로 이루어진 경우, 간혹 두 종류의 주식이 한동안 일치하지 않는 가격으로 거래될 때가 있다. 이때 차익거래 투자자는 저렴한 주식 종류를 매수하고 비싼 주식 종류를 매도해서 가격 불일치가 해소될 때 이익을 얻는다.

4년 뒤 오언과 그의 상사는 은행이 원금 리스크를 져야 하는 프랍트레이딩에 흥미를 잃어버리고 다른 은행으로 이직해 기회추구형 프랍트레이딩을 계속했다.

"우리는 매수와 매도 포지션을 모두 합해서 총 5000만 파운드 규모의 시장 중립적인 포트폴리오를 운용했습니다. 매년 돈을 벌었고 은행은 더 큰 한도를 할당해 마지막에는 20억 파운드까지 규모가 커졌어요."

오언과 그의 상사는 경영진과 대화를 나누고, 주주의결권을 행사하고, 다른 주주들과 소통함으로써 경영진에 영향력을 미쳤다. 이것이 행동주의 투자자로서의 시작이었다.

행동주의 투자를 시작하게 된 데에는 투자신탁 또는 폐쇄형 펀드가 순자산가치보다 30% 혹은 그 이상 할인해서 거래된다는 점과 관련이 있었다. 이러한 상황에서 주식환매share buyback나 펀드 청산과 같이 할인율을 줄이기 위한 조치는 주주들에게 언제나 이익이 된다. 다만 펀드 이사회가 신탁 자산을 운용하고 수수료를 받는 펀드 매니저와 공식적 또는 비공식적으로 연계되어 있을 때, 주식환매나 청산이 실행되면 운용수수료 수입이 줄어들기 때문에 할인율을 감소시키기 위한 위와 같은 조치는 종종 펀드 이사회의 이해와 충돌한다. 오언은 이런 상황에서 결단을 내리는 방식을 선호하게 됐다.

"우리는 쓰라린 경험에서 이사들에게 두 번째 기회를 주는 것은 현명하지 못하다는 것을 배웠습니다."

각국의 현지 브로커가 찾아낸 아이디어와 그의 책상에서 이루어진 리서치 결과를 이용해서 그는 유럽 전역에서 행동주의 투자를 실행했고 나중에는 러시아까지 진출했다. 간혹 행동주의 투자자와 제국주의적인 경영진 사이의 문화적 충돌은 코미디를 만들어내기도 했다.

어떤 프랑스인 최고경영자는 영어가 유창한데도 영국인 주주가 묻는 질문에 프랑스어로만 답했다. 그러나 이렇게 까다로운 경우라도 경영진은 결국 주식환매나 합병 등 순자산가치의 주가 할인 상태를 해결하기 위해 무슨 조치든 취할 수밖에 없었다.

투자은행에서 일을 시작한 24세부터 오언의 경력은 기본적으로 프랍트레이딩이라는 똑같은 역할에 집중되어 있었다. 팀이 은행에 벌어다주는 수익 덕분에 급여는 빠르게 올라갔지만 대기업에서 일하는 다른 사람들이 겪는 조직 정치에서는 자유로웠다.

"우리는 사다리를 올라가야겠다는 생각을 하지 않았습니다. 올라갈 사다리가 없었거든요."

그는 여전히 양복과 넥타이 차림이 시티에서의 관례였던 1990년대였는데도 보통 캐주얼 차림으로 출근했다.

"누군가를 만나러 갈 때를 대비해서 사무실에 비상용 정장을 놔두었죠!"

투자 회사에 다니는 모든 사람처럼 그 역시 준법감시규정에 따라 개인계좌를 운용할 수 없었다. 즉, 은행에서 실행한 것과 똑같은 아이디어에 투자하는 것은 금지되었다. 하지만 그것과 다른 투자는 가능했는데 은행에서 실행했던 투자와 대체로 논리는 비슷했다. 순자산가치보다 할인된 투자 대상이나 단기적으로 밸류에이션에 괴리가 생긴 상황에 몇 주나 몇 개월 동안 투자하는 기회추구형 투자 방식을 따랐던 것이다. 기술주 거품 시기에 이런 상황에 투자했던 사례 중 하나가 놀라운 수익을 창출해냈다.

15배 수익을 낸 호레이스 스몰

오언이 개인적으로 투자할 대상을 찾다가 구닥다리처럼 들리는 호레이스 스몰Horace Small을 처음 접했을 때, 이 회사는 유니폼과 기타 작업복을 제조하는 망해가는 회사였다. 주식은 28포인트에서 거래되고 있었지만 회사는 주당 40포인트의 순현금을 보유하고 있었다.

"미국의 부동산과 관련된 문제가 있었지만 저는 별로 중요하다고 생각하지 않았습니다. 적어도 평판상으로는 몇몇 대주주를 알고 있었고 그들이 이 회사를 인터넷 벤처를 위한 기업 인수 목적회사cash shell로 사용하는 데 관심을 가질 거라고 생각했어요. 그래서 투자를 단행했죠."

투자한 직후인 1999년 12월, 호레이스 스몰 주식은 인터넷 코로케이션 회사인 레드버스 인터하우스Redbus Interhouse의 역인수합병reverse takeover* 과정 동안 거래가 중단되었다. 2000년 3월 거래가 재개되었을 때 주가는 오언의 매수 가격보다 약 15배 높아졌다.

"저는 인터넷 비즈니스가 너무 고평가됐다고 생각해서 바로 팔아버렸습니다. 그때가 거의 정확히 기술주 붐의 꼭지였죠. 이 거래로 저는 비약적으로 도약했습니다. 100만 파운드 이상을 벌었고 그중 상당액을 제 ISA에 넣어두었죠."

오언은 그의 전반적인 투자 방식을 고려했을 때 보유한 지 불과 몇 개월 만에 투자 비용의 15배를 번 것은 이례적인 행운이었다고 인정한다.

"저는 보통 자산 대비 할인된 투자 대상을 찾아서 할인이 줄어들면 다음 투자로 넘어갑니다. 큰 이익을 약속하는 비현실적인 '스토리'가 있는 주식은 매수하지 않아요. 호레이스 스몰은 저평가된 이야기였죠. 큰 이익을 약속하는 비현실적인 스토리로 변하다니 행운이었습니다."

오언은 기술주 거품의 지속가능성을 믿지 않았기 때문에 호레이스 스몰이 거래 중지 상태에 있을 때 나스닥 기술 지수를 스프레드 베팅으로 공매도해 헤지 포지션을 잡아놓았다. 처음에 이 전략은

• 소규모 비상장사가 이미 상장된 회사를 인수해 상장하는 우회 상장 기법.

지수가 일주일에 25%씩 계속 상승했기 때문에 손실이 컸다. 그러나 그는 2000년 3월에 지수가 전환될 때까지 가까스로 버텼고 결국 매도 포지션으로도 수십만 파운드를 벌었다.

2000년은 개인계좌로 이렇게 큰 성과를 얻은 것 외에도 은행 프랍 계좌에도 좋은 해였다. 이전에 가장 큰 수익을 올렸을 때보다도 일곱 배 정도 더 많은 수익을 냈다. 개인적인 투자로 큰 수익을 얻은 데다 보너스도 받아서 오언의 자산은 몇 년 전보다 몇 배로 늘어났다. 오언은 심한 업무 강도에 지쳤고 한동안 이혼으로 정신이 팔려 있었다.

이제 그에게는 개인투자자로서 미래를 확신하기에 합리적인 충분한 돈이 있었다.

"직장으로 돌아가지 않아도 큰 손해를 감당할 여력이 있었습니다. 그리고 윗사람이 있는 데서 벗어나고 싶었습니다."

2002년 봄 오언은 직장을 그만두었다. 그의 나이 38세였다.

분할자본신탁

직장을 떠난 후에도 오언은 프랍트레이더 시절의 기회추구형 투자 철학에 따라 계속 특별한 상황에 돈을 투자했다. 전업투자자로 전향한 초기에 가장 수익성이 좋았던 테마는 2002~2003년의 분할자본신탁이었다.

배경 지식 | 분할자본신탁

분할자본신탁은 신탁의 소득과 자본에 대해 권리가 다른 별개의 주식 클래스를 두 개 이상 발행하는 투자신탁이다. 최초의 분할자본신탁은 1965년에 출범한 듀얼베스트 Dualvest였지만 유행하게 된 것은 1990년대였다.

일반적으로 분할자본신탁이 발행하는 주식 클래스로는 신탁에서 나오는 모든 소득을 배당으로 받지만 신탁 청산 시 투자 자본에 대해서는 제한적으로 돌려받는 소득형 주식income shares과 자본에 대해서는 대부분의 권리를 갖지만 배당은 받지 못하는 자본형 주식capital shares이 있다. 제로배당 우선주zero dividend preference shares는 배당은 받지 못하지만 만기에 자본 지출로 저위험 저수익을 약속받는 주식이다(펀드의 자산이 충분하다는 조건으로).

분할자본신탁은 개인투자자들의 다양한 위험 선호도와 소득 또는 자본 수익에 대한 서로 다른 선호도를 충족시키기 위해 고안되었다. 예를 들어, 투자 소득으로 살아가는 은퇴자들은 배당률이 높은 소득형 주식을 선호할 것이다. 대담한 고율 납세자들은 높은 수익률을 제공하고 자본이익에 대해서 낮은 세율이 부과되며 투자 대상을 매각하기 전까지 세금 유예 혜택까지 있는 자본형 주식을 좋아할 것이다. 신중한 고율 납세자들은 확실한 수익을 약속하며 세금 혜택까지 있는 제로배당 우선주를 선호할 것이다.

다만 분할자본신탁의 구조가 공짜 점심을 만들어내지는 않는다. 약속된 배당 수익률이나 자본 수익에는 모두 위험이 따른다. 이 위험은 미묘해서 종종 비기술적 투자자나 금융자문가는 평가하기가 어렵다. 2002~2003년 하락장에서 상당한 위험이 현실화되며 분할자본신탁의 주식 가치가 90% 이상 떨어졌다. 당시 이 상품에 대한 이해가 부족했던 많은 주주와 금융자문가 들은 분할자본신탁 주식을 무차별적으로 전부 매도해버렸고 그 결과 가격에 큰 괴리가 생겼다.

분할자본신탁이 아직 잘 알려지지 않았고 규모도 작다는 사실은 헤지펀드나 기타 기관의 '스마트 머니'가 거의 관심을 기울이지 않았다는 의미였다. 따라서 2002~2003년 약세장에서 발생한 밸류에이션 괴리는 세련된 개인투자자에게는 아주 좋은 기회였다.

원칙적으로 분할자본신탁의 다양한 주식 클래스는 옵션의 조합이다. 예를 들어, 제로배당 우선주를 가진 주주는 배당금 0원에 풋옵션을 매도하고 은행 부채 등 투자신탁이 부담하는 모든 '선순위 채'의 가격 수준으로 풋옵션을 매수한 것이다. 오언은 분할자본신탁의 구조를 이렇게 분석적으로 이해했지만 사실 2002~2003년에는 이런 복잡한 분석을 할 필요도 없었다.

"괴리가 너무 크고 분명해서 복잡한 계산도 필요 없었습니다. 투자를 결정할 때 상세한 계산이 필요하다면 그 투자는 그냥 건너뛰어야 해요. 괴리가 너무 좁으니까요. 쉬운 결정을 찾는 편이 낫습니다."

오언은 쉬운 결정의 한 예로 "투자한 해에 2포인트를 배당금으로 지급하고 이후 5년 동안 매년 2포인트씩 배당금을 지급할" 소득형 주식이 2포인트에서 거래되었던 사례를 들었다.

투자신탁(또는 투자신탁이 발행한 주식 클래스 중 하나)이 순자산가치에 비해 지나치게 할인되어 거래된다면 주주들이 취할 수 있는 최선의 행동은 신탁 또는 주식을 청산하는 것이다. 이전 직장에서 프랍트레이더로 일하면서 폐쇄형 펀드에 행동주의 투자를 해왔던 오랜 경험은 주주로서 적극적으로 행동해야 할 때 도움이 되었다. 일반적으로 주식의 가치는 미래의 현금흐름과 관련이 있지만 간혹 의결권이 더 큰 가치를 가지는 상황이 있다.

"엄청나게 할인된 소득형 주식을 보유하고 있었는데 이사회가 신탁을 청산하지 않고 만기를 연장하자고 제안했습니다. 이건 분명히 주주보다 매니저의 이익을 위한 것이었죠. 자본형 주식은 미래의 현금흐름이라는 측면에서는 가치가 없지만 대신 의결권이 있죠. 그래서 저와 몇몇 다른 소득형 주식 보유자들은 각각 5,000파운드를 들여 주당 0.05포인트에 자본형 주식 1000만 주를 매수했고 신탁의 만기 연장에 반대하는 표를 던졌습니다."

오언은 2002~2003년 분할자본신탁 부문의 최악의 바닥에서 이례적인 기회를 잡은 뒤 이후 몇 년 동안 이 부문에서 계속 새로운 투자 기회를 포착했다. 그러나 기회는 점차 줄어들어 2005~2006년에는 투자하지 않은 채 상당한 현금을 보유하고 있었다. 그는 두 채의 큰 현대식 주택(그중 하나는 본인의 집이 되었다.)의 건축 과정을 감독하는 데 얼마간 시간을 쏟았지만 부동산 개발은 시간이 오래 걸릴 뿐만 아니라 주식 시장에 투자하는 것에 비해 상대적으로 보상이 적었다. 2007년과 2008년에는 투자에 실패하기도 했다.

"기회가 충분히 좋지 않았는데 무모하게 투자했죠."

그러나 2008~2009년 겨울 동안의 하락장은 폐쇄형 펀드 부문에서 더 많은 기회를 만들어냈다. 특히 헤지펀드에 대한 과도한 환매가 이어져 수년간 거의 할인 없이 거래되던 기상장 펀드 오브 펀드 funds of funds *가 40% 이상 싸게 거래됐다. 이것은 몇 년 전 분할자본신탁 사태와 비슷했다. 패닉에 빠졌거나 무지하거나 유동성 제약에 빠진 투자자들의 무차별적인 환매가 현금 동원력이 있고 펀드에 대해 충분히 이해하는 안목 있는 투자자들에게 기회를 만들어줬다.

포트폴리오 운용과 레버리지

오언은 집중된 포트폴리오를 운용하며 대개 12종목 이상은 보유하지 않는다. 또한 적절한 기회를 기다리면서 상당한 현금을 보유하고 있는 것도 좋아한다.

"현금을 가급적 빨리 써야 한다고 생각하면 오산입니다. 좋은 기회가 없을 때는 투자하지 않고 현금을 묶어두고 있어요."

그는 몇 개월 동안만 자금을 넣어둘 수 있는 독특한 기회에만 투자 초점을 맞춘다. 지리학자 유형의 투자자들처럼 환율이나 채권 수익률 같은 거시경제 요인을 활용하지도 않고 대부분의 측량사 유형 투자자들처럼 장기 전망이 좋은 기업을 찾지도 않는다.

호레이스 스몰 투자는 주로 ISA에서 실행했고 여기에서 얻은 엄

• 펀드에 투자한 자금을 다양한 펀드에 재투자하는 펀드 상품.

청난 수익과 이후 여러 번의 성공적인 투자 결과를 합해 그는 ISA에 수백만 파운드를 축적했다. 그래서 이 책에 나오는 일부 투자자에 비해 스프레드 베팅과 같은 비과세 투자 상품을 덜 활용한다. 가끔 지수 선물을 공매도해서 포트폴리오를 부분 헤징하거나 은행주 등 대형주에 베팅하기 위해 스프레드 베팅을 사용할 때는 있다. 그러나 전반적으로 레버리지는 거의 사용하지 않는다. 지수 선물 이외에 개별 주식을 공매도해본 적은 없다. 레버리지도 거의 쓰지 않고 공매도도 하지 않는 위험 회피적인 투자 방식은 그가 과거 레버리지와 공매도에 대해 깊은 지식과 경험을 갖고 있는 프랍트레이더였다는 점을 고려하면 흥미롭다.

행동하는 행동주의

오언은 대부분의 기록을 전자파일에 보관한다. 정보의 출처는 관심 가는 기업의 RNS와 연차 회계보고서다. 폐쇄형 펀드는 운용수수료, 할인 보호 장치, 청산 조항에 특히 주의를 기울이면서 상장 서류와 회사 정관을 확인한다. 인터넷 게시판은 거의 읽지 않고 다른 투자자와 유력한 투자 대상에 대해 조금 논의할 뿐이다. 회사 경영진도 거의 만나지 않는다. 이런 이유 때문에 오언은 이 책에 나오는 다른 투자자에 비해 유독 효율적이다.

폐쇄형 펀드의 독특한 특징은 다른 유형의 회사에 비해 비상임이사가 상임이사보다 지배구조에서 더 큰 역할을 하는 경우가 많다는 점이다. 따라서 오언은 비상임이사들에게 자신의 견해를 피력해야 할 때가 많다.

기관투자자가 아닌 개인투자자라서 의견을 주장하고 설득하는데 어려움이 있을까?

"이사들은 처음에 말하고 싶어 하지 않지만 저는 늘 끈질기게 요구합니다. 만나는 것보다 글이 더 도움이 돼요. 자문가에게 회사 비서의 이메일 주소를 받고, 그 비서에게서 이사들의 이메일 주소를 받아서 메일을 보냅니다. 제 생각을 쓰고 이사들의 신의성실의무를 언급한 다음 전화해달라고 메일을 보내는 거죠. 일단 문서로 증거가 남으면 뭔가 문제가 생겼을 때 곤란해지기 때문에 저와 대화를 나누는 것 외에는 선택의 여지가 거의 없습니다."

오언은 비상임이사들과 나누는 모든 대화를 기록해둔다.

"실제 답변과는 별개로 비상임이사가 정말로 독립성을 갖고 있는지 아니면 그냥 운용사의 꼭두각시인지 뉘앙스를 포착해야 합니다. 이들이 합리적인 주주의 관심에 무반응한다면 그것도 가치 있는 정보입니다. 가끔 회사를 둘러싼 사기의 조짐을 잡아낼 수도 있어요."

오언은 런던 가까이 살면서도 연례 주주총회나 다른 기업 미팅에 거의 참석하지 않는다. 전화로 구체적인 질문을 하는 편이 시간 사용에 더 효율적이라고 생각한다. 같은 주식을 보유하고 있는 기관투자자들과 대화를 나누거나 회사의 고문 및 다른 주주 들과 네트워크를 만들어 책임자의 연락처를 아는 것은 중요하다고 강조했다.

"특정한 상황에 맞는 책임자와 대화해야 합니다. 그렇지 않으면 아무것도 얻을 수 없습니다."

이해가 상충되는 이사들을 주주 이익에 따라 행동하도록 설득하는 일은 소모전일 때가 많지만 성공적인 행동주의는 때로 금전적 이익과는 완전히 별개로 뿌듯함을 가져다준다.

"내 행동의 직접적인 결과로 이사들이 주주 전체를 위해 옳은 일을 하는 것을 보면 꽤 만족스럽습니다."

단 한 번을 제외하고는 정식으로 회사에 총회를 요청하거나 변호사와 상의가 필요한 다른 조치를 취하지 않고 사건에 영향을 미칠 수 있었다.

"보통은 그 지경까지 가지 않아요!"

전업투자자의 일상

오언의 효율적인 업무 방식은 그가 대부분의 사람보다 더 큰 자금을 운용함에도 이 책에 등장하는 다른 투자자보다 투자 이외의 활동에 더 많은 시간을 쏟는다는 것을 의미한다. 학기 중에 큰아들은 전처와 살고 작은아들은 오언의 예전 여자 친구와 살지만 방학 중에는 두 아들 모두 대부분의 시간을 오언과 함께 보낸다. 오언은 아이들과 있을 때 택시 운전을 하는 척한다. 큰아들은 12세가 되어 아버지가 부자고 평범한 직장인이 아니라는 사실을 충분히 이해할 만큼 컸다.

"다른 아빠들처럼 직장에 다니는 건 아니지만 제가 일을 하고 있다는 사실을 아들이 이해했으면 좋겠어요. 그리고 저는 아이들에게 이제 곧 가정 경제에 기여해야 한다고 말합니다!"

오언은 대부분 주중에 골프를 치지만 이것이 투자에 완전히 신경을 껐다는 뜻은 아니다. 한 친구는 오언이 골프 코스를 돌면서 거래하거나 투자에 관해 대화한다고 이야기했다. 인터뷰 당시 오언은 여자 친구와 달리기, 자전거 타기, 카약 타기가 포함된 다섯 시간짜리 오리엔티어링 경주에 참가하기 위해 스코틀랜드에서 주말을 보내고 막 돌아왔다. 몇 주 전에는 런던 듀애슬론에 참가했다.

그의 관심사나 취미 중 어떤 것도 돈이 많이 들 것 같지 않다고 하자 그는 즉각 맞받아쳤다.

"이혼은 돈이 많이 들어요!"

그러나 이내 요트나 미술품, 프랑스식 빌라 같은 비싼 취향을 가지고 있지 않다는 것에 동의했다.

시간을 효율적으로 사용하는 투자 방식

우수한 학력과 프랍트레이더로서의 오랜 경험으로 오언은 이 책에 등장하는 가장 세련된 투자자가 되었다. 위험회피 성향이 높은 투자자로 장기간 상당한 현금을 보유하는 데 거리낌이 없으며 개별 주식은 공매도하지 않고 레버리지는 거의 쓰지 않는다.

오언은 행동주의 투자로 몇 개월 안에 가치 창출이 가능한 상황에 초점을 맞추는 집중적이고 기회 추구적인 투자 방식을 지향한다. 효율적인 투자 방식 덕분에 그는 경제적으로 시간을 사용하므로 나는 이 책에 나오는 투자 방식 중 오언의 스타일을 가장 따라 하고 싶다.

부의 증대는 심리적으로 엄청난 영향을 미치는데 돈과 시간에 두는 상대적인 중요성이 바뀐다는 것이다. 성공한 투자자에게 돈에 대한 실질적인 걱정은 사라진다. 일단 충분히 큰 자금을 축적하면 아무리 소비욕이 커도 노동 없이 벌어들이는 소득이 결국 이를 넘어선다. 하지만 시간은 그렇지 않다. 시간은 부자나 가난한 사람이나 누구에게나 똑같은 속도로 사라지는 자원이다. 이것이 성공한 투자자를 정의하는 한 가지 방법이다. 그들은 돈보다 시간이 더 큰 제약이 된 사람이다.

오언의 조언

☑ **틈새시장을 찾아라** | 개인투자자는 너무 작아서 잘 알려지지 않은 틈새시장에서 성과를 올릴 수 있다. 1990년대 중반까지 공모주 투자, 2002~2003년의 분할자본신탁 투자가 그 사례이다.

☑ **문의에 집중해라** | 굳이 경영진을 만나지 않아도 된다. 필요한 대부분의 정보는 온라인이나 전화로도 얻을 수 있다.

☑ **절대 타협하지 마라** | 행동주의 투자자로서 잘못된 경영진에게 두 번째 기회를 주는 것은 현명한 방법이 아니다.

☑ **현금을 들고 있어라** | 투자자라면 좋은 기회를 기다리는 법을 훈련해야 한다. 현금을 흥청망청 쓰면 안 된다.

투자 포인트

☑ **시간 효율성** | 시간이 돈보다 더 구속력 있는 제약이 되었을 때 성공한 투자자가 되었음을 알게 될 것이다.

☑ **신의성실의무** | 비상임이사와 서면으로 소통하면서 신의성실의무를 언급하면 당신을 무시하기가 어렵다.

☑ **마지막 웃음** | 가치투자자란 마지막 웃음에 높은 가치를 두는 사람이다.

투자는
게임이다

기업의 지배구조에 관여하는 투자자: 피터

피터의 프로필

· 인터뷰 당시	56세
· 마지막으로 직장을 떠났을 때	43세
· 경력	경영대학 중퇴
	20세에 투자운용 회사를 공동설립
	주식중개 회사의 애널리스트
	기업 재무담당자
· 투자 스타일	망해가는 회사를 매수해 기업 리엔지니어링을 유도한 뒤 가치를 창출
· 주요 거래 분야 및 섹터	소유권이 '개방된' 영국 소형주
· 상품	주식, 상장폐지 기업의 100% 소유권
· 보유 기간	몇 개월에서 몇 년
· 투자 성과	1996~2000년: 약 5만 파운드로 영국 소형주에 투자를 시작한 이후
	수천만 파운드로 자본을 늘림(부유한 사업 파트너가 신용한도를 보증해줌)
· 투자 마인드	"투자를 일이라고 생각하지 않는다.
	포커나 체스와 비슷한 게임을 한다고 생각하라."
· 주요 키워드	#부정적_지배력, #음수의_값을_갖는_운전자본, #조언에_대한_현명한_무시

8장과 9장에서 소개한 행동주의 투자자들의 행위는 힘을 행사하는 것이라기보다는 설득에 가까웠다. 이것은 그들이 어떤 회사의 지분을 극히 일부(대부분 10% 미만이며 1% 미만일 때도 많다.)만 보유하며 일반적으로 주주총회를 소집하기 위해 필요한 5% 의결권을 가지지 않는다는 뜻이다.[23]

지분을 더 많이 보유하면 회사 일에 결정적인 영향을 미칠 수 있다. 기업 전략을 변경하거나 경영진을 교체하거나 합병 또는 자산 처분을 직접 협상할 수 있으므로 수동적으로 사건이 해결되기를 기다리지 않고 직접 가치를 창출할 수 있다.

피터 길렌함마르Peter Gyllenhammar는 이러한 기업 엔지니어링을 지지한다. 그는 이 책에서 소개하는 투자자 중 가장 부유한 사람으로 공개된 AIM 상장회사의 보유 지분만 수천만 파운드에 달한다. 또한 그는 두 번이나 파산을 경험한 유일한 인터뷰 대상자다.

피터의 본거지는 스웨덴으로 스톡홀름에 작은 사무실이 있고 함께 일하는 실무자를 두 명 두고 있다. 약 25채의 임대 부동산 포트폴리오를 관리하는 마틴 핸슨Martin Hansson과 피터가 투자한 기업 중 몇 곳의 이사로 있으면서 영국에서 상당한 시간을 보내는 얀 홀름

스트룀^{Jan Holmström}이 그들이다. 초창기에는 본인이 직접 여러 AIM 상장 기업의 이사로 있었지만 인터뷰 당시에는 딱 하나의 이사직만 맡고 있었고 1년에 여섯 번 정도만 영국을 방문했다. 여름이면 발트해에서 요트를 타고 광대역 위성통신망으로 시장을 계속 지켜보며 몇 주를 보낸다.

피터에게는 우리 둘 다 주식을 보유하고 있는 한 기업의 재무담당 이사를 통해 인터뷰를 요청했다. 그는 인터뷰하며 자신을 되돌아보면 생각을 정리하는 데에도 도움이 될 거라며 흔쾌히 인터뷰에 참가하기로 했다. 피터의 경우 투자 규모와 거주지 등 세부 사항이 워낙 독특해서 다른 사람에 비해 익명을 쓰는 것이 별 의미가 없었다. 따라서 존과 같이 그 역시 실명을 사용하기로 했다.

인터뷰는 2주에 걸쳐 총 4회, 매번 한 시간에서 세 시간씩 전화 통화로 이루어졌다. 또한 예전에 어느 비즈니스 잡지에 스웨덴어로 실렸던 내용도 참고했다.[24] 영어가 제2외국어인 피터를 위해 잘 정리된 대화를 준비했지만, 그는 흠잡을 데 없는 영어를 구사했고 투자 경력의 모든 단계를 솔직하게 이야기해주어 인터뷰가 쉽고 즐거웠다.

투자의 시작

피터는 1953년 스웨덴 유르스홀름에서 삼 형제 중 막내로 태어났다. '토지 없는 귀족'이었던 그의 아버지는 훨씬 어린 프랑스 여자와 결혼했고 피터가 태어났을 때는 이미 50세였다. 17세기 스웨덴 왕을 모셨던 선조의 공적으로 가문은 땅이나 다른 재산은 없지만 귀족의 지위를 얻었다.

길렌함마르^{Gyllenhammar}라는 성은 스웨덴에서 유명한데, 먼 친척인 페르 길렌함마르^{Pehr Gyllenhammar}는 스웨덴의 금융사 스칸디아^{Skandia}와 자동차 회사인 볼보^{Volvo}, 영국의 보험 회사인 아비바^{Aviva}의 최고경영자를 역임했다. 피터의 아버지는 원래 육군 장교였으나 결혼 후 스웨덴의 대형 유통 회사에서 부동산 자산관리자가 되었다.

피터의 표현에 따르면 "당시 바나나공화국"*이었던 사회주의 국가 스웨덴에서 자라면서 어려서부터 투자에 진지하게 관심을 갖게 된 것은 신기한 일이었다. 수학적 재능이 있었고 14세 때 할머니로부터 약간의 주식을 포함한 작은 유산을 물려받았다는 점을 제외하고는 가족 중에 투자 업계에 종사하는 사람도 없었으므로 그가 왜 투자에 일찍부터 관심을 가지게 되었는지는 밝혀내기가 어렵다.

피터는 유산을 물려받자 곧 작은 규모로 첫 투자를 했다. 해운 회사인 스베아^{Svea}와 방산 회사인 보포스^{Bofors}였다.

"두 회사 모두 배당 수익률이 높았어요. 그런데 제가 투자하자마자 모두 배당을 취소했습니다. 그게 제가 배운 첫 번째 교훈이었어요."

---

* 경제적으로 대외 의존이 심한 국가.

피터는 딱 한 명, 학교의 목공예 선생님을 제외하고는 투자에 관심을 가진 사람을 알지 못했다. 피터는 매주 화요일 최신 경영 잡지를 보려고 공공도서관에 갈 때마다 선생님을 만났다.

"둘 다 투자와는 거리가 멀어 보이는 투자자들이었죠. 고령의 사회민주당원과 조숙한 10대라니요. 하지만 선생님은 제 관심을 재미있어 하셨고 우리는 몇 년 전 90대가 된 선생님이 돌아가실 때까지 계속 연락을 주고받았습니다."

피터는 18세 때 스톡홀름 경제대학에 경영학 전공으로 입학했다. 이 시기에는 이미 몇 년 동안 투자자로서 실제 경험이 축적되어 있었다. 19세에는 유통 회사 두 곳이 관련된 기업 인수전에서 피인수 기업 주주들이 입찰 기업에 더 나은 조건을 받아내도록 주주반대운동을 이끌었다. 입찰 회사는 우연히도 아버지가 다니는 회사였다.

그는 대학 공부가 이론적이고 투자 활동의 실제 현실과 동떨어져 있음을 깨닫고 매일 학교 대신 스톡홀름 증권거래소 근처에서 시간을 보냈다. 2학년 때는 투자에 더 많은 시간을 쏟기 위해 대학을 중퇴했다.

"저는 주식 시장과 직접 관련되지 않은 공부를 계속할 만큼 인내심이 많지 않았습니다. 게다가 틀림없이 돈을 벌 수 있다고 확신했거든요. 그때는 제 명석함에 의문을 품지 않았습니다. 나중에는 의심했지만요!"

피터는 자신의 첫 번째 기업 엔지니어링 투자 아이디어를 기억하고 있었다. 고텐부르크와 스톡홀름을 연결하는 193킬로미터의 괴타 운하를 관리하는 괴타 카날뵈락 Göta Kanalbölag이었다. 유사 유틸리티 기업으로 운하의 운영비를 정부에서 지원받았지만 여전히 개인이 소유하고 있는 기업이었다. 이 기업의 재무제표를 조사하면서 피터는 운하 주변의 삼림지 가치가 회사의 시가 총액보다 훨씬 더 크고 회사를 분리하면 가치를 재평가받을 수 있다는 사실을 깨달았다.

"오너 가족이 운영하는 지주 회사에 연락해서 지분을 조금 매각할 생각이 있냐고 물었습니다. 그랬더니 웃더군요. 주식 시장은 그 땅의 숨겨진 가치를 몰랐지만 오너 가족은 그 가치를 완벽히 알고 있었습니다."

첫 번째 파산과 재기

피터는 친구 스벤올로프 요한슨Sven-Olof Johansson과 함께 괴타 카날뵈락과 비슷한 투자 아이디어를 논의했다. 경제학과 교수였던 스벤올로프의 아버지와 스벤올로프의 지인인 수학전공자 한 명도 투자에 관심이 많았다. 이 네 명은 함께 트렌드 인베스트Trend Invest라는 투자회사를 설립했다. 사무실을 임대하고 '펀더멘털 분석, 주가 차트 분석, 표준적인 온갖 기법'을 동원해 개인고객을 대상으로 투자운용서비스를 제공했다.

그들이 생각한 행동주의 투자 아이디어 중 하나는 스웨덴의 특수철강 업계가 합병으로 더 효율성을 가질 수 있다는 것이었다. 이들은 합병을 꾀하며 본인과 고객의 자금 대부분을 투자했고 추가로 돈을 빌려 수력발전소를 소유한 철강 회사 파게르스타 그룹^{Fagersta} ^{Group}의 주식을 매수해 결국 회사 지분을 50% 가까이 확보했다. 또한 한편으로는 철강 부문을 합병하고 다른 한편으로는 산림 부문을 합병하려는 의도로 다른 철강 및 산림 회사들의 지분도 확보했다.

그러나 그들이 계획을 실행하기도 전에 파게르스타가 대규모 주주배정 유상증자를 단행해 더 많은 주식이 발행됐다. 주주배정 유상증자란 기존 주주가 보유 지분에 비례해 시장 가격보다 할인된 가격으로 새로 발행되는 주식을 회사에서 직접 매수할 수 있는 권리를 갖되 기존 주주가 행사하지 않은 모든 권리는 제3자에게 넘어가는 것이다.

트렌드 인베스트는 유상증자를 매수할 자금이 없었기 때문에 그들이 50% 가까이 확보했던 파게르스타 지분은 비율이 크게 줄어들고 말았다. 게다가 할인된 가격에 신주가 발행되면서 파게르스타의 주가가 크게 하락했고 결국 트렌드 인베스트는 파산했다.

"우리의 논리는 전적으로 옳았습니다. 특수철강 업계는 그 후 몇 년 동안 우리 예측대로 합병되었거든요. 하지만 정치에 대해 순진했던 거죠. 1+1=3이 되는 방법을 보여준다면 모두 그 논리를 받아들일 거라고 생각했거든요. 1+1=1.5가 되더라도 우리를 제거할 방법이 있다면 현 경영진은 후자를 선호할 것이라는 점을 이해하지 못했습니다."

피터는 트렌드 인베스트의 투자를 늘리기 위해 개인적으로도 돈을 빌렸다. 파산 후 그는 1976년 당시에는 아주 큰돈이었던 20만 파운드를 헤글뢰프^{Häglöff} 증권에 빚졌다. 23세 청년에게는 특히 큰돈이었다. 모노폴리 게임 용어로 (그리고 1977년 짐 슬레이터의 유명한 자서전 제목이기도 한) '시작으로 돌아가시오'의 상황이었다.[25]

피터는 놀랍게 당당한 태도로 재산을 복구하기 시작했다.

"헤글뢰프의 시니어 파트너를 만났습니다. 그는 계좌에 20만 파운드 손실이 났는데 어떻게 할 예정인지 묻는 말로 대화를 시작했습니다. 그는 내가 아버지께 도움을 요청할 거라고 예상했을 거예요. 하지만 아버지는 돈이 많지 않으셨고 무엇보다 저는 절대 그럴 생각이 없었거든요. 그래서 이렇게 말했습니다. '분명히 누군가는 20만 파운드를 잃었습니다. 하지만 그게 나는 아닙니다. 나는 돈을 가진 적도 없으니까요. 20만 파운드를 잃은 건 당신입니다!' 시니어 파트너는 이 말을 잠깐 동안 생각하더니 웃기 시작했습니다. 그는 실질적으로는 내 말이 맞다고 인정하면서 더 건설적인 제안이 있냐고 물었습니다. 나는 빚을 갚기 위해 그 회사에서 무료로 애널리스트 일을 하겠다고 제안했어요. 시니어 파트너는 이 제안을 받아들였지만 조금이라도 급여를 주고 싶다고 말했습니다. 그렇지 않으면 결국 내가 다른 곳에서 야간 부업을 하게 될 거라고요."

그 후 3년 동안 피터는 헤글뢰프에서 애널리스트로 매우 열심히 일했다. 그의 평판은 파게르스타 투자 실패로 실추되었지만 그는 여전히 스스로를 믿었고 가족들도 그를 지지했다. 페르 길렌함마르는 자신의 집에서 열리는 만찬에 피터를 초대해서 스웨덴의 여러 저명한 기업인 앞에서 어린 사촌을 공개적으로 소개하고 지지했다.

훨씬 나중에 피터가 영국에서 투자자로서 처음 관심을 끌기 시작했을 때 《파이낸셜 타임스》 기사는 그의 경력을 살펴보며 1970년대 후반과 1980년대 초반 헤글뢰프에서의 활동은 "저평가된 기업을 발굴하고 큰 지분을 확보하는 데 탁월하다는 명성이 자자했다. …… 많은 사람이 그의 공격적인 투자 스타일에 동의하지는 않지만 기회를 포착하는 그의 기술만큼은 모두가 인정한다."라고 썼다.

3년 후 헤글뢰프의 시니어 파트너는 3년 전에 맺은 계약을 검토하자고 피터를 불렀다.

"시니어 파트너는 회의를 시작하자마자 남아 있는 제 부채에 관한 서류를 찢으면서 원한다면 이제 이 회사를 떠나도 좋다고 말했어요. 저는 그에게 늘 증권사의 파트너가 되고 싶었다고 말했습니다. 그래서 회의장을 나설 땐 헤글뢰프 지분의 5%를 갖게 되었습니다."

3년 전 20만 파운드의 빚을 안고 '시작으로 돌아갔다가' 26세에 이룬 놀랄 만한 쾌거였다.

스웨덴의 골드만삭스

피터는 애널리스트이자 기업금융가로 일하며 헤글뢰프의 파트너로 또다시 3년을 보냈다. 그러다가 1983년, 30세에 헤글뢰프 지분을 약 40만 파운드에 팔고 몇 년 전에 만난 로버트 바일^{Robert Weil}과 함께 프로벤투스^{Proventus}라는 새로운 회사를 설립했다.

약 1년 뒤 서로 다른 위험 성향 때문에 (피터가 더 모험적인 투자자였다.) 피터는 자신의 투자 활동을 길렌함마르 앤드 파트너스^{Gyllenhammar and Partners}라는 새로운 법인으로 분리했다. 길렌함마르 앤드 파트너스의 지지자 중에는 헤글뢰프에서 알게 된 기업가 울프 린덴^{Ulf Lindén}도 있었다. 그는 이후 피터의 커리어에서 가장 중요한 지지자가 되었다.

길렌함마르 앤드 파트너스의 목표는 유명한 기업금융 및 트레이딩 하우스가 되어 '스웨덴의 골드만삭스'가 되는 것이었다. 이 회사는 1980년대 중반 직원 40명 규모로 성장해서 스톡홀름 증권거래소에 상장되었다. 그러나 피터 본인이 몇 년 동안 부채로 자금을 조달해 운용했던 투자 활동이 성공하면서 기업금융 자문 활동은 무색해졌다. 1987년에는 개인적인 투자 활동을 길렌함마르 앤드 파트너스와 병합해 투자 회사 메르쿠리우스^{Mercurius}를 설립하고 이 회사의 지분을 35% 취득했다.

메르쿠리우스는 기업에 투자하는 것 외에도 상당한 부동산과 선박, 원유 및 가스 생산 지분을 보유했다. 1980년대 말 스웨덴에서는 은행 대출을 쉽게 받을 수 있었고 메르쿠리우스는 늘 큰 규모로 레버리지를 썼다.

1980년대 말 피터는 몇 년째 《파이낸셜 타임스》와 《인베스터스 크로니클》에서 영국의 초소형주를 살펴보고 있었다. 1990년대에 접어들면서는 영국에서도 메르쿠리우스를 주목하기 시작했다. 1990년 영국에서 나온 기사들을 보면 배터리 제조업체인 클로라이드Chloride, 운송업체인 TDG, 목재 회사인 피닉스 팀버Phoenix Timber 등 기업에 대규모 투자를 했다고 언급하고 있다.

두 번째 파산과 재기

메르쿠리우스는 매년 12월마다 12개월 단위로 갱신되는 금융기관 대출을 사용했으며 피터 역시 회사의 신주 발행에 참여하기 위해 개인적으로 약 1000만 파운드를 빌려 썼다. 1990년 부동산 시장이 악화되었다는 초기 신호들이 나오면서 스웨덴 은행 업계에는 위기가 예고됐다.

1990년 12월, 메르쿠리우스의 주 은행이 대출금을 회수해갔다. 피터는 메르쿠리우스의 경우 대부분의 자산이 해외에 있었기 때문에 은행 입장에서는 이곳의 해외자산을 매각하는 것이 은행이 다른 대출에 대한 담보로 잡고 있는 스웨덴의 자산 가격을 떨어뜨리지 않을 것이므로 다른 비슷한 회사에 대한 대출보다 먼저 회수되었을 것이라고 생각한다.

하락장에서 자산을 강제로 매각하면서 메르쿠리우스는 파산했다. 개인적으로도 1000만 파운드의 빚만 남았다. 38세의 일이었다.

그는 이 대단한 두 번째 실패에서 무엇을 배웠을까?

"첫째, 누가 진짜 친구인지 배웠습니다. 두 번 다시 전화하지 않는 사람도 있었지만 더 자주 전화하는 사람들도 있었어요. 둘째, 매일 아침 출근하지 않는다고 세상이 끝나는 건 아니라는 것도 배웠고 셋째, 태양은 가난한 사람에게도 비춘다는 것도 배웠지요."

자기 능력에 대한 믿음이 평정심을 가져왔다.

"레버리지에 대해 잘못된 판단을 하긴 했지만 애널리스트로서의 제 능력에 대해서는 여전히 자신이 있었습니다."

계속 전화를 했던 친구 중 한 명이 울프 린덴이었다. 그의 린덴 그룹Lindén Group 역시 위기를 겪고 있었는데 부채만 6억 파운드에 자본 총계는 3000만 파운드 마이너스 상태였고 은행에서는 자산을 매각하라는 압력을 받고 있었다. 피터는 린덴 그룹의 사내 재무담당자가 되어 자산 매각과 관련된 기업금융 업무를 맡겠다고 제안했다. 울프는 급여를 주겠다고 했지만 피터는 무료로 일을 해주고 싶었다.

"울프에게 솔직한 조언을 해주고 싶었던 데다가 어쨌든 그 당시에 제 빚은 너무 커서 세금을 제하고 나면 월급이 별로 도움이 안 됐거든요."

이후 3년 동안 피터는 시간의 75%는 린덴 그룹 일에 썼고, 나머지 25%는 수수료를 받는 다른 기업금융 컨설팅에 썼다. 울프처럼 저명한 기업가가 그에게 신뢰를 보이고 린덴 그룹의 워크아웃까지 성공시키자 피터는 명성을 되찾았다. 비록 개인적인 파산을 감내해야 했고 "아무 때고 채권자가 나타나 아파트에서 내쫓겨날 거라고 예상해야 했지만" 은행은 그렇게 하지 않았다.

"아마도 1980년대 후반 스웨덴의 몇몇 기업가와는 달리 저는 부정직하거나 무모한 일은 하지 않았기 때문일 거예요."

당초 은행은 그가 해외 자산을 숨기고 있는 게 틀림없다고 의심했지만 2년 뒤 그렇지 않다는 게 분명해지자 채무를 80% 탕감해줬다. 3년 뒤 울프 린덴은 기업금융 업무에 대해 소급해서 돈을 지불하겠다고 제안했지만 피터는 울프의 제안을 거절했다. 대신 아이디어 제공과 업무는 자신이 담당하고 울프는 신용한도를 보증하는 공동투자벤처를 설립하자고 역제안했다. 울프는 이렇게 탄생한 브로왈리아 AB^{Browallia AB}에 초기 투자금으로 약 5만 파운드를 내놓았으며 200만 파운드의 신용한도를 보증해줬다. 피터는 나중에 브로왈리아의 지분을 취득할 수 있는 옵션이 있었고 이 권리를 2002년에 행사했다. 그는 브로왈리아에서 스웨덴 부동산투자를 시작으로 1996년 영국의 초소형주 시장에 재진입했다.

영국 초소형주의 매력

피터가 보기에 영국의 초소형주는 두 가지 이유로 특히 매력적이었다. 첫째, 많은 영국의 기관투자자가 임의로 낮다고 정한 시가총액 기준에 미치지 못하는 기업에 대해서는 신규 투자를 고려하지 않는다(실제 기준은 1000만 파운드, 5000만 파운드, 1억 파운드 등 기관마다 다르다.). 일부 기관은 이미 보유하고 있는 주식도 기준으로 삼은 시가 총액 이하로 가격이 떨어지면 회사의 펀더멘털에 장점이 있어도 이에 관계없이 매도해버리기도 한다.

둘째, 영국의 소규모 상장 기업들은 소유 구조가 비교적 개방적이어서 일반적으로 주주 구성에 기관투자자들이 포함된 경우가 많다. 이들은 보유 지분 전부를 시장에서 매도할 수 있다고 생각하며 누구에게나 기꺼이 주식을 매도하려 한다. 이것은 가족 경영이 더 일반적인 스웨덴과 대조적이다. 스웨덴에서는 종종 가족 구성원만 보유할 수 있는 특별 의결권이 부여된 주식을 발행해 상장 기업에 대한 가족 경영을 공고히 한다.

피터는 스웨덴과 비교했을 때 영국에서 기업에 대한 가족의 소유권과 경영권이 약한 이유가 기업가가 부를 소비하는 것에 대한 양 국가의 다른 사고방식을 반영하는 것인지 궁금해했다.

"영국에서는 많은 기업가의 목표가 회사를 팔거나 상장해서 소비할 수 있는 현금을 분명하게 확보하는 것 같아요. 시골 땅이나 요트를 사고 이것저것 소비하는 게 별로 특별할 것 없는 일이죠. 스웨덴에서는 점점 바뀌고 있기는 하지만 눈에 띄게 부를 과시하는 일에 반감이 더 강합니다."

차이의 이유가 무엇이든 영국에서 일반적인 개방형 소유 구조는 행동주의 투자자가 상당한 지분을 획득하고 가치를 창출할 수 있게 변화를 구현할 기회를 더 많이 제공한다.

망해가는 주식에 대한 전략

피터는 영국 초소형주에 대한 자신의 기본 전략을 다음과 같이 간단하게 설명한다.

"순자산가치보다 큰 폭으로 할인해서 거래되고 있는 망해가는 주식을 고릅니다. 이 기업들이 엉망으로 경영되었거나 모든 주주에게 최선의 이익이 돌아가는 방식으로 경영되지 않았다면 변화를 시행합니다. 이런 전략은 일반적으로 운영상 위험한 상황을 초래하고 일부 투자는 실패하기도 하지만 전체적으로 위험 대비 보상이 매력적이죠."

이 책에서 소개하는 투자자 중에는 행동주의로 직접 관여하는 것을 최후의 수단으로 여기는 사람들도 있다. 가령 수실은 "비법은 행동주의가 필요한 상황을 피하는 것이다."라고 말했다. 하지만 피터의 생각은 다르다.

"문제가 있는 회사들이 지적으로 더 흥미롭습니다. 기업을 구조조정하고 가치를 창출해내는 일이 즐거워요. 저는 지수 벤치마크를 중심으로 주식 포트폴리오를 구성하려고 하지 않습니다. 늘 기반사업을 살펴보고 거기에서 가치를 만들어내려면 어떤 일을 해야 하는지 생각하죠."

기업 구조조정을 단행하려면 주주가 기업에 대해 어느 정도 영향력을 미칠 수 있어야 한다. 당연히 지분이 많을수록 영향력이 더 크다. 피터는 지분의 25%가 특히 중요한 기준점이라고 생각한다.

회사법은 신주 발행 등의 주요한 기업 행위는 주주총회에서 75% 이상의 찬성표를 획득해야 한다고 규정하기 때문이다.

지분을 25% 보유한다는 것은 이런 결정을 거부할 수 있다는 점에서 '부정적 지배력negative control'을 보장한다. 일부 주주는(특히 명의만 있을 경우) 주주총회에서 의결권을 행사하는 데 무심하기 때문에 실제로는 25%보다 다소 낮은 지분을 보유해도 부정적 지배력을 발휘할 수 있을 때가 많다.

피터는 부를 쌓으려고 애쓰던 투자 경력 초기에는 늘 레버리지를 사용하며 최고의 아이디어 하나에 투자를 집중했다. 이런 전략은 양날의 검으로, 부를 빠르게 축적할 수도 있지만 두 번이나 파산하게 만든 원인이 되기도 했다. 그러나 확실히 부자가 된 지금은 부를 지키는 데 더 관심을 갖게 되었다.

그는 더 이상 레버리지를 사용하지 않으며 광범위하게 분산투자를 한다. 다만 투자 대상을 다각화한 것이 치밀하게 계산된 전략은 아니었다고 인정한다.

"어느 정도 호기심과 충동 때문이었어요. 저는 새로운 사업 분야에 참여하는 것을 좋아하거든요. 연구할 새로운 산업이 생겼을 때 가장 행복합니다."

처음으로 구조조정에 참여한 브리타니아 그룹

브리타니아 그룹Britannia Group은 피터가 영국 기업 중 처음으로 기업 구조조정을 단행한 회사였다. 이때는 유능한 경영진도 피터가 마음속에 그려두었던 구조조정에 대한 계획을 이미 가지고 있었기 때문에 그가 직접 많은 일을 할 필요가 없었다.

"주당 순유형자산이 80포인트 정도였어요. 주식은 20포인트에 거래되고 있었고요. 재무제표를 살펴보니 건설 하도급 부문의 운전자본 소요액working capital requirement*이 음의 값이었어요. 주택 건설 부문 운전자본 소요액은 양의 값이었고요. 따라서 주택 건설 부문이 매각될 경우 건설 하도급 부문의 마이너스 운전자본 소요액은 다른 저평가된 상황에 투자할 수 있을 것 같았어요."

1996년 4월, 피터는 며칠에 걸쳐 약 20%의 지분을 확보했다. 그런 다음 영국으로 건너가 마이클 넴스 크로커Michael Nelmes-Crocker 회장을 만났다. 그는 주택 건설 부문을 매각하려는 회사의 향후 계획을 피터가 반대하지 않길 바란다고 말했다.

"회사의 계획이 바로 제가 원하던 그림이었고 일은 제가 계획했던 것과 똑같이 착착 진행됐습니다. 매우 긍정적인 영국에서의 첫 투자 건이었습니다. 경영진이 함께 일하기에 정말 좋았어요."

• 기업의 경영 활동에 필요한 운전자본, 즉 자산 중 재고와 같은 단기자산과 외상매입금 같은 단기부채를 통틀어 이르는 말.

배경 지식 | 양의 운전자본과 음의 운전자본

운전자본 소요액이란 경영상 수입과 지출의 시간 차이에서 생겨난 개념으로 다음과 같이 설명할 수 있다.

양의 운전자본 | 대부분의 기업들은 고객에게 청구서를 보내기 전에 판매 준비가 된 완제품의 재고를 유지하고 임금을 지불해야 한다. 예를 들어, 주택 건설업자는 잠재적 주택 매수자들에게 마케팅하기 위해 완성된 주택 또는 거의 완성된 주택을 보유하고 있어야 한다. 또한 주택 판매대금을 받기 수개월 전에 주택 건설에 드는 모든 비용을 먼저 지불해야 한다. 주택 건설업자는 수입과 지출 사이의 시간 차이를 메우기 위한 자본이 필요하다. 즉, 운전자본 소요액이 양의 값을 갖는다.

음의 운전자본 | 이와는 대조적으로 건설 하도급업체는 완제품 재고를 유지할 필요가 없다. 게다가 하도급업자는 계약 이행을 위해 필요한 재료비와 임금을 실제로 지출하기 몇 개월 전에 계약 대금을 선지급받는다. 따라서 건설 하도급업체의 운전자본 소요액은 음의 값을 갖는다. 대금을 연속적으로 선지급받는 건설 하도급업체는 수입과 지출 사이의 시간 간격에 음의 운전자본 소요액을 다른 투자에 활용할 수도 있다.

음의 운전자본 소요액을 갖는 또 다른 비즈니스 사례는 소매업이다. 소비자는 가게에서 바로 현금을 지불하지만 소매업자와 도매업자 사이에는 종종 30일이나 60일의 결제조건이 있다. 상품 회전율이 높을 경우 소매업자는 공급업체에 대금을 지불하기 전 몇 주 동안 현금을 보유하게 된다(그리고 이 돈은 즉시 금융 투자에 사용될 수 있다.).

음의 운전자본을 갖는 비즈니스의 극단적인 유형은 보험업이다. 보험사는 보험료를 선지급받지만 보험금 청구에 따른 비용은 여러 달이나 여러 해 뒤로 밀린다. 워런 버핏이 재산을 축적하면서 얻은 한 가지 통찰력은 보험료라는 소위 '플로트float'를 이용해 다른 투자를 할 수 있다는 것이다(하지만 보험은 보험금 청구에 따른 비용이 미확정이며 매우 가변적이라는 함정이 있다.).

하룻밤만의 가치

YJ 로벨YJ Lovell은 1996년 9월 30일 회계 연도 종료 시점에 2억 5400만 파운드의 매출액을 가진 건설 회사였다. 대차대조표를 보면 보통주는 수년 전 출자전환으로 몇몇 은행에 발행되어 2000년에 전환 예정인 전환우선주의 대규모 우선청구권 때문에 가치가 없었다.

1997년 피터가 이 주식을 매수하기 시작했을 때 시가 총액은 (매출액의 1%도 안 되는) 200만 파운드에 불과해 사실상 '옵션 프리미엄'으로 볼 수 있었다. 가격은 보통주에 거의 가치가 없다는 사실을 반영했다. 그러나 YJ 로벨과 같은 건설사는 브리타니아처럼 매출액의 약 5~10%, 즉 2000만 파운드 정도를 마이너스 운전자본으로 가지고 있을 것이었다. 피터가 회사를 구조조정해서 이 돈을 다른 곳에 투자할 수 있다면 보통주는 상당한 가치를 가질 가능성이 있었다.

그는 보통주의 약 25%를 확보하고 1997년 가을 우선주를 보유하고 있는 은행들을 찾아가 다음과 같이 생각을 밝혔다.

"은행이 보유한 우선주의 액면가는 4000만 파운드였습니다. 우선주는 의결권이 없었기 때문에 은행은 회사의 경영방식에 대한 지배력이 없었죠. 저는 이렇게 말했습니다. 내가 25% 정도 지분을 가지고 있는데 1999년 말까지 남는 운전자본 2000만 파운드를 활용하도록 회사 운영을 구조조정할 수 있다. 하지만 우선주를 상환하기 위해 필요한 4000만 파운드는 조달할 수 없다. 약간 과하게 표현해서 1999년 말에 2000만 파운드를 확보하면 나는 그 돈을 몬테카를로에 가지고 가서 룰렛 게임 한 판에 전부 걸 것이다. 내가 도박에서 이기면 우리는 우선주를 상환할 수 있고 수억 파운드의 잉여 현금이 남을 거라고. 만약 도박에서 돈을 잃는다 해도 우리는 더 나빠질 게 없다고. 은행들에게 2000만 파운드가 몬테카를로로 가는 걸 원치 않는다면 우리랑 지금 거래하는 게 좋을 거라고 말했습니다."

피터의 제안을 듣고 일부 은행들은 우선주를 보통주로 전환하기로 합의했다. 보통주로 전환하지 않은 은행들은 1파운드당 12포인트를 받고 우선주를 상환받기로 했다. 우선주 문제를 해결한 피터는 음의 운전자본으로 다른 특별한 상황에 재투자하려는 계획을 실행에 옮겼다. 이 계획으로 피터는 초기 투자액의 10배 이상 수익을 거두며 엄청나게 성공했다.

"이것은 기업금융 활동이 어떻게 하룻밤 만에 상당한 가치를 만들어내기도 하는지를 보여주는 흥미로운 사례입니다."

공개매수

2000년대 초, 피터는 브리티시 모헤어^{British Mohair}, 유니언 디스카운트^{Union Discount}, 요클라이드^{Yorklyde} 등 몇몇 작은 상장회사 들의 공개매수에 참가했다. 어떤 경우에는 회사를 매수하자마자 자산을 매각해 매입금액을 회수하고 핵심 사업만 남겨 사실상 비용이 전혀 들지 않기도 했다.

예전에는 시티에서 중요한 '어음할인회사'였으나 소규모 자산관리 회사로 전락한 유니언 디스카운트는 입찰 가격이 2500만 파운드였는데 이 돈은 회사가 보유한 현금으로 완전히 충당되었기 때문에 단기적인 브리지론만 받으면 입찰 자금을 조달할 수 있었다.

그렇다면 어째서 이렇게 극단적인 저평가 현상이 발생하는가? 대개는 매도자가 궁지에 몰린 데다 소형주에 대한 기관의 무관심이 겹친 탓이다. 유니언 디스카운트의 경우 그리스의 한 투자 회사가 완전 입찰을 하려고 지분을 샀지만 관련 없는 인터넷 투자로 어려움에 봉착해 곤란한 상황에 빠진 매도자가 되어버렸다.

입찰하는 데 소요되는 시간은 어떻게 관리할까? 피터가 영국의 초소형주에 투자를 시작한 초기에는 개입하는 회사의 이사로 활동하면서 자산 매각을 협상하느라 상당한 시간을 영국에서 보냈다. 투자한 상장회사들이 보유하고 있는 부동산을 방문해서 중개업자와 이야기도 나누고 재개발 방법을 평가하기도 했다.

그러나 최근 몇 년 동안에는 이런 일들을 직접 맡는 대신 실무진인 얀 홀름스트룀이나 과거 투자했던 회사의 이사 중 그에게 깊은 인상을 남겼던 사람 등 신뢰할 만한 사람들을 이사로 임명하는 방식을 선호하게 되었다. 이것은 피터가 투자하는 기업이 더 늘어났기 때문이기도 하지만 비교 우위가 있는 영역에 더 집중했기 때문이기도 하다.

"저는 여러 기업을 살펴보고 어떤 일을 해야 하는지 파악하는 데 능숙합니다. 계획을 실행하는 데는 그다지 뛰어나지 않고 사람들을 관리하는 일에는 확실히 소질이 없습니다. 제게 보고하는 실무진은 얀과 마틴, 딱 두 사람인데 모든 실행과 관리를 이들에게 맡기게 되어 너무 좋습니다."

조언은 듣지 않는다

피터는 우리 둘 다 잘 알고 있는 어느 작은 회사에 대해 이야기하면서 경영진이 "전형적인 대기업적 사고방식에 따라 전문 자문위원에게 너무 많은 돈을 쓰고 자문위원이 시키는 대로 한다."고 말했다. 피터는 주로 규정에서 요구할 때에만 자문위원을 고용하며 웬만해서는 그들을 잘 쓰지 않는다.

"공개 매수를 할 때는 물론이고 연금 기금을 위한 투자 전략을 실행할 때, 감사보고서를 제출할 때에도 반드시 자문위원의 의견을 들어야 합니다. 하지만 이 조언은 결정에 진짜 도움이 된다기보다는 형식적이고 우리가 이미 결정한 것을 그대로 승인하는 수준일 때가 많아요. 어떤 상황에서는 조언을 신중하게 무시하는 것도 좋은 방책입니다."

피터는 가능성 있는 기업합병이나 자산 매각 협상에 자문위원들을 동반하지 않고 홀로 참석한다.

"자문위원은 논의 초반에 별 도움이 되지 않습니다. 확실히 실수를 피할 수 있게 보장하는 것도 아니고요. 협상 상대방은 항상 저한테 자문위원은 어디 있냐고 물어요. 그러면 나는 그냥 없다고 말합니다."

피터는 기업 인수 패널^{Takeover Panel}에서도 비슷한 경험이 있다.

"저한테 들어와서 리즈 그룹^{Leeds Group}에 대해 논의하자고 이야기하더군요. 그래서 제 소개를 했죠. 그랬더니 변호사는 어디 있냐고 묻더군요. 어떻게 인수위원회를 변호사도 없이 보러 올 수 있지? 제가 이것을 심각한 문제라고 생각했을까요? 아니오. 저는 위원회에 변호사가 없는 것은 개인적으로 별 문제가 아니라고 말했죠!"

성공과 실수

순자산가치보다 훨씬 할인된 가격으로 망해가는 소형주를 매수한 결과는 어땠을까? 1990년대 후반부터 2000년대 초반, 피터는 몇 번의 큰 성공을 거두었다. 그중에서도 YJ 로벨의 우선주 재협상이 가장 극적이었다.

피터는 1996년 약 5만 파운드였던 최초의 투자 자본을 2000년대 초반 수천만 파운드로 키웠다. 그러나 피터가 이룬 놀라운 성과는 울프 린덴이 보증한 신용대출을 이용했기 때문에 이 책에서 나오는 다른 투자자들과 공평하게 비교할 수 없다.

2003년 이후 더 이상의 홈런은 없었다. 시장 조건이 그다지 우호적이지 않았기 때문이다. 2010년 중반 AIM 종합 총수익지수^{AIM} All-Share Total Return Index는 여전히 2003년 수준에 미치지 못했다.

피터의 전략은 의도적으로 망해가는 주식과 운영상 위험한 상황을 찾는 것이기 때문에 실패하는 투자도 있었을 것이다. 그는 실수를 말할 때도 지나치게 솔직해서 다음과 같이 실수의 범주를 나눴다.

- **조사 부족** | 투자 실패에 대한 대부분의 책임은 피터가 회사의 시장 지위를 잘못 이해하거나 분석했기 때문이다. 예를 들어, DVD 유통업체 초이스 영국Choice UK은 2007년 8월 법정관리에 들어갔고 피터는 수백만 파운드를 잃었다.

"저는 인터넷 다운로드와 불법 복제로 그들이 얼마나 심각한 문제를 겪고 있는지 제대로 알지 못했습니다."

- **잘못된 경영이나 감독** | 피터가 투자하고 난 뒤 경영진이 잘못된 의사 결정을 내리는 경우다. 가령, 요크셔 그룹^{Yorkshire Group}은 미국과 그리스에서 잘못된 인수를 단행했다. 이 경험으로 피터는 20% 이상 지분을 확보한 경우 언제나 회사 전략에 직접 관여해야 한다는 가르침을 얻었다.

"많은 지분을 갖고서도 회사를 전적으로 경영진의 손에 맡기는 것은 합리적이지 않다는 것을 배웠습니다."

- **지나친 빚** | 망해가는 주식을 순자산가치보다 크게 할인된 가격으로 매수하는 경우 부채 수준이 높은 기업들을 매수할 때가 많은데 그중에서도 간혹 부채가 압도적으로 많아 곤란해지는 경우가 있다. 2003년 연금 규정이 개정된 이후(이어서 더 자세히 살펴본다.) 연금 기금의 적자가 빠르게 늘어가 또 다른 형태의 부채가 되었다. 최근 몇 년간 피터는 투자 대상 기업의 부채 수준에 대한 허용 기준을 전보다 더 엄격하게 적용했다. 주된 이유는 '은행들이 문제가 있는 기업의 생명줄을 끊는 데 점점 더 인정사정을 봐주지 않게 되었기' 때문이다. 개인적으로도 피터는 부채를 줄이고 납입 자본으로만 투자를 한다.

"이미 부유해졌기 때문에 더 이상 빚이 필요 없거든요."

피터가 보유한 스웨덴 부동산에는 약간의 빚이 남아 있지만 그의 나머지 자산과는 관련 없이 해당 부동산만 담보로 잡고 있다.

전업투자자의 일상

피터가 일하는 날은 꽤 느긋하다. 아침에는 보통 집에서 일을 하며 보내고 점심쯤 걸어서 15분 거리의 사무실로 출근한다.

"집에서도 대부분의 일을 할 수 있고, 사무실에 갈 필요도 없을 때가 많아요."

집에서든 사무실에서든 피터는 하루의 대부분을 정보를 읽고 완전히 이해하는 데 쓴다. ADVFN 게시판, CNBC TV, 영국과 스웨덴 신문 몇 종, 새로운 아이디어를 정량적으로 확인하기 위한 톰슨로이터 데이터 뱅크 등을 정기적으로 본다. 그는 브로커에게 정보를 가져오게 하기보다는 주로 직접 아이디어를 찾는다. 이른 저녁에 집으로 돌아와서 직접 저녁 식사를 요리하고 저녁 늦게 다시 투자를 위한 리서치를 한다.

약 25개의 상업 및 산업 부동산으로 이루어진 스웨덴 포트폴리오를 관리하는 일은 마틴 한슨과 그의 보조원이 맡고 있다. 얀 홀름스트룀은 대부분의 시간을 런던에서 보내지만 스톡홀름 사무실에도 자리가 있다. 그들은 근무시간을 유연하게 적용한다. 실제로 지난 몇 번의 여름 동안 피터는 여러 날을 70피트짜리 요트를 타고 발트해를 항해했다.

요트 외에 빠져 있는 또 다른 취미로는 골동품을 모으고 복원하는 것이다. 골동품은 소유하는 즐거움 외에도 경제적 이익을 가져다 준다.

그러나 이런 사치는 그의 재산에 비하면 미미한 수준이다. 몇 년 동안 어마어마한 빚을 졌던 1990년대 초의 경험으로 피터는 사치스럽게 쓸 수 있는 돈을 갖는 것이 행복에 그리 중요하지 않다는 사실을 깨달았다. 아직 재산을 물려줄 사람이나 단체에 대해 진지하게 생각해본 적은 없다.

"그간 투자 활동에 기복이 심해서 3~4년 전에야 비로소 다시 안정감을 느끼기 시작했습니다."

기업 엔지니어링

피터의 기업 엔지니어링 전략은 합병, 지분 매각divestments, 기타 기업 거래에 대해 적극적이고 실천적인 접근 방법을 사용하고 기업 전략에 유의미한 영향력을 행사할 수 있도록 충분히 큰 지분을 보유하는 데 달려 있다. 기업지배구조와 관련된 투자 활동을 하는 것 외에는 이 책에서 소개하는 다른 투자자들과 비슷한 방식으로 하루를 보낸다. 정해진 일과도 없고 회의나 전화 통화도 거의 하지 않고 대부분의 시간을 그저 읽고 생각하면서 보낸다. 별로 일처럼 들리지 않을지도 모르겠다. 그런데 놀라운 사실은 그도 똑같이 생각한다는 것이다.

"저는 투자를 일이라고 생각해본 적이 없어요. 오히려 포커나 체스와 비슷한 게임을 하는 것 같아요."

피터의 조언

☑ **경험이 교육을 능가한다** | 이미 실제적인 투자에 충분히 관심을 가지고 참여하고 있다면 공식적인 경영 교육은 큰 가치가 없을 수도 있다.

☑ **문제 있는 회사를 사서 그 문제를 해결해라** | 순자산가치보다 크게 할인된 가격으로 망해가는 주식을 매수해라. 회사가 최선의 이익으로 경영되고 있지 않다면 변화를 실행하라.

☑ **작은 것이 아름답다** | 영국의 소형주는 매도가 쉽고 소유 규모가 개방적이라 매력적인 투자 대상이다.

☑ **자문 이용을 삼가라** | 회사 매각이나 기타 거래를 할 때 초기 협상은 종종 조언자 없이 더 잘 수행된다. 자문위원은 규제가 있는 경우에만 이용해라.

투자 포인트

☑ **부정적 지배력** | 영국의 회사법은 신주 발행과 같은 중요한 의사결정은 주주총회의 특별 결의안으로 승인을 받아야 한다고 규정하고 있다. 특별 결의안이 통과되려면 투표자의 75%가 결의안에 찬성해야 한다. 따라서 지분을 25% 보유하면 효과적으로 거부권을 행사할 수 있다.

☑ **연금의 함정** | 영국 기업연금제도의 부담스러운 규제는 부주의한 가치투자자에게 함정이 될 수 있다.

절충주의자 유형은 지금까지 어느 유형에도 속하지 않거나 모든 유형에 속하는 투자자들이다. 이들은 어느 한 가지 유형을 고집하지 않는다. 절충주의자 유형 중 톱다운 분석과 바텀업 분석을 모두 사용하지만 분명한 선호가 없는 펀더멘털 투자자가 있다. 단기 뉴스와 기술적 분석, 최근 주가 차트를 바탕으로 거래하는 데이트레이더도 절충주의자 유형에 속한다.

PART

4

다양한 관점으로
투자한다

어디에도 속하지 않는 투자 마인드:

절충주의자

기술적 분석에 주목하는
데이트레이더

단타 매매로 작은 수익을 공략하는 투자자: 칼리드

칼리드의 프로필

· 인터뷰 당시	45세
· 마지막으로 직장을 떠났을 때	37세
· 경력	18세에 학교를 중퇴
	가족이 운영하는 소매업(의류 판매에서 가구 판매로 업종 변경)
· 투자 스타일	단기 뉴스와 기술적 지표를 바탕으로 매일 30~40회 거래함
· 주요 거래 분야 및 섹터	FTSE 350 종목(주로 FTSE 100)
· 상품	CFD
· 보유 기간	몇 분에서 몇 시간
· 투자 성과	2004~2010년: 연평균 40%를 초과하는 세전 수익률 달성
	(레버리지 포함)
· 투자 마인드	"어떤 기업이 무슨 일을 하는지 크게 신경 쓰지 않는다. 애널리스트의
	투자의견 변경과 주가 차트, 기술적 지표를 더 중시한다."
· 주요 키워드	#블룸버그, #직접주문 전용선 direct market access,
	#상대강도지수(RSI), #TD_지표

장기투자자들 사이에서 데이트레이더의 평판은 좋지 않다. 사람들은 데이트레이더를 주의 지속 시간이 짧고 생존 기간도 짧다고 평가한다. 칼리드의 투자 방식은 주의 지속 시간이 짧다는 첫 번째 생각을 그대로 만족시킨다. 그는 하루 30~40회 CFD를 하고 거의 모든 포지션을 몇 시간 안에 정리한다. 오후 4시 30분 이후로는 포지션을 거의 가져가지 않으며 주로 다음 날까지 현금을 들고 있다.

칼리드의 자산은 이 책에 등장하는 사람들과 비슷하지만 거래회전율은 훨씬 높다. 거래대금은 매월 3000만 파운드가 넘는다. 전업투자자가 된 지 10년이 지난 지금 그는 많은 장기투자자가 그 존재를 의심하는 사례가 되었다. 데이트레이더로서 장기간 생존할 수 있음을 입증하고 남이 부러워할 만한 성공을 거두게 된 것이다.

칼리드는 40대 중반의 인도계 남성으로 작지만 다부진 체격에 매부리코를 갖고 있다. 트레이더들이 그렇듯 속사포처럼 빠르게 말하며 억양에서 출신지를 짐작할 수 있다. 그의 집은 확 트인 전원지대에서 몇 분 거리에 있는 셰필드 교외 언덕 위 3층짜리 빅토리아 시대 주택이다.

우리는 창문이 끼워져 있지 않은 채광창으로 하늘이 그대로 보이는 꼭대기 층 사무실에서 몇 시간 동안 방해받지 않고 대화를 나눴다. 칼리드는 L자형 책상 앞에 놓인 회전의자에 앉아 있었는데 책상에는 블룸버그 마켓 데이터 서비스의 뉴스와 차트를 띄워놓는 커다란 모니터 세 대가 있었다. (한 번은 증권 브로커로부터, 다른 한 번은 차트를 보여달라는 시티은행의 프랍트레이더로부터) 두어 번 전화가 울렸지만 조용한 날이었다. 아직 장중이었지만 칼리드는 이른 오후에 내가 도착하기 전 이미 그날의 포지션을 마감했기 때문에 나와의 대화에 온전히 집중할 수 있었다.

성공한 사업가를 꿈꾸다

칼리드 가족은 원래 파키스탄과 국경을 맞대고 있는 인도 북서부의 분쟁 지역인 카슈미르에서 왔다. 그의 아버지는 1950년대 영국으로 이민을 와 셰필드에 정착했고 의류 소매업을 시작해 온 가족이 일을 도왔다. 칼리드는 1964년 그가 지금도 살고 있는 이 집에서 여섯 형제 중 한 명으로 태어났다. 셰필드의 주립 학교를 다녔고 경제학과 역사학에서 A레벨을 받았다.

"대학에 갈 수 있는 성적이었지만 진학하지 않기로 했어요. 사업을 해서 돈을 벌고 싶은 유혹 때문에요."

칼리드가 8세 때 아버지가 돌아가신 이후로 형제 대부분이 가족의 의류 사업을 도와 경영을 분담했다. 1983년 18세에 학교를 졸업한 칼리드도 이 일에 뛰어들어 물건을 구매하고 가격을 책정하고 일반적인 경영 관리에 참여했다.

형제들의 사업은 1993년 경쟁이 심해져 품목을 의류에서 가구로 바꿀 때까지 10년 동안 번창했다. 칼리드는 새로운 사업에는 열정과 애착이 별로 가지 않았다.

"형제들 중 가장 어리고 키도 작아서 가구를 나르기엔 적합하지 않았거든요."

1990년대 후반, 외곽에 새로운 쇼핑몰이 생겨 경쟁이 더 격화되고 셰필드 지역 경제가 지속적인 침체를 겪자 가구 사업도 사양길을 걷게 됐다. 칼리드가 주식 거래라는 취미를 본격적인 직업으로 키울 수 있을지 지켜보기로 한 것도 이때였다.

투자의 시작

학교 경제학 수업 시간에 주식 거래 게임에 참여해본 적은 있지만 처음으로 진짜 주식을 산 건 25세 때였다. 소매업을 하고 있었으므로 영국의 보석 브랜드 래트너즈Ratners가 망했다는 신문 보도에 관심이 갔다.

래트너즈사의 회장이었던 제럴드 래트너Gerald Ratner는 2001년 4월 23일 영국 기업가협회에 연사로 초청받아 악명 높은 셀프디스self-sabotage 사건을 터트렸다. 그때까지 이 회사는 1980년대에 저렴한 보석을 팔아 큰 성공을 거두고 있었다. 그는 보도될 줄 모르고 자기 사업에 대해 가벼운 마음으로 농담을 했다.

"사람들이 어떻게 이렇게 싼값에 팔 수 있냐고 물어보면 저는 우리 제품이 완전히 쓰레기라서 그렇다고 답합니다."

이 농담에 덧붙여 래트너즈에서 파는 귀걸이는 "M&S 새우 샌드위치보다 싸지만 그만큼 오래가지 못할 것"이라고도 말했다.

언론은 고객에 대한 래트너 회장의 조롱을 즉각적으로 비판했고 다음 날부터 시가 총액은 5억 파운드가량 하락했다. 바로 이 래트너즈가 칼리드가 처음으로 매수한 주식이었다.

"바닥은 잡지 못했지만 15포인트에서 3,000파운드를 매수했어요. 은행에서 주문서를 작성한 뒤 카운터 너머로 건네 주문을 냈던 기억이 생생하네요."

3개월이 채 되기 전에 칼리드의 3,000파운드는 6,000파운드 이상으로 불어났고 그는 주식을 매도했다.

"당시 제게는 아주 큰돈이었습니다."

아마추어 투자자의 오류

래트너즈 투자가 성공한 것에 힘입어 칼리드는 디스카운트 증권사discount broker* 셰어링크Sharelink(지금은 사라진 지 오래됐다.)에 계좌를 열고 '계좌 거래trade the account'를 시작했다. 예전 거래소 결제시스템에서는 증시캘린더가 보통 2주, 은행이 쉬는 날이 끼어 있으면 3주의 회계 기간으로 나뉘어져 있었다. 회계 기간 내의 모든 거래는 서로 상계되어 회계가 끝난 후 단일 결제일에 증권 브로커에게 지불해야 하거나 받아야 할 순잔액만 결제되었다.

이런 시스템은 설사 주식을 매수할 돈이 없다 해도 회계 기간 내에 주식을 매수하고 회계 기간이 끝나기 전에 매도해서 결제일에는 순수익 또는 순손실만 지급하는 것이 가능했다. 사실상 계좌 거래는 주식 거래에 대해 비공식적인 신용한도를 제공했다. 계좌 거래는 CFD와 스프레드 베팅 등 주식 거래에 대해 신용을 제공하는 더 공식적인 상품의 전신이었다.

이 시기에 칼리드는 가족 사업을 돕고 있었기 때문에 주식 거래에 온전히 집중할 수 없었고 주식 거래로 진짜 돈다운 돈을 벌지도 못했다. 종잡을 수 없는 주식 거래를 하며 3년을 보낸 뒤 1993년 후반 그는 더 경험 많은 투자자에게는 경고의 깃발이었을 파이낸셜 매니지먼트 인터내셔널 리미티드^{Financial Management International Limited}라는 거창하지만 그럴듯한 이름의 회사에서 권유하는 전화를 받았다. 칼리드는 상담고객으로 가입하고 그들이 추천한 대로 투자하기 시작했다. 몇 개월 만에 그는 과거 3년 동안 번 소소한 이익보다 더 많은 손실을 보고 신용카드 빚까지 지게 됐다.

이후 몇 년 동안 칼리드는 많은 아마추어 투자자가 걷는 불안정

* 종합증권사에 비해 훨씬 싼 수수료로 주문만 받아 처리하는 증권사.

한 경로를 따라갔다. 꾸준히 돈을 벌지도 게임에서 빠져나올 만큼 돈을 잃지도 않았던 것이다. 신용카드 빚은 1만 5000파운드까지 늘어났다.

1997년 파이낸셜 매니지먼트 인터내셔널 리미티드가 제공하는 형편없는 투자 조언이 규제 당국의 주의를 끌었고 결국 회사는 문을 닫게 되었다. 그는 규제 당국으로부터 이 회사와 어떤 거래를 했는지 자세한 내용을 묻는 편지를 받았다. 답변을 보내고 약 1년 후에는 손실액 중 소액을 제외하고 거의 전부를 보상받았다.

"정말 운이 좋았어요. 제 손실은 사기가 아니라 형편없는 조언 때문이었거든요."

1998년 보상금을 받은 후 칼리드는 다시 거래를 시작하기로 마음먹었지만 다른 사람의 조언은 따르지 않기로 다짐했다. 이 시점에서 그는 벌써 7년 넘게 투자를 해왔지만 특별히 큰돈은 벌지 못했다. 이렇게 긴 초기 실패 기간은 내가 인터뷰한 몇몇 투자자가 공통적으로 경험한 일이었고 어느 분야에서든 성공하기 위한 열쇠는 약 1만 시간의 연습이라는 저널리스트 말콤 글래드웰^{Malcolm Gladwell}의 주장을 떠오르게 했다.[27]

"저는 젊었고 미혼이었습니다. 그래서 별로 문제가 없었죠. 심지어 지금은 결혼을 했지만 당시에는 중요한 의무가 거의 없었거든요. 아이들이 있다면 트레이더의 불안정한 수입이 문제가 될 수도 있어요."

계좌 거래를 가능하게 했던 구 거래소결제시스템은 1996년 종료됐다. 이후로는 매일 결제일이 될 수 있고 그 기준은 처음에는 T+5(거래일로부터 5영업일)이었다가 나중에는 T+3로 줄어들었다. 그러나 가령 T+20으로 결제일을 연장해서 거래하고 20영업일이 지나기 전에 포지션을 정리하는 것도 가능했다. 1990년대 후반에는 CFD가 신용 거래를 위한 보다 공식적이면서도 유연한 수단으로 인기를 끌게 되었다.

배경 지식 | 차액결제거래(CFD)

CFD는 주식을 직접 매수/매도하지 않고 거래하는 대체상품이다. CFD 제공자와 투자자는 진입가격과 청산가격의 차액만을 정산하기로 약속한다. 투자자가 롱포지션, 즉 주식을 매수하는 것과 같은 포지션을 잡고 가격이 오른다면 CFD 제공자가 투자자에게 차액을 지불한다. 반대로 투자자가 주식을 공매도하는 것과 같은 숏포지션을 취하고 가격이 오르면 투자자가 CFD 제공자에게 차액을 지불한다.

CFD 롱포지션 사례

롱포지션 진입 | 어떤 주식의 매수/매도 스프레드가 69~70p라고 가정해보자. 투자자는 70p에 10만 주를 매수해서 CFD 롱포지션을 잡았다. 진입 시 총 필요한 투자금은 거래대금 7만 파운드에 수수료 0.1%를 더한 금액이다.

이때 투자자는 실제로 7만 파운드를 지불하지 않는다. 대신 CFD 제공자가

이 포지션에 자금을 대고 투자자의 계좌에 매일 이자를 부과한다. LIBOR*
금리가 연 3%고 투자자에게 제공된 자금에 대한 CFD 제공자의 이자 마진
이 연 2%인 경우 투자자에게 부과되는 하루치 이자는 다음과 같다.

투자자가 지불해야 하는 하루 금리

= 70,000 × (0.03+0.02)/365 = 9.59파운드

투자자는 선의와 손실을 감당할 수 있는 능력을 입증하기 위해 CFD 계좌
에 포지션에 대한 개시증거금 만큼의 현금을 보유하고 있어야 한다. 예를
들어, 이 거래에서 개시증거금은 총 거래대금의 10%인 7,000파운드다. 이
사례에서 투자자는 CFD 계좌에 필요한 개시증거금보다 더 많은 1만 파운
드를 현금 보유하고 있다고 가정하자.

마진콜 │ 이제 CFD 거래를 시작한 그날 종가가 65~66p로 떨어졌다고 해
보자. 계좌는 6만 5000파운드로 줄어들었고 포지션에 대한 투자자의 시가
평가 손실은 5,000파운드가 된다. 투자자는 CFD 계좌에 이 손실을 반영한
변동증거금variation margin을 충당할 만큼 현금을 보유하고 있어야 한다. 개시
증거금 7,000파운드에 변동증거금 5,000파운드를 더하면 투자자가 계좌에
보유하고 있는 현금은 1만 파운드를 넘어선다. 다음 날 아침, 이 투자자는
2,000파운드 부족분에 대한 마진콜을 받게 될 것이다. 투자자가 마진콜을

• 런던의 우량은행 간 단기자금을 거래할 때 적용하는 금리.

즉시 채워 넣지 못할 경우 CFD 제공자는 포지션을 반대매매한다(그리고 지급되지 않은 손실에 대해 투자자에게 책임을 묻고 필요하다면 고소하기도 한다.).

롱포지션 청산 | 이후 주가가 80~81p로 올랐다고 가정해보자. 투자자는 80p에 포지션을 청산한다. 거래대금은 총 8만 파운드고 여기에서 0.1%의 수수료를 차감한다. 투자자에게 지불해야 할 진입과 청산 시 차액을 계산해보면 다음과 같다.

$$80,000 \times 0.999 - 70,000 \times 1.001 = 9,850파운드$$

CFD 숏포지션 사례

숏포지션 진입 | 롱포지션 사례처럼 진입 시점의 주가를 69~70p라고 해보자. 투자자는 69p에 10만 주를 매도해서 CFD 숏포지션을 잡았다. 총 계약 금액은 거래대금 6만 9000파운드에서 수수료를 차감한 금액이다. 주식을 매도해서 자금이 조달되므로 숏포지션은 투자자가 자금을 조달할 필요가 없다. CFD 제공자는 투자자에게 매일 3% LIBOR 금리에서 1%의 신용 이자 마진을 차감한 이자를 지급한다.

$$투자자가 지급받는 하루 금리$$
$$= 69,000 \times (0.03 - 0.01)/365 = 3.78파운드$$

CFD 롱포지션 사례처럼 투자자 계좌에는 개시증거금에 변동증거금을 더

한 금액 이상의 현금이 있어야 한다.

숏포지션 청산 │ 주가가 60~61p로 떨어졌을 때 포지션을 청산한다고 해보자. 총 계약금액은 6만 1000파운드에 수수료 0.1%를 더한 값이다. 투자자에게 지불해야 할 진입과 청산 시 차액을 계산해보면 다음과 같다.

$$69,000 \times 0.999 - 61,000 \times 1.001 = 7,870파운드$$

CFD 보유 기간 중 주식에 대한 배당금은 투자자가 롱포지션이라면 투자자에게 입금해주고 숏포지션이라면 인출한다.

직접 주식을 매수하는 것에 비해 CFD가 갖는 장점은 레버리지를 쓸 수 있다는 점, 실제 주식을 매수할 때 지불해야 하는 0.5%의 인지세를 내지 않는다는 점이다. 이런 특징은 주가의 작은 움직임에 수차례 거래를 해서 수익을 얻는 것이 목표인 칼리드 같은 데이트레이더에게는 아주 중요하다. 데이트레이더의 전략은 모든 거래마다 0.5%의 인지세가 붙는다면 실행 불가능할 것이다.

CFD와 스프레드 베팅의 비교

스프레드 베팅과 CFD는 다음과 같은 주된 차이점이 있다(스프레드 베팅의 사례는 3장의 빌을 참고해라.).

■ 스프레드 베팅 중개업자가 제공하는 가격 스프레드는 더 넓으며 보통

CFD 수수료에 비해 상당히 더 비싸다.

- 스프레드 베팅으로 얻은 이익에 대해서는 자본이득세가 없다(손실에 대한 세금 공제도 없다.). 스프레드 베팅 중개업자는 베팅에 대해 소액의 세금을 내지만 가격 스프레드를 넓게 벌려 이를 스프레드에 녹인다.
- 스프레드 베팅의 경우 이자 및 예상 배당금은 CFD처럼 매일 입금 및 차감되지 않고 개시 가격에 포함되어 있다.

CFD 거래를 시작하다

칼리드는 1999년 《파이낸셜 타임스》에 실린 딜포프리Deal4free 광고를 보고 CFD를 처음 접했다. 딜포프리는 수수료 없이 시장가 또는 시장가에 가까운 가격으로 CFD를 거래할 수 있다고 광고했다. 예를 들어, 시장에서 어떤 주식의 매수/매도 호가가 100~101포인트라면 딜포프리도 100~101포인트 스프레드로 CFD를 제공하고 간혹 이것보다 살짝 넓은 스프레드를 제공한다는 것이었다.

딜포프리는 고객 다수가 이해하기 어려운 가격 결정 방식으로 이익을 얻었다.

- 이자 마진은 고객에게 제공하는 레버리지에 부과했다.
- 고객의 매수/매도 주문을 서로 매칭시켜 그 '스프레드를 수취했다.'
- 회사에서 헤징을 했을 경우에는 간혹 기초자산의 시장 스프레드보다

살짝 더 넓은 스프레드를 제공하기도 했다.

1999년에 칼리드는 그 당시 TV신호로 전송되던 업데이터 주가 데이터 서비스Updata share price data service에도 가입했다. 이 서비스는 당시 기준으로 훌륭한 차트 기능을 제공해서 이것이 기술적 분석에 대한 칼리드의 관심을 자극했다. 그러나 여러 전략을 써보는 노력 대비 전반적인 성과는 1990년대와 마찬가지로 불안정했다. 투자를 그만 둘 정도로 큰 손실을 입지 않았다는 게 다행이라면 다행이었다.

2002년 비로소 성공적인 두 가지 전략을 발견하고 나서야 칼리드의 거래는 수익이 높아지기 시작했다. 그 전략이란 애널리스트의 투자의견 상향 및 하향에 따라 거래하는 것, 몇 가지 기술적 지표를 따르는 것이었다.

투자의견 상향과 하향

투자의견을 상향한다는 것은 증권 회사 애널리스트가 신규 보고 서에서 한 회사에 대한 수익 전망이나 목표 주가를 올리는 것을 말 한다. 반대로 수익 전망이나 목표 주가를 내리는 것을 하향이라고 한다.

간단히 말해 칼리드의 전략은 상향보고서가 나오자마자 가장 먼 저 매수해서 애널리스트의 투자의견이 조정되었다는 뉴스가 다른 시장 플레이어들에게 퍼지고 주가에 영향을 미치면 몇 시간 안에 매도하는 것이다. 반대로 하향보고서가 나오면 가장 먼저 매도하려고 한다.

칼리드의 방식이 순전히 기계적인 것만은 아니다. 어떤 증권사의 투자의견 변경이 시장에 더 혹은 덜 영향을 미치는지, 애널리스트 개개인의 평판은 어떤지, 일반적인 시황은 어떤지(하락을 예상한다면 투자의견이 상향된 종목을 매수하는 데 더 조심스러울 것이다.), 기술적 분석은 어떤지 등 연성 정보도 고려한다. 또한 애널리스트보고서의 내용도 훑어본다.

"저는 행간을 읽으려고 노력합니다. 가령 매도 의견이었다가 강력 매수 의견으로 큰 폭의 상향 조정이 일어났다면 대개 포지션을 더 크게 잡지요."

칼리드는 직접 재무제표를 분석하거나 사업을 조사하지 않는다.

"저는 어떤 기업이 무슨 일을 하는지 크게 신경 쓰지 않을뿐더러 펀더멘털에 대해서도 거의 아는 게 없습니다. 애널리스트의 투자의견 상향 및 하향, 주가 차트와 기술적 지표를 더 중시하지요."

2004년까지 칼리드는 하루 20회 이상 거래했고 점점 더 꾸준히 수익을 얻게 됐다. 그리고 거래 규모가 상당한 투자자에게 딜포프리와 같은 수수료 무료 서비스를 이용한 거래는 문제점이 있다는 사실도 잘 알게 됐다. 이런 서비스는 가격 스프레드에서 이익을 얻기 때문에 영악한 고객이 스프레드 이상으로 수익을 얻지 못하게 방지해야 한다.

예를 들어, 어떤 주식에 대한 시장 호가가 100~101포인트라고 가정해보자. CFD 제공자는 쉽게 1만 주를 100~101포인트 스프레드로 호가 제시한다. 이때 어떤 CFD 투자자가 100포인트에 1만 주를 숏포지션 잡으면 CFD 제공자는 시장에서 즉시 100포인트에 주식 1만 주를 매도해 포지션을 헤지하려고 한다. 하지만 그 시점에 매수할 수 있는 주식 수량이 모자라 1,000주뿐이다. 그러면 CFD 제공자는 더 낮은(나쁜) 가격에 남은 9,000주에 대한 헤지를 실행해야 한다.

이를 피하기 위해 CFD 제공자는 투자자에게 호가를 다시 제시할 가능성이 높다. 즉, 100포인트에 거래하려던 투자자의 시도는 거절되고 약간 더 낮은 가격으로 호가가 제시돼 1만 주에 대한 숏포지션을 잡게 하는 것이다. 투자자 입장에서 재호가가 제시되는 일이 잦으면 원하는 가격에 진짜 거래할 수 있는지 투명성이 부족해져 계속해서 실망하게 된다.

재호가 제시로 거래를 방해받는 경우가 점점 많아지자 칼리드는 MF 글로벌이 제공하는 CFD 트레이딩 플랫폼, GNI 터치를 이용하기로 했다. MF 글로벌은 투자자가 직접 런던증권거래소에 매수/매도 주문을 낼 수 있는 '직접주문 전용선'을 제공한다. 바로 앞의 사례에서 투자자는 딜포프리가 제시한 100~101포인트 가격을 보고 100포인트에 주문을 내리려고 했다가 재호가가 제시돼 낙담하는 대신 실제 시장에서 100포인트의 매수 잔량이 1,000주인 것을 보고 트레이딩 전술을 결정하고 주문을 내기 전 매수 호가 잔량이 얼마 없다는 사실을 충분히 인지할 수 있을 것이다.

MF 글로벌은 수수료를 받았지만 칼리드는 매달 3000만 파운드 이상 주식을 거래했으므로 특별히 낮은 수수료율을 적용했다. 훌륭한 거래 플랫폼과는 별개로 그는 하루에도 수차례 대화를 나누는 MF 글로벌 딜러와 원만한 업무 관계를 유지하는 것도 중요하다고 생각한다.

"제가 거래하는 MF 글로벌 딜러는 그 자신도 트레이딩 마인드가 있는 업계 최고의 딜러입니다. 그가 MF 글로벌을 떠나면 저도 따라갈 거예요."

증권사를 업그레이드한 칼리드는 2004년, 이용하는 데이터 서비스도 업데이터^{Update}에서 프로쿼트^{Proquote}로 업데이트했다. 프로쿼트는 5장의 수실도 사용하는 더 수준 높은 데이터 서비스이다. 그러나 이것은 그가 2005년부터 사용해온 시장 데이터 서비스의 궁극, 블룸버그 단말기로 가는 중간 단계일 뿐이었다. 2010년 초, 단말기 하나에 연간 2만 파운드(한화 3000만 원 이상)가 넘는 비용 때문에 집에서 거래하는 개인투자자들은 블룸버그 단말기를 거의 가지고 있지 않았다. 칼리드는 이 비용을 좋은 소비라고 생각한다.

"블룸버그에는 데이터 소스, 시장 뉴스, 잘 알려져 있지 않은 기술적 지표 등 매우 심층적인 정보가 있습니다. 저는 블룸버그 서비스에서 늘 새로운 기능을 찾아내고 있어요."

블룸버그 단말기는 데이터 외에도 주식 거래 멀티 브로커 실행관리 시스템^{EMS, Execution Management System}을 제공해서 자체 브로커가 청산 및 결제를 담당해 사용자들이 다양한 유동성 공급원에 대해 직접 거래할 수 있게 한다. 따라서 블룸버그 사용자는 공식적인 런던증권거래소의 전자오더북electronic order book *뿐만 아니라 대형투자자들이 점점 더 많이 옮겨가고 있는 '다크풀dark pools '에서도 거래할 수 있다. 이것은 자주 대량으로 거래하는 사람들에게 특히 유용하다.

칼리드는 거래에 도움이 될 수 있게 블룸버그 기능을 개선시키기도 했다.

"제가 블룸버그를 시작했을 때는 증권사의 투자의견 상향 조정과 하향 조정 목록을 수집하고 분석하는 기능이 매우 약했습니다. 늦은 오전에야 발표하는 경우가 많았어요. 제가 개장 전에 투자의견 변경 사실을 확인한다면 장 시작 전 동시호가에 주식을 사거나 팔겠죠. 블룸버그에서 투자의견 변경을 일찍 발표하는 게 제 입장에서는 더 도움이 됩니다. 그래서 이 기능을 더 효율적으로 업데이트해달라고 주문했어요."

배경 지식 | **투자의견 투자에 대한 학계 의견**

금융 학자들에게 이 장에서 소개하는 전략에 대해 가벼운 의견을 물으면 아마 대부분은 비웃을 것이다. 기술적 분석은 학계에서 전통적으로 지독한 평가를 받아왔고 애널리스트 추천을 따르는 것도 기술적 분석보다 별로 나

---

* 구매자와 판매자의 모든 매수/매도 주문을 기록한 전자 목록.

을 바 없는 취급을 받아왔기 때문이다. 그러나 이는 지나치게 편향적이다. 최근 나온 논문에는 사실 상반된 감정이 공존하는데 기술적 분석과 애널리스트 투자의견 변경의 경제적 가치를 어느 정도 지지하는 모습이 어렵지 않게 발견되고 있기 때문이다.

2000년 세계적인 금융 학술지《저널 오브 파이낸스 Journal of Finance》에 발표된 기술적 분석에 대한 어느 연구에 따르면 몇 가지 기술적 지표들은 실질적인 가치를 가지고 있는 것으로 나타났다.[28] 보다 최근《저널 오브 이코노믹 서베이 Journal of Economic Surveys》에서 95개 학술 연구를 면밀히 조사한 결과 56개 논문은 기술적 분석을 활용한 트레이딩 전략이 긍정적인 성과를 낸다고 보고했으며, 20개 논문은 부정적인 결과를 낸다고 보고했고, 19개 논문은 혼재된 결과를 낸다고 보고했다.[29]

애널리스트 투자의견에 대한 2006년《저널 오브 파이낸셜 앤드 퀀터티브 애널리시스 Journal of Financial and Quantitative Analysis》에 게재된 한 논문에 따르면 블룸버그의 경쟁사인 퍼스트 콜First Call에 시장 개장 전 발표된 신규 추천에 따라 매매한 결과 매수한 경우 1%, 매도한 경우 1.5%의 이틀 평균 수익률을 기록했다.[30] 또 다른 2006년 논문은 이탈리아를 제외한 모든 G7 국가에서 애널리스트 추천에 주가가 크게 반응한다는 것을 발견했다.

이런 연구 결과들은 일반적인 뉴스 제공 서비스[31]나 TV[32]에서 보도된 애널리스트 추천을 따르는 것이 별 가치가 없다고 주장한 초기 논문들과 대비된다. 애널리스트 추천으로 수익을 얻으려면 웹사이트나 신문보다는 블룸버그나 퍼스트 콜 등 프리미엄 서비스를 이용해 뉴스가 퍼지기 시작하는 초기에 접근할 수 있어야 한다.

선호하는 기술적 지표

칼리드가 가장 선호하는 기술적 지표는 상대강도지수relative strength indicator(이하 RSI)다. 그는 RSI를 이용할 때 같은 섹터 내에 있는 두 종목의 가격 비율인 '스프레드 비율spread ratios'을 함께 모니터링한다. 예를 들어, 은행 섹터 내의 두 종목인 바클레이즈와 HSBC의 주가 비율에 대한 RSI를 모니터링하는 것이다. 비율이 크게 왜곡되면 싼 주식을 매수하고 비싼 주식을 매도한다. 칼리드는 절대적인 가격보다 가격 스프레드에 초점을 맞추는 전략이 전체 시장이 추세를 이루는 시기에 특히 유용하다고 생각한다.

그는 조지 소로스, 폴 튜더 존스Paul Tudor Jones 등 트레이딩계의 권위자들과 함께 일해온 기술적 분석가 톰 디마크Tom DeMark가 개발한 'TD 지표' 등 잘 알려져 있지 않은 기술적 지표를 사용하기도 한다. TD 지표 계산은 블룸버그가 제공하는 또 하나의 유용한 정보로 저렴한 정보 제공 서비스에서는 쉽게 구할 수 없다. 이것은 가격 소진 개념을 기반으로 만든 지표로 전환점을 찾는 데 도움이 된다. RSI를 연상시키며 여러 기술적 분석 체계들이 추세추종 방식인 것과는 대조적이다.

여러 종목의 가격 움직임을 지속적으로 모니터링하기는 어려울 수도 있다. 그래서 칼리드는 모든 FTSE 350 주식에 가격 알림을 설정해놓는다. RSI가 25 밑으로 내려가거나 75 이상 올라가는 경우처럼 중요한 기술적 지표가 범위를 벗어났다고 알림이 뜨면 차트를 열고 그 종목에 대한 최신 뉴스를 살펴본다. 애널리스트의 투자의견 변경 소식을 확인하기 위해 같은 종목에 뉴스 알림도 설정해놓는다.

이 책에 등장하는 대부분의 투자자들은 펀더멘털 투자자다. 그들은 최근 주가 흐름보다는 기업의 기본 사업과 더 넓게는 경제와 관련된 지표와 특징들을 바탕으로 주식을 고른다. 펀더멘털 투자자들은 기술적 분석으로 달성한 성공을 보면 짜증이 날 것이다. 기술적 분석은 기본적인 사업과는 별 관계없어 보이는 '확장된' RSI, '가격 소진' 상태의 TD 지표, '추세적' 가격, 기타 차트 패턴 등 은연중에 가격을 탄력적·물리적·그래픽적 특성을 가진 것으로 다루기 때문이다.

펀더멘털 투자자에게 기술적 분석은 모두 가짜 은유처럼 보인다. 가격은 사실상 귀속적 성질을 갖지 않으며 매수자와 매도자 사이에서 균형을 이루는 숫자일 뿐이기 때문이다. 그러나 기술적 분석가들에게 가짜 은유는 비옥한 결실을 안겨준다. 은유가 돈을 벌어준다면 그것을 사용하지 않을 이유가 없지 않은가?

배경 지식 | 상대강도지수(RSI)

RSI는 미국의 엔지니어 웰스 와일더 J. Welles Wilder가 1978년에 쓴 《기술적 거래 시스템에 대한 신개념 New Concepts in Technical Trading Systems》[33]에서 처음으로 알려졌다. '상대강도'란 며칠 동안 상승 추세를 보인 주식은 하락하는 날의 가격 변화분보다 상승하는 날의 가격 변화분이 더 클 것이라는 주장이다.

상승한 날의 가격 상승분 평균과 하락한 날의 가격 하락분 평균의 상대적인 크기(또는 '강도')를 상승압력과 하락압력 중 어떤 것이 더 우세한지를 나타내는 표시로 보는 것이다. 상대강도를 계산하는 공식은 다음과 같다.

$$상대강도(RS) = \frac{상승한\ 날들의\ 상승분\ 평균}{하락한\ 날들의\ 하락분\ 평균}$$

이것을 더 편리하게 0에서 100의 범위로 표준화한 것이 RSI다. RSI는 다음과 같이 계산한다.

$$RSI = 100 - \frac{100}{(1 + RS)}$$

따라서 RSI = 50이 기준선으로 RSI가 50보다 위로 올라가면 최근 며칠 동안 '상승'이 우세했다는 뜻이고 반대로 RSI가 50 아래로 내려가면 '하락'이 우세했다는 뜻이다.

일반적으로 RSI는 9일, 14일, 20일, 25일의 기간값을 사용해서 계산한다. 기술적 분석가들은 어떤 주식의 RSI가 고점이나 저점에 도달했을 때 가격이 한 방향으로 '과열'되었고 전환될 가능성이 높다고 본다. 기술적 분석의 여러 개념처럼 이것도 이론적으로 타당한 이유는 없다. 일부 기술적 분석가들의 경험으로 뒷받침되는 관찰 결과일 뿐이다. RSI가 30 이하면 '과매도구간'(매수 신호), 70 이상이면 '과매수구간'(매도 신호)으로 본다. 칼리드는 25나 75 수준에서 매매하는 것을 선호한다. 다음은 2010년 1월에서 6월까지 6개월 동안의 보다폰 주가 차트와 20일 RSI다.

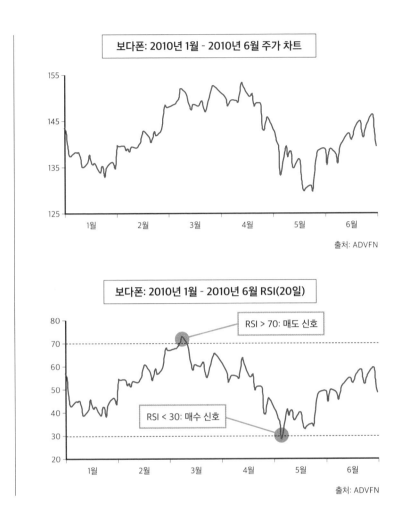

보다폰: 2010년 1월 - 2010년 6월 주가 차트

출처: ADVFN

보다폰: 2010년 1월 - 2010년 6월 RSI(20일)

RSI > 70: 매도 신호

RSI < 30: 매수 신호

출처: ADVFN

데이트레이더의 일상

칼리드는 평일 아침 6시에 하루를 시작한다. 극동지역의 뉴스를
보고 FTSE 350 종목에 대한 증권사 애널리스트의 신규 보고서를

30개까지 훑어본다. 이 보고서들은 일반적으로 개인투자자에게는 제공되지 않지만 칼리드는 몇 년 동안 시티의 몇몇 회사들과 친밀한 관계를 형성해왔기 때문에 받아볼 수 있었다.

"셰필드에 있긴 하지만 금융가에 있는 꽤 많은 트레이더가 저를 알아요. 로이터나 블룸버그 같은 뉴스 제공 서비스는 시장 뉴스에 대해 짧지만 강렬한 코멘트를 늘 찾고 있거든요. 그러면 가끔씩 저한테 전화를 걸어서 제 말을 인용하고 그렇게 이름이 알려지죠."

칼리드에게 애널리스트보고서가 갖는 가치는 보고서가 제공하는 기본적인 펀더멘털 분석에 있지 않고 보고서가 시장 흐름의 조기 단서를 제공한다는 점에 있다. 다시 말해서 주요 금융기관의 고객들이 어떻게 거래를 모색하는지 알 수 있다.

"제가 보는 기술적 지표들이 어떤 주식이 과매도 구간이라는 신호를 보낸다고 해보죠. 대형 은행에서도 매수 기회라고 말한다면 주식을 매집할 준비가 되어 있는 고객들이 존재할 가능성이 높고 이 사람들이 가격을 지지해줄 것입니다. 따라서 대형 투자은행이 부정적인 보고서를 내면 주식을 매수하려고 했던 결정에 큰 변화가 생깁니다."

보통 오전 7시 45분쯤에는 장 시작 전 동시호가에 어떻게 할 것인지 생각한다. 동시호가와 개장 후 한 시간이 하루 중 가장 바쁜 시간이다. 오전 7시 50분부터는 직접주문 전용선으로 증권사 투자의견이 변경된 종목 중 동시호가에 거래하기로 마음먹은 것을 거래한다. 일반적으로 각 주문은 최소 5만 파운드이며 하루 10여 개의 포지션을 잡는다. 개장 후 처음 한 시간 동안 모든 거래를 열심히 지켜보고 1~2% 이익을 보거나 때로는 약간 손실을 보고 나오려 한다.

칼리드는 매수/매도 스프레드를 얻기보다는 신속성을 선호하는 공격적인 거래 스타일이다. 예를 들어, 모니터에 뜬 가장 좋은 매수/매도 가격이 현재 100포인트와 101포인트인데 매도하고 싶다면 칼리드는 100.75포인트에 주문을 걸어놓고 그 가격을 지불할 매수자가 나타나기를 기다리기보다는 직접주문 전용선으로 당장 100포인트에 매도주문을 낸다. 관련 주식 쌍을 스프레드 거래하는 경우(바클레이즈 매수, HSBC 매도처럼)에는 동시호가에 거래하지 않고 가격이 안정된 이후인 오전 8시 30분부터 9시까지 스프레드를 다시 살펴보는 것을 좋아한다.

하루의 나머지 시간에는 뉴스를 읽고, 블룸버그의 기술적 지표들이 신호를 보내는 종목들을 연구하고, 개장 후 한 시간 동안 지나쳐버린 다른 스프레드 거래나 포지션이 있는지 모니터링한다. 그는 소문에 거래하지 않는다. 상품 가격과 환율을 주시하고 있지만 직접 상품이나 외환을 거래하지는 않고 주식 거래를 위한 정보로서만 활용한다. 모니터의 작은 창에는 하루 종일 CNBC 비즈니스 채널이 음소거 상태로 켜져 있다.

칼리드는 긍정적인 기회를 발견할 때마다 매번 투자를 집행하지는 않으며 긍정적 기대가 아주 강한 몇 개의 포지션에 포트폴리오를 제한적으로 운용하는 것을 좋아한다.

"저는 포지션을 50개쯤 잡아놓고 그중 30개에서 돈을 버는 것보다 포지션을 10개 잡고 그중 여덟 개에서 돈을 버는 걸 더 좋아해요."

FTSE 350에 속한 종목을 거래하지만 대부분 FTSE 100 종목을 중심으로 거래한다.

인터넷 게시판을 읽거나 글을 올리지는 않는다. 대신 하루 종일 브로커, 은행이나 헤지펀드에서 일하는 전문 트레이더들과 전화, 블룸버그 채팅, 이메일로 연락을 주고받는다. 칼리드는 이런 상호작용에서는 겸손함과 어느 정도의 상호성이 중요한 자질이라고 강조했다.

"어떤 사람들은 자기가 얼마나 똑똑한지 과시하시 위해 인터넷 게시판에 글을 올리는 것 같아요. 저는 저보다 더 똑똑하고 수준 높은 사람들과 대화하려고 노력합니다. 그 사람들에게 무엇인가 유용한 것을 주려고 하면 그들도 내게 무엇인가를 되돌려줄 거라고 생각하죠."

몇 년 전 런던증권거래소의 오후 4시 30분 장 마감 동시호가에 가끔 이상 현상이 발생했다. 예를 들어, 어떤 주식이 저녁에 FTSE 100 등 시장 지수에 편입되기로 예정되어 있어 지수 추종 펀드가 이 주식을 매수하려고 장 마감 동시호가에 가격에 상관없이 시장가 주문을 냈다면 약삭빠른 트레이더들은 비정상적으로 높은 가격에 주문을 내서 크게 한몫 잡을 수 있었다. 그러나 이제는 지수 추종 펀드들도 더 신중해져서 이런 이상 현상은 거의 일어나지 않는다. 현재 칼리드는 주로 기존 포지션을 정리하기 위해 4시 30분 동시호가를 이용한다. 저녁에는 보통 포지션을 가져가지 않고 현금을 보유한다. 가끔 며칠 또는 몇 주 동안 포지션을 유지하는 경우도 있지만 이런 장기 포지션은 전체 트레이딩에서 큰 비중을 차지하지 않는다.

장이 종료한 뒤에는 한두 시간 정도 리서치보고서를 본다. 미국 시장도 살펴보지만 단지 런던 시장과 상관관계가 높기 때문일 뿐 거래하지 않는다. 오후 6시쯤 꼭대기 층에 있는 사무실을 떠나 오후 9시 경 다시 복귀해 미국 지수가 어떻게 끝났는지, 미국에 특별한 뉴스가 없는지 확인한 다음 30분 정도 다음 날을 위해 준비한다.

칼리드는 으레 CFD 공급자가 제공하는 최대 레버리지보다 훨씬 적은 레버리지를 사용한다. 그는 이렇게 말한다.

"일반적으로 제 포지션은 MF 글로벌이 허용하는 최대 레버리지의 50% 수준으로 레버리지를 씁니다."
그리고 거의 마진콜을 당하지 않는다.

"MF 글로벌과 거래하면서는 4년 동안 한 번도 마진콜을 당하지 않았고, 딜포프리와 거래하면서는 딱 한 번 당해봤죠."

마진콜이 가까워지면 칼리드는 포지션을 줄이는 편이다. 그는 높은 레버리지를 제공한다고 강조하는 많은 CFD 공급자들의 광고가 '새로운 투자자들에게 완전히 잘못된 아이디어를 심어준다.'고 생각한다. 그는 미리 정해진 손절매를 사용하지 않고 "고통이 너무 심하면 빠져나온다!"는 임의적인 '통증 역치 방식pain threshold method'을 더 선호한다. 직접 개발한 스프레드시트 하나에서 전체적인 시장 노출액과 마진을 모니터링한다.

어려운 시장에서의 데이트레이딩

최악의 거래에 대해 물으니 칼리드는 2008년이 힘든 해였다고 솔직하게 말했다.

"사실 2007년도 좀 까다로웠어요!"

2007년 그는 부동산 회사 해머슨Hammerson에 100만 파운드가 넘는 롱포지션을 잡았다.

"애널리스트의 투자의견이 상향돼서 매수했지만 부동산 섹터 전체가 압력을 받고 있었고 해머슨처럼 차입 비중이 높은 주식은 특히 안 좋았습니다. 몇 주 동안 손실이 계속 늘어났지만 저는 부정했죠. 결국 어느 날 장 시작 전 동시호가에 매도했는데 팔지 않았다면 MF 글로벌에 마진콜을 지불해야 할 뻔했어요. 그날 최저가로 내려가서 최악의 날이 되었거든요. 이 한 번의 거래로 약 25만 파운드를 잃었는데 제가 경험한 가장 큰 손실이었어요."

2008년 9월 많은 금융기관이 어려움에 빠졌던 광란의 시기에 칼리드는 얼마간 MF 글로벌에서 자금의 일부를 인출했다. 대체할 수 있는 다른 CFD 중개 회사를 찾다가 계좌를 아이슬란드의 카우프싱 싱어 앤드 프리드랜더Kaupthing Singer and Friedlander 로 옮겨볼까 생각했지만 결국 실행하지는 않았다. 이것 역시 운 좋은 결정이었는데 카우프싱은 2008년 10월 8일 법정관리에 들어갔기 때문이다. 그는 "MF 글로벌보다 더 튼튼한 회사는 찾을 수 없다."고 결론지었다. 칼리드는 여전히 이 문제에 대한 좋은 해결책을 찾지 못하고 있다.

"저는 일반투자자 아닌 적격기관투자자로 분류되기 때문에 MF 글로벌에 문제가 생기면 보상에서 뒤로 밀립니다. 그래서 문제가 생겼다는 조짐이 보이면 바로 돈을 빼내야 하죠."

이런 어려운 시기 때문에 직장으로 돌아가는 것을 고려한 적이 있을까?

"그만큼 나빠 보이지는 않았습니다!"

그러면서 해외에서 긴 휴가를 보내는 것을 제외하면 아내와 본인 둘 다 돈이 많이 드는 취향이 아니어서 어려운 시기를 더 쉽게 보낼 수 있었다고 덧붙였다.

계속 트레이딩할 거라고 예상하기는 하지만 칼리드는 대체로 한 사람의 머릿속에서 일어나는 비즈니스는 확대가 어렵다는 난제를 강조했다.

"조수를 고용해볼까 생각해본 적이 있지만 트레이더로서 많은 것을 위임하기는 어려울 것 같아요. 그런 측면에서는 막다른 직업입니다."

작은 수익을 공략하라

단기 거래를 엄청나게 회전시켜 여러 번의 작은 수익을 얻는 칼리드의 전략은 지난 10년 간 거래 서비스의 혁신에 많은 영향을 받았다. 특히 CFD는 레버리지를 제공하고 공매도가 가능하며, 주식 매수 시 붙는 0.5%의 인지세를 내지 않아도 된다는 장점이 있다. 게다가 CFD 공급자들 사이에 경쟁이 치열해 수수료도 매우 낮다.

이런 혁신이 없었다면 개인투자자가 데이트레이딩으로 수익을 얻는 일은 불가능했을 것이다. 이것은 지난 15년 동안 개인투자자들의 투자 환경이 얼마나 개선됐는지를 보여주는 또 다른 사례다.

투자를 하는 내 친구 대부분은 장기 펀더멘털 투자자들로 이 장의 초안을 읽고 난 뒤 반응이 다소 인색했다. 한 명은 투자의견에 따라 사고 파는 것은 '좀 불쾌한 전략' 같다고 불평했고 다른 한 명은 '합법적인 형태의 주식 선매매 거래'라고 비난했다.

칼리드 같은 데이트레이더가 재무적인 숫자는 전혀 살펴보지 않고 거래하는 '회사'의 기본적인 사업에 대해 아는 것도 거의 없이 성공적으로 매매한다는 사실은 펀더멘털을 연구하느라 오랜 시간을 쏟는 투자자들에게는 짜증 나는 일이다. 펀더멘털 투자자에게 기술적 분석은 제대로 된 이해를 발전시키지도 않게 하고 그럼에도 종종 화날 정도로 좋은 정답을 알려주는 일종의 커닝 페이퍼처럼 보일 수 있다.

그러나 트레이딩에는 지적 깊이를 나타내는 표시도 없고 표절이나 저속함에 대한 불이익도 없다. 오직 수익률만이 중요하다. 지난 6년 동안 레버리지를 포함해 매년 40% 이상의 연평균 성장률을 달성한 것이 원칙적인 비판자들에게 보내는 칼리드의 답변이다.

칼리드의 조언

☑ **애널리스트 투자의견을 따라 종목을 거래한다** | 투자의견 변경에 따른 매매는 변경 사실이 널리 퍼지기 전 접할 수 있다면 단기적으로 유용한 전략이 될 수 있다.

☑ **관련 종목 간의 가격 비율을 모니터링하라** | RSI와 같은 지표는 개별 가격뿐만 아니라 HSBC와 바클레이즈 등 같은 섹션의 가격 비율을 모니터링하는 데 사용될 수 있다.

☑ **트레이딩은 확장 가능한 비즈니스가 아니다** | 트레이딩은 주로 한 사람의 머릿속에서 일어나는 활동이기 때문에 위임하고 확장하기가 어렵다.

투자 포인트

☑ **거짓이지만 유용한 은유** | 기술적 분석은 가격을 탄력적·물리적·그래픽적 특성을 가진 것으로 다루어 대부분이 거짓 은유처럼 보일 수 있다. 그러나 기술적 분석가들은 이런 거짓 은유를 이용해 돈을 번다.

☑ **초단타 매매를 위한 CFD** | 높은 매매 회전률을 일으켜 각각의 거래에서 작은 기대 수익을 얻은 트레이더에게 CFD는 수수료도 낮고 인지세도 없기 때문에 주식 현물이나 스프레드 베팅보다 거래하기가 더 좋다.

☑ **주고받는 네트워킹** | 다른 투자자들과의 소통에는 겸손함과 어느 정도의 상호성이 필요하다. 서로 주고받을 수 있고 뭔가 배울 수 있는 사람들과 대화하라.

남들과
다른 선택을 한다

독창적인 역발상 투자자: 빈스

빈스의 프로필

· 인터뷰 당시	64세
· 마지막으로 직장을 떠났을 때	33세
· 경력	17세에 학교를 중퇴
	자동차 회사 근무
	지방정부의 공무원
	출판사 운영
· 투자 스타일	가치 지표가 저렴한 소형주를 바텀업으로 검토
	2003년부터 영국 주식에서 독일 부동산으로 전환하기 위해 톱다운으로 사고
· 주요 거래 분야 및 섹터	영국의 소형주, 대형주, 부동산, 부동산투자신탁(REITs)
· 상품	주식, 부동산
· 보유 기간	몇 개월에서 몇 년
· 투자 성과	2003년: ISA에 100만 달러 이상 보유
	지난 15년 동안 영국 상장 주식 대량 보유 공시에 여러 차례 오름
· 투자 마인드	"좋은 아이디어가 떠오르면 변화를 가져올 만큼 충분히 매수해라.
	리스크를 분산시키는 것은 이익을 분산시키는 것과 같다."
· 주요 키워드	#역발상_투자, #절세를_위한_이주, #경쟁의_부재, #프로파일링

투자에서 역발상주의는 예술에서 독창성과 같다. 진지한 예술가들은 모두 스스로를 독창적이라고 생각하고 진지한 투자자들은 스스로를 역발상 투자자라고 생각한다. 하지만 대부분은 허세다. 독창적인 예술가, 역발상 투자자는 존경받는다는 사실을 알고 스스로와 다른 사람에게 자신이 그렇다고 확신시키는 것이다. 진짜 역발상 투자자를 식별하려면 투자자가 투자 외의 다른 영역에서도 인기 없는 신념을 지키는지 살펴보면 도움이 된다.

빈스는 일부 비인기 아이디어를 지지할 뿐만 아니라 이를 적극적으로 알리기도 한다. 그가 20년 동안 운영하고 있는 작은 출판사는 전통적인 상업적 기준을 충족시키지 못하고 통념을 뒤엎는, 종종 다른 출판사들이 손대지 못하는 책들을 출판한다.

"저는 안전하고 무해한 책은 출판하고 싶지 않습니다. 세상을 변화시킬 책을 내놓고 싶어요."

빈스는 오랫동안 출판사를 운영해왔고 지금은 소소하게나마 수익이 나고 있지만 출판업은 한 번도 그의 생계 수단이었던 적이 없다. 10대 후반과 20대에는 작은 사업을 몇 개 시도했었고, 영업직원으로 몇 년을 보냈으며, 지방정부의 주택 사업에 관여하며 짧지만 빠르게 승진해 커리어를 쌓았다.

그는 1979년 33세의 나이로 마지막 직장을 떠났다. 오랫동안 런던에서 아들과 딸이 장성할 때까지 살다가 2007년 초, 새로운 연인과 그 사이에서 낳은 어린 아들, 딸을 데리고 스위스로 이주했다. 그의 말투는 짧고 날카로우며 쉼이 없다. 여러 가지 주제와 시간을 앞뒤로 오가며 종종 짧은 말에 여러 생각을 담아서 표현하기 때문에 듣는 사람은 말을 놓치지 않기 위해 집중해야 한다. 그는 검은 테의 안경을 쓰고 자주 재미있는 표정을 지었다.

투자의 시작

빈스는 1946년 세탁담당원으로 일하다가 더 나은 삶을 찾아 런던에 온 더럼 지역 광부의 아들로 태어났다. 빈스는 어린 시절 내내 병마에 시달렸는데 3세부터 12세가 될 때까지 폐결핵과 고관절결핵으로 거의 5년의 시간을 병원에서 지내야 했다. 결핵은 장기적으로 그에게 두 가지 영향을 남겼다. 하나는 신체적 영향으로 그는 다리를 살짝 절뚝거린다. 다른 하나는 심리적 영향으로 '불분명한 자격 의식sense of entitlement'을 갖게 됐다. 빈스는 이것에 대해 다음과 같이 설명했다.

"저는 12세에 병원을 떠났지만 저보다 훨씬 똑똑한 친구 한 명은 계속 병원에 입원해 있었어요. 저는 고작 결핵이었지만 그 친구는 근위축증이었죠. 결국 16세에 죽었습니다. 저는 제 성공이 그 친구 같은 똑똑한 이들이 없었기 때문에 가능했다는 것을 알고 있어요. 진짜 자기 힘으로 성공을 얻는 사람들이 얼마나 되는지 잘 모르겠어요."

학교 수업을 잘 듣지 못했기 때문에 빈스는 11세 시험*을 치르지 못했다. 그는 중등학교에서가 아니라 헨든 도서관에서 혼자 책을 읽고 사유의 세계를 발견했다. 두뇌 회전이 빨랐음에도 대학 진학은 아주 조금도 고민하지 않았다.

"대학은 가족이나 학교가 고려하는 가능성의 범위를 벗어난 것이었어요."

17세에 학교를 떠나 몇 차례 사업에 실패한 뒤 빈스와 그의 동업자는 비숍게이트에 있는 작은 가게를 빌려 17명이 앉을 수 있는 샌드위치 바를 열었다. 매출은 빠르게 늘었지만 이익은 쉽게 늘지 않았다. 1968년, 이익보다 매출에 더 관심을 갖는 매수자에게 사업을 팔 좋은 기회가 왔다. 사업을 넘기고 받은 2,750파운드(2010년 기준 3만 파운드 상당)는 주식 시장에 투자할 수 있는 그의 첫 투자금이 되었다.

이때쯤 빈스는 경제적 자유를 얻는 데 중요한 요소는 사업을 운영하는 것이 아니라 자유 자본을 갖는 것임을 깨달았다. 그는 햄스테드 임대주 중 유명한 가문인 굿윈스Goodwins에 사업장을 임대하러

---

* 중등학교 진학을 결정하는 시험.

찾아갔다가 깨달음을 얻었다.

"오전 10시에 굿윈스 가문 사무실에서 그 아들을 만나기로 약속을 잡고 찾아갔습니다. 그림과 책으로 가득 찬 천장이 높은 방에 아침 식사가 준비되어 있었고 그는 《파이낸셜 타임스》를 편안히 읽고 있었습니다. 작게 사업을 하는 사람들은 알고 있었지만 이것은 차원이 달랐어요. 얽매이지 않은 자본이 가져다주는 자유였어요. 그 순간 내 인생의 목표는 저 자유를 얻는 것이고 그 목표를 달성하기 위해 자본을 축적해야 한다는 것을 깨달았습니다."

1969년 빈스는 인력 고용 대행사를 통해 여러 임시직을 전전하면서 샌드위치 바를 팔아 번 돈으로 주식투자를 시작했다. 그는 전형적인 초보 투자자였고 신문에 나온 팁들을 순진하게 따라해 많은 돈을 벌지도 못했고 그렇다고 게임을 그만둘 만큼 돈을 잃지도 않았다. 1970년 10월부터 1년 동안은 인도를 여행했다. 그리고 인도 전역의 영국 문화원 도서실에 비치된 신문에서 얼마 안 되는 보유 주식들을 걱정스럽게 지켜보았다.

직업은 담보대출을 위한 수단이다

인도에서 영국으로 돌아와서는 크라이슬러 UK^{Chrysler UK}에서 영업직을 맡았다. 이 회사에서 장기적인 커리어를 쌓을 열망은 없었다.

"그냥 직업이었어요. 돈을 벌 수 있었고 더 중요하게는 직업이 있어야 담보대출을 신청할 수 있었거든요.”

빈스는 25세에 이미 일반적인 직업보다는 부동산과 주식투자를 하는 편이 경제적 자유를 얻을 가능성이 높다는 것을 알게 되었다. 굿윈 가문의 사무실에서 얻은 깨달음뿐만 아니라 결핵을 앓았던 어린 시절 경험도 동기를 제공했다.

“오랫동안 병원에 있을 때는 계속해서 일할 수 있을 거라는 확신이 없었어요. 제가 아무 일도 할 수 없게 되더라도 스스로를 부양할 수 있게 무엇인가를 해야 한다고 생각했습니다.”

1971년 말, 빈스는 신용카드대출과 주택담보대출을 받아 첫 집을 샀다. 둘 다 오늘날보다 받기가 훨씬 어렵던 때였다.

“주택금융조합은 결혼을 했거나 결혼을 앞두고 있다고 해야만 돈을 빌려줬어요. 적절한 모기지 브로커를 이용하고 신용카드 한도를 계속 늘리고…… 소득을 증명하기 위해 수입금으로 약간 창의력을 발휘해야 했죠.”

이후 3년 동안 이런 전술로 자금을 마련해 투자용 부동산을 세채나 마련했다.

부동산에 투자를 집중했기 때문에 1974년 주식 폭락을 피할 수 있었다. 가격 인플레이션이 온 데다 이용 가능한 대출이 제한적이었기 때문에(대출 배급제가 시행됐고, 주택금융조합은 자가 거주자에게만 대출을 허락했으며, 임대 목적으로 부동산을 구입하기 위한 대출 개념도 없었다.) 1970년대 중반 실질 주택 가격은 아주 싸졌고 때로는 매입 가격 대비 25%의 임대 수익률이 나오기도 했다.

빈스는 충분한 자금을 모을 수 있을 때마다 계속해서 부동산을 매입했지만 1974년에 금리가 상승하자 그의 포지션은 점점 더 어려워졌다. 그는 자신이 살던 집을 쪼개서 임대로 내놓다가 결국에는 방 한 칸에서 살게 됐다.

1975년부터 지방정부 주택관리관으로 일하면서 여러 차례 승진했지만 거의 돈을 쓰지 않았고 더 많은 부동산을 사기 위해 가능한 모든 돈을 저축했다. 1970년대 후반 부동산 가격이 상승하고 금리가 하락하자 투자로 경제적 자유를 이루겠다는 빈스의 포부가 다시금 가시거리에 들어오기 시작했다.

1978년에는 다섯 번째 투자용 부동산을 매수해서 25% 수익률을 낼 수 있다면 담보대출 월납입금을 빼고 남은 임대 수입으로 충분히 생계를 유지할 수 있고 직장을 그만둘 수 있다는 것을 깨달았다.

"한밤중에 불현듯 생각이 떠올라 잠자리에서 일어나 숫자를 적어보았던 기억이 납니다."

오랜 시간이 걸려 여러 번의 낙찰 실패 끝에 충분히 싼 가격에 다섯 번째 부동산을 매수하게 된 1979년 여름, 그는 직장을 그만뒀다. 그의 나이 33세였다.

소형주 투자자

직장을 떠난 후 빈스는 런던에 위치한 베드포드 대학의 사회학과에 입학했다.

"저는 대학에 가지 못한 것에 열등감이 있었습니다. 이 문제를 해결할 수 있는 유일한 방법은 학위를 따는 것이라고 생각했죠."

그러나 대형 강의실에서 1학년 공부의 현실을 몇 개월 경험하니 고등교육에 대해 가졌던 신비로움이 사라졌다. 1980년에 결혼한 후에는 돈벌이에 집중해야 한다고 생각했고, 1학년 말에 학부 과정을 그만뒀다.

빈스는 1980년대에 이어진 장기간의 상승 장세에서 부동산투자와 주식투자에 모두 성공했다. 수익률은 15% 정도지만 임대차 계약에 의해 임대료 검토가 제한되어 있어 대부분의 투자자들이 단념하기 쉬운 구 영국 국유철도와 이와 유사한 부동산들을 매수해서 주거용 부동산에서 상업용 부동산으로 포트폴리오를 다각화했다. 1987년 주식 시장이 붕괴되기 몇 개월 앞서서는 대부분의 주식을 현금화했다.

"시장이 미쳐가고 있다는 것을 쉽게 알 수 있었어요."

그리고 시장이 붕괴한 직후 바로 재투자했다. 2009년 봄과 여름 신용 위기에서 시장이 회복했을 때를 빼고는 1987~1988년에 그 어느 해보다도 큰 수익을 올렸다.

그는 1980년대부터 꽤 최근까지도 대개 알려지지 않은 작은 회사들에 주식투자를 집중했다. 알려지지 않은 소형주에 투자하는 이유로는 파산 리스크와 유동성 부족에 따른 잘못된 가격이라는 두 가지 이유를 들었다.

기관들은 기업 파산이라는 불명예스러운 일과 관련되기를 꺼려 하기 때문에 작은 기업은 가격에 파산 위험이 지나치게 반영되는 때가 많다는 것이다.

"어떤 기업이 파산할 가능성이 상당히 높아 보이면 기관들은 가격과 상관없이 팔아버릴 겁니다. 때문에 망할 확률과 몇 배로 성장할 확률이 50대 50인 회사가 분명히 망할 것처럼 가격이 책정되는 때가 많아요."

유동성 부족에 의해 할인이 생기는 이유에 대해서는 소형주를 매도하는 기관투자자에게는 어떤 가격에서든 재빨리 대량 매수자를 찾는 것이 최고의 가격에 도달하는 것보다 중요할 때가 많기 때문이라고 설명한다.

"금요일 오후에는 작은 기업의 규모에 관계없이 제가 유일한 매수자였던 때도 많습니다. 기관이 그날 포지션을 정리해야 한다면 대량 매매 매수자는 중간 가격보다 훨씬 낮은 가격, 어떨 때는 호가보다도 낮은 가격을 제시할 수도 있습니다."

이상의 두 가지 이유 때문에 문제가 있는 작은 회사의 주식을 대량 매수하려는 경쟁은 전혀 없다. 이기기 위해 애쓰기보다는 경쟁이 없는 상황을 찾아야 한다는 것. 이것이 빈스가 강조하는 소형주 매수 전략의 장점이다. 수실의 이야기(5장)에서 언급했던 "투자는 올림픽 다이빙이 아니다."라는 워런 버핏의 생각과도 맞닿아 있으며 "쉬운 결정을 찾으라."는 오언의 조언(9장)과도 통한다.

빈스는 주로 작은 회사들을 거래하고 집중된 포트폴리오를 가지고 있기 때문에 1980년대 후반에는 대량 보유 신고 의무가 있는 3% 이상 지분을 보유하기도 했다. 이 시기부터 돈을 버는 것보다 재미있는 인생을 사는 것이 더 중요해졌다. 상장회사를 장악해서 인수시킨다는 생각에 끌렸다.

"경제적 이익 때문이 아니라 흥미로운 일이 될 것 같았거든요."

하지만 기업금융 대신 작은 논픽션 출판사의 주주였다가 결국에는 단일 소유주가 되어 책의 세계에 뛰어들면서 인생에 새로운 재미를 찾았다. 이 출판사는 정신분석 이론과 관련 분야를 전문으로 하며 학제 간 연구나 어떤 학문 분야의 소수 의견을 출판하는 데 주력하고 있다. 빈스는 자신의 동기를 다음과 같이 설명했다.

"출판업으로 돈을 벌 수 있으리라고 생각하지 않았어요. 그러나 아무도 내려 하지 않지만 세상을 바꿀 수도 있는 논란 많은 책들을 출판한다는 생각에 끌렸습니다."

지리학자 유형이자 측량사 유형

빈스를 톱다운 투자자(지리학자 유형)나 바텀업 투자자(측량사 유형)로 분류하기는 어렵다. 그는 1987년 주가 폭락보다 몇 개월 앞서 주식을 정리했고, 2003년부터 2009년 초까지 점진적으로 주식 비중을 줄여나가며 거시적으로 주식 시장에서 빠져나가야겠다고 결심했다. 매우 넓은 투자 유니버스를 살펴보고 있어 독일 주거용 부동산, 일부 통화 거래, 미국과 싱가포르의 부동산 투자신탁 등 다양한 자산군에 투자하고 있다. 그러나 개별 기업에 대해 상세한 상향식 조사를 하고 투자 아이디어를 발견해내기도 한다. 옵션 전략도 조금 활용하는데 이 장의 뒷부분에서 자세히 다루겠다.

빈스는 톱다운 투자 판단을 내렸던 사례로 2003년부터 영국 주식에서 독일 주거용 부동산으로 서서히 포트폴리오를 전환했던 이야기를 했다. 그는 2003년 봄, 영국 주식에 현금을 재투자했고 이라크 전쟁 당시 시장 반등으로 수익을 얻었다. 이후 몇 개월, 몇 년 동안 전 세계 거의 모든 자산군이 함께 올랐다. 인기가 없던 자산군을 찾다가 독일의 거주용 부동산이 지난 15년 동안 실질 가격이 많이 오르지 않았고 영국 부동산에 비해 상당히 저평가되었다는 사실을 발견했다.

"1992년 런던의 평균적인 아파트 한 채 가격은 프랑크푸르트에 있는 비슷한 아파트 가격의 0.7배 수준이었지만 2006년에 똑같은 런던 아파트는 프랑크푸르트 두 채 가격과 같아졌어요."

빈스는 독일을 방문해서 부동산을 살펴보고 중개인을 선임해서 12개 블록에 아파트 약 200채를 매수했다. 2006~2009년 독일의 주거용 부동산은 가치를 저장하기에는 좋은 수단이었지만 영국과는 매우 다른 시장이었다.

"독일의 부동산 시장은 정서가 완전히 다릅니다. 독일인들은 새로운 부동산을 더 선호합니다. 부동산은 감가상각되는 자산이고 인수 비용은 7~8%까지 들 수 있으며, 임대료 상승은 제한적이죠. 세입자는 높은 거주권을 보장받고 소유자에게는 자산 사다리^{property} ^{ladder}라는 개념도 없습니다."

구체적인 바텀업 투자의 사례로는 은퇴주택 건설업체인 맥카시 앤드 스톤^{McCarthy & Stone}이 발행한 전환사채를 떠올렸다. 1990년대 초 맥카시 앤드 스톤은 대규모 부채가 있었고 생존이 의심스러워 전환사채가 30%가 넘는 수익률로 거래되고 있었다. 은퇴주택이 충분히 판매돼서 회사가 살아남는다면 이것은 아주 싼 가격이었다. 빈스는 자신의 조사 방법을 다음과 같이 설명했다.

"저는 전국에 있는 개발 현장 사무소에 전부 전화를 걸어 판매 현황을 문의하기도 했어요. 어머니가 은퇴주택을 사고 싶어 하시는데 혼자 살기는 불안해하신다고 핑계를 대며 현장에 다른 주택이 몇 채나 팔렸는지 알려줄 수 있냐고 물었습니다. 한동안 저는 매주 몇 통씩 전화를 걸었어요. 그 결과 매우 싼 가격에 전환사채를 대량 매수해야겠다는 확신을 가졌습니다."

빈스는 단순하고 전통적인 가치 지표를 이용해 새로운 투자 아이디어를 선별해낸다. PER이 낮고 배당 수익률이 높은 종목들을 골라내면 조사할 만한 기업이 충분히 나온다. 수년간 요약된 재무 지표를 받아보기 위해 '컴퍼니 REFS' 서비스를 구독해왔지만, 이제는 ADVFN에서 온라인 도구를 사용한다. 유망한 종목들을 발견하면 최근 RNS 뉴스들과 주석을 포함한 사업보고서를 읽어본다. 사업보고서에 생각을 휘갈겨 쓰기도 하지만 방대한 서류 파일은 보관하지 않는다. 언제나 12개 미만의 아주 적은 종목만 보유하는데 그래야 대부분의 사실을 머릿속에 저장할 수 있기 때문이다.

종목 선정 과정에 대해 이야기하면서 빈스는 프로파일링 개념을 언급했다. 프로파일링이란 좋은 투자나 나쁜 투자의 특징을 추론해내고 체크리스트로 사용할 수 있게 지나간 투자를 연구하는 것이다.

성공적인 투자와 관련된 특징으로는 다음과 같은 것이 있다.

- 주요 임원의 주식 매수
- 인터넷 게시판에 순진할 만큼 열렬한 게시자가 없음
- 사업상 경쟁자가 상당한 주식을 매수함(기업의 공개매수 계획 가능성)
- 이 회사를 담당하는 증권사보고서가 적음

나쁜 투자와 관련된 특징으로는 다음과 같은 것들이 있다.

- 위에 적은 특징 대부분과 반대
- 최고경영자에 대한 개인 숭배
- 허울뿐인 연차 사업보고서
- '깃대와 분수' (화려한 회사 건물)

포트폴리오 운용과 부채

빈스는 광범위한 분산투자를 좋아하지 않으므로 포트폴리오에는 여섯 개 정도의 종목을 보유한다.

"좋은 아이디어가 떠오르면 변화를 가져올 만큼 충분히 매수하세요. 리스크를 분산하는 것은 이익을 분산하는 것과 같습니다."

그는 수년 동안 여러 작은 상장 기업의 지분을 3% 이상 보유해왔다. 인터뷰 당시에는 의료와 요양 시설을 위한 건물을 전문으로 다루는 AIM 상장 부동산 회사 지분을 20% 이상 갖고 있었다.

빈스는 지분을 많이 보유하고 있어도 경영에 영향을 미치려 하지 않으며 투자 전에 회사 경영진과 대화를 나누지도 않는다. 대개는 3% 이상 지분 보유를 알리기 위해 편지를 보낼 때 처음으로 회사와 접촉한다. 처음 연락을 하면 종종 회사 측이 만남을 제안하는데 본사가 영국에 있으면 이에 기꺼이 응한다.

"보통은 회사 측이 사업 내용을 프레젠테이션 해주지만 그들의 진짜 목적은 내가 왜 주식을 샀는지, 숨은 의도는 무엇인지 알아내는 겁니다. 보통은 이렇게 직접적으로 말하지 않지만 가끔 가다 무심코 튀어나오기도 해요. 나는 수동적인 투자 수익을 얻으려는 목적 외에 다른 동기는 전혀 없는데 그 사람들은 잘 못 믿더군요."

보유하고 있는 부동산을 담보로 약간의 주택담보대출이 있기는 하지만 주식투자를 늘리려고 직접 대출받지는 않는다. 스프레드 베팅이나 CFD 계좌는 열어본 적이 없다. 1990년대 실적이 악화됐다고 발표한 주식을 시초가에 공매도해서 그날 오후에 되사는 인트라데이 공매도에는 손을 댄 적이 있다. 그러나 2000년대에는 이 전략이 더 이상 유효하지 않게 되었고 이후 빈스는 지금까지 몇 년 동안 주식을 공매도하지 않았다.

유동성이 떨어지는 소형주를 대량 보유하는 전략을 취하지만 기업 인수, 현금 보유가 많은 기업의 청산, 시장 매도로 거의 항상 몇 년 안에 정리할 수 있었다. 다만 몇 년 전 큰 부채를 지고 있는 항공우주공학 기술회사 엘 가드너 그룹^{L Gardner Group}에 투자했다가 약 40만 파운드의 손실을 입고 크게 실패했다.

"저는 이 회사의 이사들이 회사의 일부 은행 부채에 대해 개인적으로 보증한 것에 깊은 인상을 받았습니다. 그런데 2003년 초 이사 몇 명이 사임했고 회사는 재산관리 상태에 들어갔어요. 그리고 이사들은 재산관리인으로부터 즉시 사업의 가장 알짜 부분을 사 갔어요. 사기라고 생각했지만 소송을 하면서 몇 년을 허비하고 싶지 않았기 때문에 그냥 넘어가기로 했습니다."

옵션: 커버드 스트래들

인터뷰 당시 빈스에게는 좋은 소형주 투자 아이디어가 없었다. 그의 포트폴리오는 독일 거주용 부동산, 싱가포르 부동산 투자신탁, FTSE 100 대형주 네 종목(셸^{Shell}, 글락소^{Glaxo}, 아스트라제네카^{AstraZeneca}, 보다폰)으로 구성돼 있었다. 누구나 다 알 만한 이 종목들을 플레이스홀더로 보유하고 있었다.

빈스는 플레이스홀더에서 더 많은 수익을 얻기 위해 보유 주식에 대한 옵션을 매도하기도 한다. 그의 주된 전략은 커버드 스트래들 covered straddle이다. 즉, 이미 보유하고 있는 주식에 대해 동일한 만기에 현재 주가와 가까운 행사가를 가진 풋옵션과 콜옵션을 매도하는 전략이다. 커버드 스트래들은 주가가 많이 변동하지 않는다는 가정하에 단순히 주식만 보유하고 있는 것보다 더 많은 수익을 가져다준다(더 자세한 설명과 사례는 배경 지식을 참조하라.).

배경 지식 | 커버드 스트래들 매도

'스트래들' 옵션 전략을 구사하는 투자자는 동일한 만기에 현재 주가를 사이에 두고 가까운 행사가의 풋옵션과 콜옵션을 매도한다. 투자자가 이미 주식을 보유하고 있다면 스트래들은 '커버드' 된다(투자자가 주식을 보유하고 있지 않은 '네이키드' 스트래들 매도도 가능하지만 여기에서는 다루지 않겠다.).

기본적으로 커버드 스트래들 매도는 낮은 변동성에 베팅하는 전략이다. 주가가 많이 변동하지 않는다는 가정하에 단순히 주식만 보유하고 있는 것보다 더 많은 수익을 가져다준다. 다음 그래프는 커버드 스트래들의 손익구조를 보여준다. 주가가 옵션 만기일에 92~113의 범위 안에 있다면 커버드 스트래들의 보상(검은선)이 단순히 주식을 보유할 때 보상(붉은선)을 넘어선다. 이 그래프는 다음과 같이 설명할 수 있다.

투자자가 이미 보유하고 있는 주식의 현재 가격이 103이라고 가정해보자. 이 투자자는 커버드 스트래들을 매도하기 위해 만기는 6개월 후이고 행사가는 100인 풋옵션을 매도하고, 만기는 동일하고 행사가는 105인 콜옵션

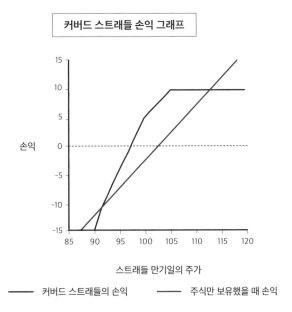

커버드 스트래들 손익 그래프

손익

스트래들 만기일의 주가

—— 커버드 스트래들의 손익   —— 주식만 보유했을 때 손익

을 매도한다. 투자자는 풋옵션과 콜옵션을 매도하고 프리미엄을 받는다. 합리적으로 가정했을 때 풋옵션에 대한 프리미엄과 콜옵션에 대한 프리미엄을 합하면 8 정도일 것이다.[34]

옵션 만기일의 주가를 P 라고 하자. 그래프의 붉은 선은 주식만 보유했을 때의 손익(P 103)을 보여준다. 주가가 매수 가격인 103보다 올라가면(내려가면) 이익(손실)을 얻는다.

그래프의 검은색 선은 주식을 매수하고 커버드 스트래들을 매도했을 때 손익을 보여준다. 이 포지션은 5 + 3 = 8의 옵션 프리미엄을 받고 옵션 만기일에 어떤 옵션이 가치를 지니느냐에 따라 다른 손익을 얻는다. 다음 세 가지 경우가 있다.

1. 만기일에 주식 가격 P가 105 이상인 경우(콜옵션이 '내가격'이 된다.)

■ 콜옵션이 투자자에게 불리하게 행사된다. 즉, 투자자는 보유하고 있는 주식을 105에 팔아 매수 시 가격 103과 비교해 2의 이익을 남긴다.

■ 풋옵션은 '외가격'이 되어 행사되지 않는다.

■ 따라서 만기일에 주가가 105 이상이 되면 전체 손익은 8 + 2 = 10이 된다.

2. 만기일에 주식 가격 P가 100 이하인 경우(풋옵션이 '내가격'이 된다.)

■ 풋옵션이 투자자에게 불리하게 행사된다. 즉, 투자자는 100에 또 다른 주식을 매수해야 하고 시장가와 비교해 즉각적인 손실(P 100)을 입는다.

■ 콜옵션이 '외가격'이 되어 행사되지 않는다. 따라서 투자자는 원래 주식을 그대로 보유하고 매수 시 가격이었던 103과 비교해 손실(P 103)을 입는다.

■ 전체 손익은 8 + (P 100) + (P 103)이다. P = 97.5라면 전체 손익은 0이 된다. P < 92인 경우, 주식만 보유했을 때 얻게 되는 손실(P 103)보다 더 큰 손실을 입게 된다.

3. 만기일에 주식 가격 P가 100에서 105 사이인 경우

■ 아무 옵션도 행사되지 않는다. 투자자는 주식을 그대로 보유하고 있고 (P - 103)의 수익 또는 손실을 얻는다.

■ 전체 손익은 8 + (P - 103)이다.

조세회피자의 일상

빈스는 2007년 초 스위스의 추크주로 이사했다. 주된 이유는 세금 때문이었다.

"세금을 덜 낼 수 있다는 것도 일부 이유였고 대부분의 투자 결정을 내릴 때 단순하게 더 이상 세금에 대해 생각하지 않아도 된다는 것도 이유였습니다."

그는 투자와 세금의 상호관계에 대해서 항상 주의 깊게 생각하면서 가능하면 비과세 상품에 수익을 집중했다. 2003년까지 빈스와 아내의 ISA와 PEP에는 각각 100만 파운드가 넘게 들어가 있었다.

과세율이 낮은 다른 국가보다 스위스를 선택한 이유는 스위스가 니스에 있는 아파트와 독일의 투자용 부동산 사이에 위치해 있어서 편했기 때문이다. 그는 자기 신뢰와 개인적인 책임감이 강한 스위스 문화에 감탄하면서 스위스가 어린 자녀들에게 좋은 환경이라고 생각한다.

추크는 놀랄 만큼 부유한 곳이지만 그럼에도 평등한 곳으로 가난한 사람이 없고 아무도 부를 과시하지 않는다. 전체가 분명히 존재하지만 입에 올리기는 어려운 블랙 머니의 바다 위에 떠 있다. 추크주는 소득이나 자본이익에 대해 세금을 부과하지 않고 외국인 거주자에게 스위스 거주지의 토지 면적과 관련된 과세 가이드라인에 따라 협상 가능한 정액세를 부과한다.

빈스는 언제나 유난히 일찍 일어난다.

"저는 잠이 많이 없습니다. 잠자리에 드는 시간에 상관없이 오전 3시 30분쯤 일어나요. 이른 아침에 최선을 다해 일합니다."

두어 시간 정도 신문을 읽고, 밤사이에 온 출판사와 관계된 이메일을 처리하고 ADVFN 게시판을 확인한다. 이후 잠깐 수영장에 갔다가 아이들과 아침 식사를 하고 런던 기업 소식과 뉴스가 처음으로 발표되는 영국 시간으로 오전 7시, 스위스 시간으로는 오전 8시에 책상 앞으로 다시 돌아간다. 인베스트게이트^{Investegate} 웹사이트에서 현재 보유하고 있는 모든 종목이나 과거에 지켜봤던 종목에 관한 뉴스나 현재 흥미로운 헤드라인를 훑어본다. 주식 시장이 열리면 20년 동안 거래해온 영국의 증권 브로커와 통화를 한다.

오전 중에는 전 세계의 작가에게서 온 이메일에 답장을 하고 독일의 부동산 관리인에게 온 문의에 답하면서 투자와 출판사에 관련된 일을 한다. 상당한 시간을 인터넷 게시판, 특히 ADVFN의 게시판을 읽으면서 보내며 꽤 활발하게 글을 올리기도 한다. 시간이 흐르면서 인터넷 게시판에 대한 접근 방식도 발전했다.

"초기에는 모든 게시물을 아주 진지하게 받아들였어요. 하지만 점차 대부분의 가입자가 심각한 것을 원하지 않는다는 사실을 깨달았고 저 역시 바뀌었습니다. 여전히 진지한 게시물을 올리기도 하지만 대부분이 재미를 위한 거예요. 항상 저를 괴롭히는 가입자들이 있고, 저도 그 사람들을 마찬가지로 괴롭히는데 모두 악의 없는 장난이죠."

빈스는 인터넷 게시판이 고객이나 공급업체, 직원 들에게 나오는 소문 등을 수집하는 데 유용하다는 것을 알았고 가끔은 특정 게시자가 회사의 임원이나 PR 담당자인 것 같다고 추측했다. 그는 의사결정을 하는 데 인터넷 게시판이 중요했던 때는 거의 없었지만 인터넷 게시판이 사라진다면 그리워할 것이라고 말했다.

종종 가족과 외출할 때는 휴대전화를 가져가면서 브로커에게 "무슨 일이 생기거나 내가 알아야 할 것 같은 일이 발생하면" 전화하라고 연락을 남긴다. 출판사의 영국 전화번호도 휴대전화로 돌려놓는다. 아이들과 휴가를 보내거나 가족이 여름을 보내는 남프랑스 해변에서 작가나 홍보 담당자의 전화를 받는 일도 드물지 않다.

빈스는 지난 몇 년 동안 자신의 일상이 얼마나 변했는지 돌아보면서 정보에 대한 접근성이 크게 향상되었고 거래를 훨씬 더 쉽고 저렴하게 할 수 있게 되었다고 강조했다.

"1960년대 후반에 투자를 시작할 때는 나를 고객으로 받아줄 증권 브로커를 찾는 일조차 쉽지 않았습니다. 아는 사람이 있어야 했어요. 그리고 증권거래소가 모든 브로커에 대해 정한 의무적인 최소 수수료는 요즘에 비하면 정말 심하게 비쌌어요."

오늘날 런던증권거래소 RNS는 실시간으로 이용 가능하며 수많은 웹사이트에서 무료로 이용할 수 있다. 심지어 실시간 가격은 ADVFN 등 사이트에 가입된 사용자들도 무료로 확인할 수 있고 레벨 2 가격은 월 몇 파운드에 불과하다.

빈스는 첫 번째 결혼에서 얻은 두 아이가 태어나기 전부터 이미 전업투자자였다. 그는 자녀들이 직장에 다니지 않는 아버지 때문에 혼란스러웠을 것이고 친구들에게 아버지가 무슨 일을 하는지 설명해주기 어려웠을 것이라고 생각한다. 요즘에는 출판사 발행인을 겸업하기 때문에 고민이 사라졌다. 그는 자신의 빈곤한 어린 시절에 비해 자녀들이 물질적으로 훨씬 더 높은 수준의 삶을 누리는 것에 대해 불안해하지 않았다.

"물질적인 것 때문에 아이들이 버릇없어진다고 생각하지 않습니다. 풍요롭기 때문에 아이들이 교환가치와 상대적 가치에 대한 인식을 발전시킬 수 없다면, 그래서 버릇이 없어지는 것이지요."

자녀들에게 교환가치를 알게 해주는 한 가지 방법으로 빈스는 용돈을 사용한다. 아이들이 10세 때부터 아주 넉넉하게 용돈을 주고 이 용돈으로 사소한 소비는 물론 학교 교복 같은 필수적인 물건까지 사게 한다.

남들과 반대로 생각하기

빈스는 평생을 또래들과는 다른 일을 하며 살아왔다. 20대에는 직장에서 경력을 쌓는 대신 투자에 전념했고, 30대 초에는 사회학을 공부했으며, 1987년에는 주가 폭락 전에 주식을 매도했고, 1990년대 초부터는 (동료 투자자 대부분을 어리벙벙하게 만들거나 짜증 나게 만들) 급진적인 사회과학 서적에 자금을 댔으며, 2000년대 중반에는 영국 소형주에서 독일 부동산으로 점차 포트폴리오를 옮겨갔다. 비인기 사상을 받아들이려는 빈스의 태도는 그의 투자 방식뿐만 아니라 그가 출판하는 독특한 책과 마르크스와 같은 사상가들에 대한 계속된 동경에서도 찾아볼 수 있다.

'반대로 생각하기Contrarianism'는 그 자체로 성공을 보장하지는 않으며 때로는 가식일 때도 있다. 한 비평가는 이를 '이념적인 글쟁이들이 스스로를 두려움 없고 독립적인 사상가로 생각하게 하는 값싼 방법'이라고 말하기도 했다. 역발상 투자자가 되는 것만으로는 충분하지 않다. 그 방향 또한 맞아야 한다. 만약 역으로 생각할 수 있고 그 방향 또한 옳다면 다른 어떤 분야보다도 투자에서 직접적이고 확실한 보상을 얻게 될 것이다.

빈스의 조언

☑ **좋은 아이디어를 찾았다면 차이를 만들어낼 만큼 충분히 매수해라** | 리스크를 분산시키는 것은 이익을 분산시키는 것과 같다.

☑ **투자에서 역발상은 예술의 독창성과 같다** | 진짜 역발상 투자자는 투자 외의 다른 분야에서도 자주 인기 없는 견해를 지지한다.

☑ **기관은 난처한 상황과 유동성 부족을 기피한다** | 소형주는 파산 위험이나 유동성 부족이 지나치게 반영되어 가격이 낮게 책정될 때가 있다.

☑ **직업을 유지하라** | 좋은 직업과 승진에 관심이 없더라도 직업을 유지하면 주택담보대출을 받거나 더 좋은 조건으로 대출을 받을 수 있다.

투자 포인트

☑ **올바른 역발상주의** | 역발상 투자자가 되는 것만으로는 충분하지 않으며 그 방향 또한 맞아야 한다. 그렇게 된다면 다른 어떤 분야보다도 투자에서 직접적이고 확실한 보상을 얻게 될 것이다.

☑ **경쟁의 부재** | 성공은 특별한 능력 때문이 아니라 순간적인 경쟁의 부재에서 나온다.

☑ **수익 프로파일링** | 투자를 '프로파일링' 하면 과거의 성공과 실패를 연구해 좋은 투자의 특징과 나쁜 투자의 특징을 추론해낼 수 있다. 이를 좋은 투자를 선별하기 위해 사용한다.

그들은
어떻게 되었을까?*

이 책을 쓰기 위해 인터뷰를 시작한 지 최소 3년이 지났다. 새로운 결론을 검토해보기에 충분한 기간이었다. 2013년 봄, 모든 투자자에게 연락해서 원래 글에 실렸던 투자 활동 및 의견에서 달라진 점과 투자 결과를 업데이트해달라고 요청했다. 이 장에서는 2010~2012년까지 3년간의 이메일, 전화, 직접 대화를 통해 업데이트된 내용을 요약한다.

이 업데이트에서 얻은 가장 중요한 시사점은 투자자 중 누구도 제1판에 포함될 만했다는 사실에 이의를 제기할 만큼 큰 반전을 겪지 않았다는 것이다. 제공된 다양한 지표를 직접 비교할 수는 없지만 3년 동안 최고의 성과를 낸 사람들은 아마도 버논, 에릭, 오언인 것 같다.

• 이 책의 초판은 2011년 출간되었으며, 이 글은 2판(2013)부터 수록되었다.

많은 투자자에게 2011년 중반은 어려웠지만 지난 3년 동안 시장은 대체로 평탄했다. 다만 전체 시장 상장 주식과 AIM 상장 주식의 수익률 차이가 컸다. 2011년과 2012년에 FTSE 소규모 기업 총수익지수^{FTSE Smaller Companies Total Return Index}(상장된 소형주 전체를 지수화함)는 12% 상승한 반면, FTSE AIM 총수익지수는 23% 하락했다. 이렇게 이례적으로 큰 차이는 AIM 지수에 실적이 저조했던 원유 및 광업 기업들의 가중치가 높았음을 반영한다. 따라서 원유 부문(루크) 또는 광업 부문(나이절)에 특히 집중적으로 투자했던 투자자들은 이 기간 동안 성과가 더 낮아졌다.

투자자의 이름 뒤에 표기한 A, B, C는 '3년 동안의 성과 지표'로 투자자의 최근 성과가 제1판의 인상을 얼마나 잘 충족시키는지에 대한 나의 개인적이고 주관적인 평가를 나타낸다. A등급은 최근 결과가 원래의 인상을 상회함을 의미하고, B등급은 비슷하거나 정보 불충분을 의미하며, C등급은 최근 결과가 원래의 인상을 하회함을 의미한다.

A등급

03. 빌

빌의 포트폴리오는 2010년 86% 수익, 2011년 23% 손실, 2012년 10% 수익을 냈다. 2012년에는 3년간의 월세생활을 접고 주택을 매수하기 위해 투자 자본의 일부를 인출했다.

그의 투자 전략은 여전히 '사실에만' 집중한다. 단순한 지표들과 인터넷 게시판의 섹터 전문가들을 활용하고 기업 경영진과의 접촉을 피한다. 2009년에는 은행 우선주와 회사채 투자를 시작했고 이후 간간이 이들을 거래해왔다.

리스크 관리를 더 잘하게 된 공매도도 계속하고 있다. 이제는 시트론 리서치^{Citron Research}, 브론테 캐피탈^{Bronte Capital}, 머디 워터스 리서치^{Muddy Waters Research}와 같은 공매도 전문가를 참고해 아주 소량만 숏 포지션을 잡는다. 이런 포지션 대부분은 6개월에서 12개월 후에 성과를 낸다. 다른 사람들이 낸 공매도 아이디어 여러 개에 조금씩 투자를 나눠 하는 전략은 혼자 구상한 한두 가지 공매도 아이디어에 큰 금액을 투자했던 빌의 이전 전략보다 덜 위험하다.

빌은 악재 후 어떻게 해야 할지 고민할 때 원래 매수 가격을 확인하지 않도록 훈련하는 것이 손실을 더 줄일 수 있었다고 자평한다. 인간 본성에 대해서는 더 냉소적으로 생각하게 됐다.

"안타깝게도 저는 시장이 부패되는 것은 예외적인 상황이 아니라 원래 그런 것이라고 결론지었습니다."

그는 계속 투자에 더 적은 시간을 쓰겠다고 다짐해왔지만 이 부분에서는 '소외되는 것에 대한 두려움과 내향성, 독서와 배움에 대한 순수한 즐거움' 때문에 지연되고 있다고 인정했다.

04. 존

존은 2010년 29% 수익을 얻었고, '실망스럽고 힘들었던' 2011년
에는 2% 손실을 입었으며, 2012년에는 25% 수익을 얻었다(배당 포
함). 2012년 11월에는 《파이낸셜 타임스》에서 15년 이상 연재했던
'나의 포트폴리오' 칼럼을 그만두었다.

'방어적 가치와 배당'에 집중하는 존의 투자 스타일은 지난 수
십 년 동안 큰 변화가 없었다. 하지만 한 가지 달라진 점은 2011년
말부터 손절매를 사용하기 시작했다는 것이다. 최초 매수 가격보
다 20% 이상 하락한 종목은 자동적으로 매도하려고 한다. 이 새로
운 투자 방식은 지난 5년 동안 도슨 홀딩스Dawson Holdings, HMV, 케이
블 앤드 와이어리스Cable & Wireless로 큰 손실을 입고 '성공적인 투자의
열쇠는 손실을 피하는 것'이라는 생각이 커지면서 채택하게 됐다.
2012년부터 2013년 초까지는 시장이 평온했기 때문에 아직까지는
손절매가 시험대에 오르지 않았다.

2011년 중반에는 《파이낸셜 타임스》 독자들을 초대해서 독자들
의 투자 성공담을 썼다. 이것은 '나는 늘 철도 회사를 갖고 싶었다
I always wanted to own a railway'(인터넷에서 쉽게 찾아볼 수 있다.)라는 제목의 아
주 흥미로운 글이 되었다. 이 제목은 1978년 안토파가스타 앤드 볼
리비아 철도 회사Antofagasta and Bolivia Railway Company(나중에 안토파가스타 plc로
사명 변경)를 소량 매수했다가 이후 여러 번의 기업이벤트 끝에 매
년 수만 파운드의 배당금을 받게 된 투자자를 지칭한다. 존이 성공
담을 쓴 또 다른 독자는 내가 이 책을 위해 찾고 싶었던 사람이기도

한데 그는 2011년 중반 ISA에 300만 파운드를 축적했다.

07. 버논

버논은 2010년에 18% 수익을 기록했고, 2011년에는 5% 손실을 입었다가 2012년에는 28% 수익을 얻었다. 2012년 얻은 수익의 상당 부분은 보험금 청구 소프트웨어 및 아웃소싱 회사인 퀸델^{Quindell} 덕분으로 그해에만 거의 세 배가 올랐다. 이 종목은 평소 '결함이 있는 주식을 매수해야 한다'는 그의 주장에 근거를 둔 것은 아니었으나 이 분야에서 일했던 경험에 의존해 매수를 결정했다.

"2000년대 초 개발자로서 맡았던 마지막 계약 중 하나가 보험금 청구 소프트웨어와 관련된 것이었거든요."

제1판에서 버논은 2008년 두 종목을 매수하기 위해 '결함 있는 주식을 매수하는' 과정을 자세히 적었던 노트를 보여주었다. 그 노트에는 헤인즈 퍼블리싱과 한사드 인터내셔널에 대한 핵심 주제와 부수 요인, 위생 요인이 대략적으로 적혀 있었다. 제1판에서는 그가 이미 헤인즈 주식 전부와 한사드 주식 절반을 매도했다고 썼는데, 2011년 중반 나머지 한사드 주식 절반도 매도했다. 현재 의견을 묻자 버논은 많은 요인이 변해서 이제는 두 종목 다 매수하지 않을 것이라고 말했다.

08. 에릭

책이 출판된 이후 에릭은 이 책에 등장한 투자자 중 최고의 성과를 거두었다. 에릭의 포트폴리오는 80개가 넘는 종목들로 이루어진 '롱테일 법칙long tail theory*'을 사용해 성과를 완전히 평가하려면 많은 작업이 필요하다. 하지만 에릭은 2013년 3월 31일을 마지막 날로 하는 2년 동안의 상위 10개 종목 목록을 제공해주었다. 첫 번째 표는 2011년 3월 31일에 상위 10개 종목과 이후 12개월 동안의 성과를 보여준다. 두 번째 표는 2013년 3월 31일에 상위 10개 종목과 지난 12개월 동안의 성과를 보여준다.

에릭: 2011년 3월 31일 가치 기준 상위 10개 종목의 향후 실적

2011년 3월 31일 포트폴리오 내 순위	향후 12개월 동안 수익률 (배당 불포함)
1. 로큐(Lo-Q)	113%
2. 노티컬 페트롤리움(Nautical Petroleum)	-22%
3. 저지 사이언티픽(Judges Scientific)	42%
4. 로빈슨 패키징(Robinson Packaging)	45%
5. FW 소프(FW Thorpe)	21%
6. 탄뎀(Tandem)	34%
7. 더 리얼 굿 푸드 컴퍼니(The Real Good Food Company)	23%

* 다품종 소량 생산, 80%의 사소한 다수가 20%의 핵심 소수보다 뛰어난 가치를 창출한다는 이론.

2011년 3월 31일 포트폴리오 내 순위	향후 12개월 동안 수익률 (배당 불포함)
8. 앙소르(Ensor)	100%
9. 인랜드 홈스(Inland Homes)	-7%
10. 퍼블릭 서비스 프로퍼티(Public Service Properties)	-16%
상위 10개 종목의 향후 12개월간 평균 수익률	23%
같은 기간 동안 FTSE AIM 종합주가지수 수익률	-11.8%

에릭: 2013년 3월 31일 가치 기준 상위 10개 종목의 소급 실적

2013년 3월 31일 포트폴리오 내 순위	지난 12개월 동안 수익률 (배당 불포함)
1. 로큐	95%
2. 앙소르	24%
3. 저지 사이언티픽	104%
4. FW 소프	14%
5. 아이독스 그룹(Idox Group)	68%
6. 인랜드(Inland)	38%
7. 로빈슨 패키징	39%
8. 유니버스 그룹(Universe Group)	125%
9. 퀸테인 에스테이트 앤드 디벨롭먼트 (Quintain Estates & Development)	74%
10. 스미스 뉴스(Smiths News)	108%
상위 10개 종목의 지난 12개월간 평균 수익률	69%
같은 기간 동안 FTSE AIM 종합주가지수 수익률	-7.3%

표를 보고 알 수 있는 사실은 다음과 같다.

- 2011년 3월 31일 상위 10개 종목의 12개월 후 평균 수익률은 23%였다.

- 2011년 3월 31일 상위 10개 종목 중 세 종목만이 12개월 후에 손실을 기록했다.

- 2013년 4월 1일에 상위 10개 종목의 과거 12개월 동안의 평균 수익률은 69%였다.

- 퀸테인 에스테이트와 스미스 뉴스를 제외한 대부분 종목은 AIM 상장 주식이었다. 이들은 2013년 3월 31일 시가 총액이 800만 파운드에서 3억 4900만 파운드인 기업들로 시가 총액 평균이 1억 2600만 파운드인 작은 기업들이었다.

- 포트폴리오 구성은 시간이 지남에 따라 천천히 바뀌었다. 2011년 3월 31

로큐: 2005년 1월부터 2013년 3월까지 가격 차트

출처: ADVFN

일 상위 10개 종목 중 여섯 종목은 24개월 후에도 상위 10개 종목에 남아 있었다. 나머지 네 종목 중 노티컬 페트롤리움은 인수되어 사라졌고, 더 리얼 굿 푸드 컴퍼니와 탄뎀은 상위 10개 종목은 아니지만 2013년 포트폴리오에 여전히 남아 있고, 퍼블릭 서비스 프로퍼티 단 하나만 전량 매도했다.

- 놀이공원에 놀러온 사람들을 위해 특허받은 대기 시스템을 제공하는 로큐는 2011년, 2013년에 모두 상위 10개 종목에 올랐다. 로큐는 제1판에서도 에릭의 성공적인 투자 사례 중 하나로 언급되었다. 앞의 차트로 확인할 수 있다.

에릭과 함께 그가 현재 보유하고 있는 종목들에 대해 자세한 이야기를 나누다 보니 그가 얼마나 열심히 노력해서 이런 뛰어난 결과를 얻었는지 알 수 있었다. 그는 포트폴리오 상위 10개 회사의 이사들과 함께 단 하나도 아니고 여러 개의 주주총회나 비공개 회의에 참석했다. 에릭에게 그런 회의를 좋아하느냐고 묻자 그는 투자자를 몇 명만 모아서 여는 회의가 가장 유용하다고 말했다.

"네 명 정도가 좋아요. 임원들이 연설보다는 질문에 답하는 형식으로 회의를 진행할 수 있고 질문도 다양한 각도에서 나올 수 있는 인원이죠."

그는 또 임원들과의 비공개 회의보다는 주주총회에서 "일부 기업에서는 아주 중요한 역할을 하는 비상임이사들을 만날 수 있다는 장점이 있다."고 이야기했다.

09. 오언

오언은 2010년 37% 수익, 2011년 6% 손실, 2012년 29%의 수익을 얻었다. 이것은 에릭에 이어 두 번째로 뛰어난 성과이며 우호적인 시장 조건에 덜 의존적인 결과다. 그의 전략은 제1판에 설명했던 것과 그대로였다. 저평가된 폐쇄형 펀드에 행동주의 투자를 하는 것이다. 특히 지난 3년 동안에는 주로 펀드 오브 헤지펀드*와 상장된 사모펀드에 투자했다. 이번 업데이트를 위해 오언은 과거 3년 동안 그의 포트폴리오에서 일어난 가장 중요한 사건들(좋은 사건과 나쁜 사건 모두)의 이름과 상세한 내용들을 알려줬다.

2010년 몇몇 폐쇄형 펀드(아센시아 뎁트 스트레티지Acencia Debt Strategies, 프라이빗 에쿼티 홀딩스Private Equity Holdings)는 주로 오언과 같은 행동주의 주주들의 압력에 의해 주식 환매나 공개 매입으로 주주들에게 자본의 일부를 반환했다.

2011년에는 태피스트리 투자회사Tapestry Investment Company, 고텍스 마켓 뉴트럴Gottex Market Neutral, FRM 다이버시파이드 알파FRM, Diversified Alpha 등 폐쇄형 펀드들이 자발적 청산에 들어갔다. 일반 기업과 달리 폐쇄형 펀드의 청산은 보통 좋은 뉴스다. 기초자산을 매각해서 전체 가치를 주주들에게 반환한다는 의미이기 때문이다. 2011년 상반기에 오언은 10% 이상 수익을 내고 있었지만 하반기에 유로존 위기가 불거져 유로피안 폐쇄형 펀드의 할인 폭이 확대되었고 그 결

---

* 자금을 여러 헤지펀드에 분산투자하는 방식.

과 상반기에 얻은 수익 이상으로 손실을 입었다. 가장 큰 손실은 아테네 증권거래소에 상장된 그리스 펀드인 마핀 인베스트먼트 그룹 Marfin Investment Group에서 생겼다. 이 펀드는 '부실 운용, 레버리지, 유로존 위기'가 겹치면서 가파르게 하락했고 오언은 큰 손실을 입고 매도했다. 또 다른 큰 손실은 나스닥 상장 중국 기업에 투자하는 AIM 상장 펀드인 비전 오퍼튜니티 차이나 Vision Opportunity China에서 생겼는데, 이 펀드는 일부 투자 대상 기업에서 사기가 드러나면서 하락했다.

2012년 유로존 붕괴에 대한 우려가 감소하면서 유로피안 펀드의 할인 폭이 축소되었다. 셰이프 프라이빗 에쿼티 Shape Private Equity 와 아폴로 얼터너티브 에셋 Apollo Alternative Assets 과 같은 펀드의 지속적인 주식 환매나 공개 매입 또한 도움이 되어 오언은 그해 29%의 수익률을 달성했다. 가장 큰 수익을 얻은 것은 AIM에 상장된 라우드워터 트러스트 Loudwater Trust 로 이 사모펀드는 기초자산 중 하나를 장부 가치의 몇 배로 매각했다.

제1판에서 전문적인 섹터에 집중하는 오언의 투자 방식은 다른 투자자들에 비해 투자에 더 적은 시간을 쏟는다고 이야기했었다. 아직도 이 말이 어느 정도 사실이라고 생각하지만 앞서 언급한 펀드 중에는 그리스(마핀 인베스트먼트 그룹), 네덜란드(아폴로 얼터너티브 에셋), 스위스(셰이프 프라이빗 에쿼티) 증권거래소에 상장된 펀드들이 포함돼 있다는 점이 눈에 띈다. 즉, 오언의 섹터 포커스는 좁지만 여러 국가의 시장에 적용된다.

또 하나 오언이 최근 대량 보유하고 있는 종목들은 모두 잘 알려져 있지 않은 곳이라는 점이 주목할 만하다. 나는 대부분의 개인투자자들, 심지어 이 책에 등장한 다른 투자자조차도 오언이 보유하고 있는 기업 중 어느 것도 들어보지 못했을 것이라고 생각한다.

B등급

01. 루크

지난 3년 동안 루크의 성과는 원유 섹터에 초점을 맞춰 극도로 집중된 포트폴리오를 보유하는 그의 특성을 반영한다. 2010년은 순조롭게 출발해 상반기까지 50%의 수익을 냈으나 연말에는 포트폴리오에서 보유 비중이 가장 큰 원유 탐사업체이자 생산 기업 소코인터내셔널이 실망스러운 시추 결과를 발표해 수익이 15%까지 줄었다. FTSE 석유 및 가스 지수가 25% 하락한 2011년에는 루크의 포트폴리오도 20% 이상 하락했다. 2012년에는 거의 30%의 회복세를 보였다.

예전 인터뷰 당시 루크는 작은 원유 탐사업체의 비상임이사직을 맡았었다. 2013년 봄에도 여전히 이 자리를 유지하고 있었지만 또 다른 이사직은 맡지 않을 것이라고 확언했다.

"급여는 낮고 거래에 제한은 많아서 기회비용이 너무 큽니다. 좋은 일을 한다고 인정받는 것도 없고요. 게다가 투자자들의 기대는 종종 현실과 동떨어져 있는 것 같아요. 과도하게 해석되거나 오해받지 않을 발표 초안을 쓰는 것이 기업들의 끊임없는 과제입니다."

06. 테일러

테일러는 2010년 약 25%의 수익률을 기록했고, 2011년 4%의 손실, 2012년에는 다시 10%의 수익률을 기록했다. 2011년의 손실은 페트로네프트 리소스^{PetroNeft Resources}과 BP 두 석유 회사 때문이었다.

그동안 테일러의 투자 방식에는 두 가지 큰 발전이 있었다. 첫째, 셰어스코프 프로^{ShareScope Pro} 소프트웨어를 사용하게 되었다. 둘째, 일본의 '캔들' 차트와 '일목균형표(一目均衡表)'라는 기술적 분석에 관심을 갖게 되었다(일목균형표는 일본어로 '한눈에 보는 구름 차트'라고 번역된다.).

2012년 여름에는 만성피로증후군이 특히 더 심해졌다. 몇 개월 동안 너무 아파서 주식투자에 대해 생각하거나 리스크를 감수할 수 없어서 더 안전한 회사채에 새로운 투자를 시작했다. 식단 변화와 새로운 알레르기 치료로 건강은 좋아졌지만 치료비와 여행 경비로 8,000파운드 정도가 들었다(그는 이 돈이 있어서 다행이라고 생각했다.).

10. 피터

피터의 투자 성과는 일반적인 시장 움직임보다는 특정 기업의 파이낸셜 엔지니어링 시기에 주로 따른다. 2010년 말 29% 지분을 보유했던 하테스트 홀딩스^{Hartest Holdings} 인수로 50% 이상의 수익을 실현했다. 2011년에는 AIM에 상장된 투자지주회사로 헬스케어 기업에 투자하는 MDY 헬스케어^{MDY Healthcare}가 주요 투자 자산을 MDY의 전체 시가 총액의 다섯 배 이상 가격으로 매각하여 그 수익금을 주주들에게 배분하였고 피터는 비용 대비 두 배 이상 수익을 얻었다. 2012년에는 버스용 CCTV 시스템 공급업체인 21센츄리^{21st Century}가 소유하고 있던 본사 건물을 매각하고 그 수익금을 주주들에게 분배해 비용의 절반 이상을 환원받았다.

피터는 여전히 MDY 헬스케어와 21센츄리에 각각 29%, 24%의 지분을 보유하고 있다. 하테스트 홀딩스, MDY 헬스케어, 21센츄리 세 기업은 모두 공통적인 패턴을 따랐는데 피터가 지지하는 사람으로 회장이 교체된 뒤 주주들에게 현금을 환원하는 방향으로 기업의 관심이 바뀌었다는 것이다. 이것은 대주주뿐만 아니라 소액주주들에게도 이익이 되었다(나 역시 이 세 기업 모두에 기쁘게 투자했다.).

피터가 현재 25% 이상 지분을 보유하고 있는 다른 회사로는 디스플레이 스크린 제조업체인 덴시트론 테크놀로지스^{Densitron Technolo-gies}, 컨설팅 엔지니어 워터먼^{Waterman}, 골동품 딜러 말렛^{Mallett}이 있다. 피터가 이 세 기업에서 공통적으로 발견한 특징은 부동산 자산에 숨겨진 가치였다. 그는 최근 직접 말렛의 이사로 취임하려 했으나 아직까지는 성공하지 못했다. 29% 지분을 확보한 또 다른 기업으로는 스왈로필드^{Swallowfield}가 있다. 이 기업의 이사회는 오랫동안 피터와 다른 대주주의 새로운 이사 선임 시도에 저항해왔다.

이런 경험에 대해 이야기하면서 피터는 기업 인수 패널이 관리하는 기업 인수 및 합병에 대한 시티 코드 중 '공동행위$^{acting\ in\ concert}$' 조항의 억제적 영향에 대해 강조했다. 가령 여러 명의 행동주의 주주들이 어떤 기업의 경영진을 교체해야 한다는 비슷한 의견을 가지고 있다면 경영진은 기업 인수 패널에 행동주의 주주들이 '공동행위', 즉 회사를 장악하기 위해 공모하고 있다고 항의할 것이다. 위원회가 사실이라고 판단할 경우 이는 주주들에게 심각한 규제력을 지니며 경제적으로도 영향을 미칠 수 있기 때문에 실제로 주주들이 독립적으로 행동하고 있는 경우일지라도 공동행위를 한다는 혐의는 많은 잠재적 행동주의 투자자들을 겁주기에 충분하다. 피터의 경험상 "일단 공동행위에 대한 혐의를 쓰게 되면 펀드매니저는 컴플라이언스 부서의 지시에 따라 내 전화를 끊을 겁니다."

이제 피터는 기업의 100%를 입찰하여 개인 소유로 가져가는 것이 상장 기업의 지분 일부를 소유하는 것보다 재정적으로나 지적으로 더 이익이 크다고 생각한다.

"어떤 기업을 100% 소유하면 가치를 창출하기 위해 필요한 모든 작업을 수행할 수 있습니다. 이사들이나 고문들의 방해도 없고 간혹 많은 지분을 보유하면 받을 수 있는 인수 패널의 조사도 없습니다. 저는 형편없는 관리자이긴 하지만 소유자로서는 괜찮은 것 같아요. 실제로 공장을 방문하고, 사업 운영을 이해하고, 제안하는 것을 좋아합니다."

12. 빈스

빈스는 여전히 세금을 피해 스위스 추크에서 살고 있다. 그가 엄청난 부를 축적하고도 눈에 띄는 소비를 하지 않는 '비활동적인 백만장자들'의 도시라고 묘사한 곳이다. 그는 지난 3년 동안 주식 시장을 따라가는 데 많은 시간을 들이지 않았다. 독일의 주거용 부동산이 다른 선진국에 비해 여전히 저렴하다고 생각해 더 많은 아파트를 구입했기 때문이다. 또한 일부 투자 자산과 출판사에 대한 소유권을 자녀와 손주 들에게 물려주었다. 66세인 그의 목표는 '더 많은 돈을 버는 것이 아니라 재미있는 인생을 사는 것'이다.

그런 활동 중 하나로 예전에는 일반진료소를 개발하다가 이제는 암 치료 센터를 개발하고 있는 AIM 상장 중소기업에서 비상임이사 직을 맡고 있다. 이 회사는 2010년 투자자로서 처음 관심을 갖게 되었고, 2011년 이사회에 합류했다. 비상임이사가 하는 역할에 대해서는 위에 나온 루크보다 더 긍정적인 경험을 했다. 하지만 이렇게도 말했다.

"때로 비상임이사는 회사에서 필요한 정보를 얻으려면 포렌식 회계사forensic accountant 처럼 역할하면서 강하게 자기주장을 내세울 필요가 있습니다. 그리고 비상임이사와 경영진 사이의 관계에는 '너희는 너희, 우리는 우리'라는 분위기가 있을 수 있죠."

관심사를 넓히려는 의욕과는 별개로 빈스가 주식 시장에서 멀어지게 된 이유에는 중앙은행의 양적완화 같은 파격적인 정책이 시장을 왜곡해 전통적인 주식투자지표와 기준이 신뢰성을 잃었다고 생각하기 때문이다. 다만 이것은 영구적인 결정은 아니다.

"상황이 변하면 다시 관심을 더 갖게 될 것입니다."

C등급

02. 나이절

나이절은 시장 사이클을 모니터링하는 접근 방식을 고수하며 상승 국면에 있는 시장을 찾아서 '스윙을 잡으려고' 노력해왔다. 그러나 2010년부터 주식으로 꾸준히 돈을 벌기가 어려워졌다고 느꼈다. 나이절의 말에 따르면 이것은 과거에는 신뢰할 수 있었던 시장 방향 신호가 최근 몇 년간 중앙은행의 개입으로 무시되었기 때문이다.

"예를 들어, 시장이 비교적 적은 거래량만으로 올라갔습니다. 전통적으로 이런 양상은 가격 상승이 지지를 잘 받지 못해서 곧 전환되기 쉽다는 의미였는데 최근에는 적은 거래량만으로도 상승이 오랜 기간 동안 지속되어 왔습니다."

나이절은 전반적인 주식 시장의 심리는 종종 잘못 판단했지만 상승하고 있는 시장을 두 개 찾아냈는데 금과 홍콩 부동산이었다.

금 가격은 2010년 초부터 20개월 동안 69% 상승했다가 2012년 말 소폭 하락해 3년 전보다 47% 올랐다. 소규모 금광업체들의 주식은 2010년에는 좋았지만 2011년과 2012년에는 저조했으며 3년 전

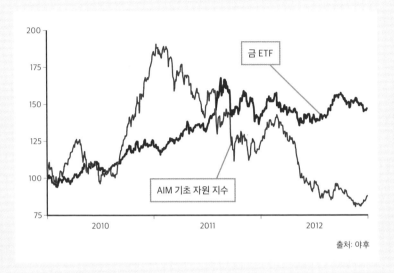

> 2010년 1월부터 2012년 12월까지 금 ETF 가격 대비
> FTSE 슈퍼섹터 AIM 기초 자원 지수 (2010년 1월을 100으로 설정)

금 ETF

AIM 기초 자원 지수

2010 2011 2012

출처: 야후

체로 놓고 봤을 때는 금보다 상당히 낮은 수익률을 냈다. 차트에서 금 ETF(광물을 대표) 가격과 FTSE AIM 슈퍼섹터Supersector 기초 자원 지수(광산업체에 98% 가중치를 둠)를 비교해볼 수 있다.

나이절은 이러한 차이를 돌아보며 다음과 같이 말했다.

"가장 큰 문제는 이런 광산 회사들이 탐사 성공을 보장하지 못할 뿐더러 비용을 통제하는 데도 어려움을 겪는다는 것입니다. 스윙을 잡아서 수익을 낼 수는 있지만 장기적으로 투자하기에는 안전하지 않습니다."

홍콩 주택은 2009년 초 최저점 이후 두 배 이상 가격이 상승했다. 예전 인터뷰 당시 나이절은 아파트를 몇 채 소유하고 있었다. 그는 시장이 오르자 갖고 있던 아파트들을 다 팔았고 지금은 살고 있는 집 딱 한 채만 남았다. 그는 부동산을 더 오래 보유했어야 했다고 후회한다.

"지나고 나서 하는 얘기지만 홍콩 부동산을 팔아서 현금과 금 관련 주식에 넣은 게 실수였죠."

05. 수실

수실은 2010년과 2011년 선호하는 FTSE 종합소형주 총수익지수를 다소 상회하는 수익률을 달성했다. 그러나 2012년에는 벤치마크를 거의 20% 하회하고 AIM 지수보다는 아주 살짝 높은 수익률을 얻었다.

그 결과 3년간 AIM 총수익지수는 연간 5% 앞서지만 벤치마크는 아주 살짝 상회하는 성과를 얻었다(AIM 총수익지수의 상대적으로 저조한 수익률에 대해서는 이 장의 앞부분에서 다루었다.).

2012년에 이렇게 저조한 성과를 낸 것은 회계법인인 RSM 테논 RSM Tenon이 수실의 평균 매수단가보다 80% 이상 하락한 데 따른 것이었다. 이 회사의 잠재 인수자가 회사를 실사하던 중 과거 회계에 왜곡표시mis-statement를 발견한 이후 주가 하락이 이어졌다. 수실은 이 상황을 이렇게 말했다.

"분명히 회사를 조롱거리로 만드는 일이었죠. RSM 테논은 회계법인이잖아요!"

이미 사정을 다 알게 된 지금도 수실은 이런 특수한 문제는 예상하기 어려울 거라고 생각한다.

"비정상적인 회계 정책은 잡아낼 수 있겠지만 숫자를 가짜로 써넣으면 아마 또 당하고 말 겁니다."

그는 자신이 투자를 시작한 초기에 비해 학습 속도가 느려졌다고 생각한다.

"저는 늘 빠르게 배우고 언제나 2년 전보다 훨씬 더 똑똑해졌다는 생각으로 살았는데 더 이상은 그런 느낌이 없어요. 드디어 요령을 좀 터득해서 그런 건지 뇌의 뉴런들이 서서히 죽어가고 있어서 그런 건지 잘 모르겠습니다."

11. 칼리드

칼리드는 2010년에는 만족스러운 성과를 얻었고 2011년 상반기에는 역대 최고의 상반기 수익을 기록했다.

2011년 중반에는 부동산 임대 수입으로 생활할 목적으로 뉴캐슬에 있는 사무실 부동산에 투자하기 위해 100만 파운드를 인출하고 더 적은 자유 자본으로 단기 CFD 트레이딩을 계속했다.

투자 자산 중 일부를 현금화한 것은 운이 좋았다. 2011년 8월 초 이탈리아 식품 회사인 파르말라트Parmalat로 끔찍한 거래를 했기 때문이다. 2011년 7월 29일, 파르말라트는 전망치를 밑도는 2분기 실적을 발표했다. 예상대로 주가는 당일부터 며칠 동안 계속해서 하락했다. 기술적 지표 중 하나인 RSI가 과매도 구간에 진입했다는 신호를 보내자 그는 8월 초 이 주식을 매수했다. 그 후 한 달 내내 계속 뚝뚝 하락해 손실이 커졌다. 결국 8월 말 29만 파운드의 손실을 입고 매수 포지션을 정리했다. 그가 경험한 단일 거래에서 최대 손실이었다.

거래에 대한 사후 분석을 하며 칼리드는 초기 분석에서 간과했던 중요한 사실을 발견했다. 파르말라트는 유통주식 수가 매우 적었다. 전체 주식 수의 80% 이상을 프랑스의 베스니에Besnier 가족이 보유하고 있었고 시장에서 자유롭게 유통되는 주식은 20%도 되지 않았던 것이다. RSI와 같은 기술적 지표는 비유동적인 주식에는 신뢰성이 없었다. 기업에 대해서는 피상적으로 이해하고 주로 차트와 기술적 지표, 증권사의 단기 투자의견 조정을 활용해 거래하는 트레이더의 눈에 유통주식 수가 들어오지 않았으리라는 것은 쉽게 예상할 수 있다. 하지만 칼리드는 이렇게 말한다.

"변명의 여지없이 이 종목에 대해 더 많이 공부했어야 했어요."

파르말라트에 잘못된 투자를 한 직후 칼리드는 두 번째 총알을 피하는 데 성공했다. 2011년 10월 그가 이용하던 CFD 브로커 MF 글로벌이 파산한 것이다. 그는 언론 보도를 보고 MF 글로벌이 처한 어려운 상황에 대해 알고 있었고 MF 글로벌이 파산하기 일주일 전에 현금 전액을 성공적으로 인출했다. 현재는 미국의 대기업인 아처 대니얼스 밀러Archer Daniels Miller의 자회사인 ADM 인베스터 서비스 인터내셔널ADM Investor Services International과 거래하고 있다.

"제가 찾을 수 있는 가장 크고 안전한 회사입니다."

그는 2011년 말부터는 다시 만족스러운 거래를 하고 있으며 여전히 블룸버그와 로이터 통신의 시장 관련 기사에 이따금씩 인용되고 있다. 그러나 2013년 봄 현재에도 2011년 손실을 완전히 만회하지 못했다. 따라서 그의 전체적인 실적은 지난 3년 동안 영국 시장 지수를 하회한다.

투자 유형	이름 (나이)	시작*	은퇴**	이전 직업	
지리학자	루크(55세)	23세	47세	투자은행 근무	
	나이절(56세)	22세	47세	투자은행 근무	
측량사	빌(48세)	28세	41세	전기공학자	
	존(68세)	16세	50세	정치인	
	수실(45세)	22세	35세	경제학자	
	테일러(46세)	23세	31세	인쇄소 근무	
	버논(44세)	25세	38세	경영 컨설턴트	
활동가	에릭(51세)	25세	39세	부동산 관리	
	오언(45세)	16세	38세	투자은행 근무	
	피터(56세)	14세	43세	증권사 애널리스트	
절충주의자	칼리드(45세)	25세	37세	자영업자	
	빈스(64세)	23세	33세	지방 공무원	

*   투자를 시작한 나이
**   마지막으로 직장을 떠난 나이
***   일반적인 보유 종목 수(적다: < 10, 보통: 10~50, 많다: > 50)
****   순자산 대비 비율(낮음: < 25%, 보통: 25~100%, 높음: > 100%)
*****   책을 내고 3년 뒤 투자 평가 등급

분산***	보유 기간	레버리지**	주요 투자 상품	인터넷 게시판	등급***
적다	몇 년	X	주식	O**	B
보통	몇 주/개월	낮음	주식, 지수 옵션, 워런트	O**	C
보통	몇 주/개월	보통	주식, 스프레드 베팅	O	A
많다	몇 년	X	주식	X	A
많다	몇 개월	낮음	주식, 스프레드 베팅	O	C
많다	몇 개월/년	X	주식	O	B
보통	몇 개월	낮음	주식, 스프레드 베팅*	O	A
많다	몇 개월/년	낮음	주식, 스프레드 베팅	O	A
적다	몇 개월	낮음	주식, 스프레드 베팅*	X	A
보통	몇 개월/년	낮음	주식	△***	B
적다	몇 분/시간	높음	CFD	X****	C
적다	몇 개월/년	낮음	주식	O	B

- 일반적인 보유 종목 수(적다: < 10, 보통: 10~50, 많다: > 50)
- 순자산 대비 비율(낮음: < 25%, 보통: 25~100%, 높음: > 100%)
- 게시글 3만 건 이상 작성
- 블룸버그 채팅 사용

경제적 자유를 이룬
슈퍼개미들의 12가지 마인드

12명의 슈퍼개미는 주식투자로만 100만 파운드 이상(한화로 약 16억원, 모두 이를 상당히 초과하는) 유동 자산을 축적한 사람들이다. 투자는 이들에게 경제적 자유를 제공했을 뿐만 아니라 일반적인 직업을 가졌다면 상상할 수 없을 정도의 자유로운 시간 활용을 가능하게 했다.

주식 시장에서 성공하기 위한 단 하나의 방법은 없다. 이것이야말로 개인투자의 가장 큰 매력일 것이다. 절대적인 진입 요건은 없고 성공으로 가는 길은 많기 때문에 누구나 자신에게 맞는 방법을 찾을 수 있는 다양한 기회를 가진다. 경제적 자유를 이룬 슈퍼개미들에게는 공통된 마인드가 보였다.

1. 미래의 가치를 생각한다

인터뷰 대상자 중에는 10대부터 돈을 버는 구조에 관심을 가졌던 이들이 있었다. 에릭은 14세에 돈을 벌기 위해 게임을 했고, 오언은 16세부터 공모주에 투자했으며, 피터와 존은 각각 14세, 16세에 첫 투자를 시작했다. 투자에 비교적 늦게 뛰어든 사람들도 미래를 향한 강한 목표를 가지고 전념하는 분별력 있는 젊은이였다. 테일러가 사소한 위법 행위를 저지른 것을 제외하고는 10대 때 일탈이나 비행을 저지른 사람은 없었다. 이전에 신용카드, 이자, 위약금 등에 얽혀 경제적으로 방종하게 살다가 새 사람이 된 경우도 없었다.

심리학에는 시간 조망$^{time\ perspective}$이라는 개념이 있는데, 개인적 경험의 흐름을 과거, 현재, 미래로 구분하고 어디에 초점을 맞추는지 설명하는 개념이다.[35] '현재' 시간 조망을 가지고 있는 사람은 미래에 대한 생각이나 걱정을 거의 하지 않고 언제나 그 순간을 위해 살아간다. '과거' 시간 조망을 가진 사람은 좋은 기억은 물론 싫은 기억도 자꾸 곱씹으면서 현재와 미래의 상황이 대부분 과거로 인해 결정된다고 생각한다. 마지막으로 '미래' 시간 조망을 가진 사람은 미래에 초점을 맞추고 장기적인 포부에 맞춰 행동한다.

투자자라면 투자 활동에 관해 미래 시간 조망을 채택해야 한다는 것이 그리 놀라운 일은 아니다. 하지만 모든 인터뷰 대상자가 투자에 뛰어들기 훨씬 이전인 어린 시절부터 이러한 조망을 강하게 지향해온 것 같다는 점은 흥미롭다. 돈을 버는 것에 대한 조숙한 관심은 필수적이 아니더라도 강한 미래 시간 조망을 갖는 것은 필수적일지도 모른다. 현재 시간 조망이 더 강한 사람은 직업적 성공으로 수입이 증가하면 투자하는 대신 주로 소비할 것이고 결코 투자자가 되지 않을 것이다.

2. 성공에는 기다림이 필요하다

이 책에 등장하는 대부분의 투자자는 성과가 별로 좋지 않았던 초기 기간을 오랫동안 경험했다. 본전치기를 하거나 자주 작은 손실을 경험했지만 다시 시도하지 못할 만큼 큰 손실을 보지는 않았다. 빌, 칼리드, 나이절, 수실, 빈스 모두 이 기간 동안 신용카드에 의지해 투자 자금을 조달하고 생활을 유지해나갔다.

끈기가 항상 결실을 맺는다고 결론지을 수는 없다. 똑같이 끈기를 가지고도 성공하지 못한 아마추어 투자자들이 있기 때문이다. 다만 말할 수 있는 사실은 좋지 않은 성과를 내는 초기 기간은 누구에게나 똑같이 있고 몇 년이나 지속될 수 있으며 이것이 전업투자자로서의 궁극적인 성공과 모순되지 않는다는 것이다.

3. 돈은 소비가 아니라 자유에 관한 것이다

모든 인터뷰 대상자에게 발견되는 공통적인 특징은 투자를 과시적인 소비가 아니라 조용한 자유의 원천으로 삼는다는 것이다. 그들 대부분은 축적된 재산에 비해 겸손하게 생활한다. 나이절과 수실은 자유를 얻기 위한 방법으로 자산을 늘리기 보다는 욕구를 줄였다. 덜 금욕적인 다른 인터뷰 대상자들 역시 다른 많은 고소득자들처럼 매년 가진 것을 최대한으로 소비하겠다는 충동은 없는 것 같다. 소비에 대한 이러한 자제심이 투자 자산을 축적하는 메커니즘일 수 있다.

4. 레버리지를 선호하지 않는다

대부분의 투자자는 투자를 할 때 어떤 종류의 레버리지도 사용하지 않았다. 루크는 그 이유를 이렇게 요약했다.

"레버리지가 단물을 더 많이 가져다주긴 하지만 상황이 나빠지면 그 단물이 순식간에 독으로 변할 수 있습니다."

이 사실을 혹독한 경험으로 배운 사람들도 있다. 피터는 초기에 상당한 레버리지를 사용하다가 1976년과 1992년 하락장에 모든 자산을 잃었다.

빌, 에릭, 수실, 오언은 스프레드 베팅 계정을 하나 이상 가지고 있지만 레버리지를 위해서라기보다는 공매도와 자본이익에 대한 비과세 혜택을 받기 위해서다. 그들이 사용하는 실제 레버리지는 스프레드 베팅 회사들이 제공하는 수준에 비해 항상 낮다.

데이트레이더인 칼리드는 인트라데이 CFD 포지션 중 일부에 대해 암묵적으로 레버리지를 사용하지만 일반적으로 그가 쓰는 레버리지는 CFD 제공자들이 허용하는 최대 수준의 50%에 불과하며 당일 대부분의 포지션을 마감한다.

성공한 투자자들이 제한적인 레버리지를 사용하는 패턴은 셀링 포인트로 종종 경쟁사들보다 낮은 위탁보증금을 요구한다고 강조하는 스프레드 베팅 회사와 CFD 제공자들의 광고와 대조적이다.

5. 수익이 아니라 과정을 즐긴다

이제 대부분의 투자자는 자산을 소극적으로 투자해 여기에서 나오는 소득으로 생활하며 다른 일을 하고 살 수 있을 정도의 자산 수준에 도달했다. 그들은 시장 수익률 이상을 창출해야 하는 재정적인 필요성보다는 투자를 즐기기 때문에 계속 자기 자산을 운용하고 있었다.

이러한 즐거움은 인터뷰를 하면서도 쉽게 확인할 수 있다. 존은 "투자에 대해 쓰고, 생각하고, 말할 때 가장 행복하다."고 말했고, 피터는 "한 번도 투자를 일처럼 생각해본 적이 없다."고 했으며, 수실은 "하루 종일 좋아하는 일을 하는데 일이라고 말하는 게 우습다."고 언급했다.

6. 팀플레이어가 아니다

투자자들은 모두 혼자 일한다. 그들은 스스로 결정을 내리고 어떤 형태의 단체 관계에도 거의 영향을 받지 않는 것처럼 보인다. 야박한 평가자라면 몇몇 인터뷰 대상자들이 비록 지금은 경제적으로 성공했지만 직장생활은 실패한 것이 아니냐고 주장할지도 모른다.

직장에서 큰 성공을 거두지 못했다는 것은 대부분의 인터뷰 대상자들이 조직 정치나 승진 방법에 대해 많이 생각하지 않았다는 뜻이다. 이들은 조직 정치를 할 필요가 없었다는 행복한 이유 때문에 그런 기술도 부족하다.

7. 하나의 전략만을 고집하지 않는다

철학자 이사야 벌린Isaiah Berlin은 작가와 사상가를 여우와 고슴도치의 두 범주로 구분했다. 이 비유는 "여우는 많은 것을 알고 있지만 고슴도치는 단 한 가지 중요한 것을 안다."는 그리스 시인 아르킬로코스의 말에서 유래했다. 즉, 여우는 어떤 하나의 접근방식만 고집하지 않고 다양한 관점으로 세상을 보는 절충주의자다. 고슴도치는 공산주의, 자본주의, 자유주의 등 하나의 큰 생각만으로 세상을 바라본다.

이 책의 투자자들은 고슴도치보다는 여우에 가깝다. 하나의 전략만 고집하지 않는 특성은 그들의 투자 방법을 더욱 견고하게 한다(그리고 부수적으로 작가가 설명하기는 더 어렵게 만든다.). 이는 간결한 마케팅 메시지를 전달할 수 있다는 사업적 효과 때문에 단일한 투자 전략을 자신과 동일시하는 전문 펀드매니저와는 대조적이다.

8. 포트폴리오를 집중화한다

대부분의 투자자는 집중된 포트폴리오를 보유하고 있으며 때로는 10개보다 적은 종목을 보유하기도 한다(루크, 오언, 테일러). 에릭, 존, 피터, 수실 같은 투자자들은 60종목까지 주식을 보유하고 있지만 이 총계는 오해의 소지가 있다. 가령 수실은 포트폴리오의 거의 절반을 상위 여섯 개 종목에 투자하고 있다고 이야기했기 때문이다. 포트폴리오의 분산은 다각화해야 한다는 원칙에 입각한 요구보다 투자자의 전체 펀드 규모와 관련된 실질적인 유동성을 고려해 결정하는 경향이 있다.

9. 주로 소형주에 투자한다

많은 투자자가 포트폴리오의 대부분을 소형주에 투자하고 있으며 FTSE 350 지수 종목은 거의 보유하고 있지 않다. 다시 말해 이들은 시가 총액 기준 주식 시장의 상위 90%는 대체로 무시한다. 간혹 대형주를 매수할 때는 보통 더 좋은 투자 아이디어가 떠오를 때까지 유동성을 확보하기 위한 플레이스홀더로 산다.

투자자들은 소형주의 다양한 매력을 언급했다. 소형주는 조사가 많이 이루어지지 않았지만 이해하기는 더 쉽고, 개인주주가 임원들에게 더 접근하기 좋으며, 임원들 스스로 유의미한 규모로 주식을 보유했을 가능성이 높다. 또한 변혁적 외부 변화에 더 민감하고 기업 인수 대상이 될 수도 있다.

데이트레이더인 칼리드만이 소형주에 집중하지 않는 예외적인 투자자로 그는 FTSE 350 주식만 거래한다. 칼리드는 FTSE 350 종목들의 사업 이해 난이도에 대한 다른 투자자들의 의견에는 반대하지 않는다. 다만 그는 의도적으로 사업을 이해하려 하지 않고 헤드라인 뉴스와 기술적 지표, 가격 차트만 보고 거래한다.

10. 조언을 듣지 않는다

자산관리 회사, 증권 브로커, 세무사 등 개인투자자에게 투자관리나 조언 서비스를 제공하는 것은 영국에서 큰 산업이다. 이 책에 등장하는 투자자들은 자기주도적이기 때문에 인터뷰 대상으로 선정되었지만 그럼에도 투자 활동 중 일부는 제3자에게 위임할 거라고 생각했다.

하지만 실제로 투자자들의 제3자에 대한 의존도는 미미하며 어떤 주식을 사야 하는지에 대해서는 아무런 조언도 받지 않았다. 금융 분야에서 전문가 의견은 그 자체의 자기부정적 특성 때문에 유용하지 않을 때가 많다. 즉, 어떤 의견을 낼지 예상된다면 이미 가격에 반영되어 있는 것이다. 그러나 조언을 받아들인다는 것에 대한 투자자의 반감은 가끔 이 정도를 넘어서는 것처럼 보인다. 존은 "공인된 투자자문은 조금 믿기 힘들다."라고 말했고, 수실은 "자문가에게 거의 의존하지 않는다."라고 말했으며, 피터는 경영진이 자문가에게 크게 의존하는 중소기업은 '전형적인 대기업적 마인드'(칭찬이 아니다.)를 보인다고 말했다.

이런 말들로 미루어보아 투자자들에게는 자기신뢰와 사물을 스스로 파악하려는 것에 대한 심리적 선호가 있음을 알 수 있다.

11. 인터넷 게시판을 활용한다

투자자들의 인터넷 게시판 사용 양상은 매우 다양했다. 지리학자 유형이 측량사 유형보다 게시물을 더 많이 올리는 경향이 있었다. 루크와 나이절은 3만 개 이상 글을 올렸는데 나이절은 ADVFN 같은 대중 시장 사이트에도 불만족해서 결국 스스로 게시판을 열었다. 나이절은 게시판으로 돈을 벌 수 있으리라고는 거의 예상하지 않았고 주로 자신의 투자 아이디어를 테스트하고 다듬는 방법으로 게시판을 활용한다. 측량사 유형과 활동가 유형 중에는 빌, 에릭, 테일러가 은근히 많은 글을 올린다. 수실과 버논은 다른 사람의 글은 많이 읽지만 게시물은 거의 올리지 않고, 존과 오언은 인터넷 게시판은 아예 보지 않는다.

이런 차이는 정교함만으로는 쉽게 설명할 수 없다. 인터넷 게시판을 아주 다르게 사용하고 있는 나이절, 루크, 오언은 모두 예전에 투자은행에서 일을 했고 비슷한 수준의 교육(하버드, 런던경영대, 옥스퍼드)을 받았다. 이러한 사용 습관의 차이를 이해하는 보다 타당한 설명은 지리학자 유형의 하향식 패러다임은 광범위한 의견을 끌어들이는 폭넓은 논의에서 더 많은 혜택을 얻는 반면 측량사 유형의 상향식 패러다임은 개방형 토론보다 기업의 재무제표나 미팅에서 얻는 구체적인 정보에 의존하는 바가 더 크기 때문이다.

12. 투자는 과학이 아닌 기술이다

학계에서 생각하는 것처럼 현대 포트폴리오 이론(버논은 "당구를 치기 위해 물리학을 배우는 것과 같다."고 말했다.)이나 복잡한 계량 분석에 의존하는 투자자는 아무도 없었다. 빌, 루크, 오언, 수실, 버논은 그들의 학위와 이전 경력에서도 알 수 있듯이 경영대를 나오고 계량분석에 능한 배경이 있음에도 그렇다. 이 문제에 대해 질문했을 때 투자자들은 복잡한 계량 분석이 필요한 결정이라면 손익이 아슬아슬해서 판정이 어려울 것이고 더 분명한 기회를 찾아 떠나는 것이 낫다는 비슷한 대답을 내놓았다.

관련 책을 알려달라고 요청했다. 답변이 부자연스럽고 확신도 없어 보였기 때문에 이후 인터뷰에서는 이 질문을 뺐다. 독학으로 투자를 공부한 테일러를 제외하면 대부분의 투자자는 투자서에 주안점을 두지 않았다. 대부분은 교과서가 아니라 자신의 경험에서, 그리고 인터넷 게시판에 올라온 다른 사람의 경험을 읽고 서서히 투자 지식을 축적해왔다.

완벽한 교과서가 없다는 사실은 성공한 투자가 학문적 훈련이나 과학이 아니라 실질적 기술이라는 것을 보여준다. 투자의 기술은 세상을 이해하는 경험에 기반을 둔 규칙들, 어림짐작의 툴키트인 경험법칙으로 이루어져 있다. 이 규칙들은 포괄적이지 않고 지엽적이며 시간이 지남에 따라 서서히 변화한다. 경험을 가치 있게 만들 만큼 충분히 고정적이지만 기술이 계속 흥미로울 만큼 유동적이다. 투자자는 기술을 발전시키는 과정과 결과에서 만족을 얻는다. 자율성을 갖고 주목받지 않고 충분한 자유 자본을 갖는 것은 아마도 인생에서 얻을 수 있는 무엇보다 행복한 결과일 것이다.

이 책에 대한 아이디어는 2000년대 초에 처음 떠올랐지만 몇 년 동안 두 가지 요인 때문에 책을 쓰지 못했다. 처음에는 전업투자자로서 나의 경험이 너무 적었다. 이제 막 발을 들여놓은 세계에 대해 책을 쓰는 것은 시기상조 같았다. 나중에는 2003년 초부터 시작된 강세장에서 이 책에 성공한 투자자라고 소개한 사람이 이후 하락장에서 보기 좋게 실패하게 될까 봐 걱정했다.

이 책은 필연적으로 행운아들에 대한 책이 될 수밖에 없겠지만 시장에 큰 하락기가 지난 후에 인터뷰 대상자들을 고르는 편이 프로젝트의 진실성에 더 나아 보였다. 2009년 중반 즈음 FTSE 100이 최고점에서 거의 50%나 떨어졌는데 이것은 두 번째 조건이 충족되었다는 뜻이었다.

인터뷰 대상자들은 몇 가지 방법으로 모집했다. 먼저 투자 관련 인터넷 게시판에 프로젝트에 대한 설명을 올렸다. 그리고 증권 브로커, CFD 제공사, 스프레드 베팅 회사에 가장 우수한 고객을 소개해달라고 부탁했다. 친구와 친구의 친구들에게도 물어봤다.

남자 19명, 여자 1명, 총 20명과 인터뷰를 진행했다(책에는 이들 중 12명이 나온다.). 더 많은 여성 투자자를 인터뷰하려고 노력했지만 실패했다. 아마도 내가 잘못된 곳을 찾아봤거나 여성 투자자가 너무 드물거나 과묵하거나 아니면 모두 다일지도 모른다.

20명의 인터뷰 대상자들을 고르는 초기 단계에서는 단순한 자격 기준이 있었다. 예비 인터뷰 대상자는 성공한 전업투자자라는 자격이 있었다. 그러나 책을 진행하면서 차별화와 균형이 필요해 이 자격 기준을 보충하게 됐다. 나는 지리학자 유형과 측량사 유형, 하루에 수십 차례 거래하는 유형과 1년에 몇 번만 거래하는 유형 등 다양한 유형의 투자자를 다루고 싶었다.

우선 표준적인 질문 목록부터 작성했다. 인터뷰 대상자를 직접 만나기 전에 그의 특별한 관심사를 파악했고 인터뷰가 진행되기 전 이를 반영해 목록을 수정했다. 그런 다음 미리 인터뷰 대상자에게 이메일을 보냈다. 대부분의 인터뷰 대상자는 초면이었지만 인터넷 게시판으로 알게 된 사람들은 지난 10여 년 동안의 작성 게시물들을 읽고 기록함으로써 더 잘 이해할 수 있었다.

인터뷰는 만나서 진행되었으나 스웨덴에 살고 있는 피터 길렌함마르의 경우 한 번에 한 시간에서 세 시간씩 총 네 번의 전화 통화로 인터뷰를 진행했다. 그 밖에 철저히 인터넷을 검색하고 인터뷰 대상자에 대한 지난 25년 동안의 언론 기사를 확인했으며, 인터뷰 대상자가 썼거나 인터뷰 대상자에 대해 쓴 모든 글을 읽었고(피터 길렌함마르에 대해 쓴 스웨덴어 번역본 포함) 인터뷰 대상자의 친구들과도 대화를 나눴다.

녹화는 대개 인터뷰 대상자의 집에서 이루어졌고 한 번에 적어도 세 시간씩 소요됐으며 더 오래 걸리는 때도 많았다. 인터뷰를 시작할 때 프로젝트의 전반적인 개요를 알려줬다. 인터뷰 대상자들에게 원고 초안을 먼저 보여주고 특별히 민감한 사항은 모호하게 처리하고 세부 사항은 확인할 수 있게 하겠다고 재확인해줬지만 최종 원고와 책 안의 모든 판단은 내 몫이었다.

인터뷰는 총 9개월간 진행되었고 동시에 글도 썼다. 인터뷰 대상자들에게는 자기 장의 초안을 먼저 보여줬다. 그중 몇 명만이 정체성을 더 모호하게 해달라고 요청했다. 따라서 필요한 경우 투자 사례의 정확성을 유지하기 위해 주의를 기울이면서 전기의 세부 정보를 수정했다. 그러나 대부분의 인터뷰 대상자들은 책에 나오는 묘사와 실제 모습 사이에 거리를 두기보다는 오히려 이야기를 더 정확하게 묘사하기 위해 수정을 제안하기도 했다.

20개 중 여덟 개의 인터뷰는 진행되었지만 책에는 싣지 않았다. 이미 이 책에 소개된 누군가와 투자 방식이 너무 비슷한 경우도 있었고, 내가 한 질문들이 지나치게 기술적이어서(한번은 인터뷰 대상자가 자체 개발한 컴퓨터 시스템에 집중된 인터뷰도 있었다.) 유용한 정보를 일화 형식으로 쓰기 어렵다는 사실을 나중에 깨닫게 된 경우도 있었기 때문이다.

감사의 글

인터뷰에 응해주고 초안을 평가해주었으며 내가 책을 쓰면서 궁금한 점을 질문했을 때 답변해준 투자자들에게 가장 큰 감사를 전하고 싶다. 이들 중에는 제3자에게 자문이나 투자운용서비스를 판매하는 사람이 아무도 없었기 때문에 책에 참여한다고 얻는 유형의 이익이 전혀 없었다(따라서 참여에 대한 손해를 최소화하기 위해서라도 익명성이 필요했다.). 몇몇 분들이 인터뷰 과정을 통해 자기 성찰을 하게 되어 도움이 되었다고 말해주어서 다행이었다.

많은 사람이 이 책의 초안을 보고 의견을 주었다. 콜린 이스타우는 각 장의 초안 일부를 검토하고 평소처럼 솔직하게 소중한 의견을 내주었다. 필립 쿠퍼와 리처드 스넬러는 12명의 초안을 모두 검토해주었다. 이후 단계에서는 데이비드 홀트, 앤드루 하우, 캘럼 조글카르, 에디 램든, 폴 스탠리가 원고 전체를 꼼꼼히 읽고 더 좋은 글을 위해 여러 가지 구체적인 제안을 해줬다. 도미닉 코놀리, 피터

홀리스, 리 사마하, 닐 토머스, 탈리아 톰슨, 마틴 화이트, 데이비드 화이트하우스도 다양한 시기에 글로 피드백을 해주었다. 이들의 조언이 전부 반영되지는 않았다. 모든 오류와 부족함은 나의 몫이다.

이 책의 차트를 넣기 위해 사이트에서 다운로드한 데이터를 사용할 수 있게 해준 주식 웹사이트 ADVFN의 클렘 챔버스에게도 감사드린다.

마지막으로 첫 책을 쓰는 작가를 받아준 해리먼 하우스에게 감사드리며, 특히 한 줄 한 줄 더 나은 글을 쓰고 독자들을 괴롭히지 않도록 많은 자료를 삭제하는 데 도움을 준 편집자 크리스 파커에게 감사한다.

들어가는 글

1 Bolton, Anthony & Davis, Jonathan, *Investing with Anthony Bolton*, 2nd edition (Petersfield: Harriman House, 2006), page 42. 앤서니 볼턴, 조나단 데이비스 지음, 권성희 옮김, 《투자전략과 성공법칙》(김영사, 2010).

2 Huxley, Aldus, 'Wordsworth in the Tropics', in *Do What You Will* (1929).

CASE 01

3 2013년 가을 이전까지는 AIM에 상장된 주식 중 영국 관세청(HMRC)이 인정한 외국 환 거래소에 이중 상장된 주식만 개인저축계좌로 운용할 수 있었다. 그러다 2013년 가을부터 모든 AIM 주식을 개인저축계좌로 운용할 수 있게 되었다.

4 2000년 3월 6일 진술서에서 헤지펀드 기업인 서드 포인트 LLC(Third Point LLC)의 대표 대니얼 로브(Daniel Loeb)는 다음과 같이 진술했다. "저는 인터넷 게시판을 활용했습니다. … 인터넷 게시판은 관심을 가진 다른 사람들과 정보를 교환하는 데 유용합니다. … 이런 식의 정보 및 의견 교환으로 더 많은 정보를 토대로 한 투자 결정을 내릴 수 있었습니다. … 저는 이 글을 미스터 핑크(Mr. Pink)라는 아이디로 올렸습니다." 미스터 핑크는 1996년에서 2006년까지 실리콘 인베스터(Silicon Investor) 사이트에서 활발하게 활동한 가입자였다. 2010년 8월, AIM에 상장된 원유 탐사 기업 엠피리언 에너지(Empyrean Energy), 나이트혹 에너지(Nighthawk Energy), 노스트라 테라(Nostra Terra)는 ADVFN이 사용자 세부 정보를 공개하도록 하는 노리

치 파마칼(Norwich Pharmacal) 명령*을 얻어내고 이른바 명예를 훼손하는 내용으로 게시물을 올린 작성자를 고소하겠다고 위협했다. 인터넷 게시판에 글을 올리는 CEO도 있다. 예를 들어, 홀푸드(Whole Foods Inc)의 CEO인 존 맥키(John Mackey)는 야후에 7년 동안 Rahodeb라는 이름으로 1,100개의 게시물을 올렸다('홀푸드 임원이 가명을 쓰다(Whole Foods Executive Used Alias)', 《뉴욕타임스》, 2007년 7월 12일).

5   트래픽 기준 사이트 순위는 www.alexa.com에서 확인할 수 있다.

6   의료계의 사례로는 2007년 11월 8일 《타임》에 실린 헤이그(Haig, S.)의 〈환자가 구글러일 때(When the Patient is a Googler)〉를 참고해라. 법조계의 사례로는 〈1심 공판에 나타나지 않은 직접 소송 당사자(Litigant in person: unrepresented litigants in first instance proceeding)〉, 사법부(Department of Constitutional Affairs), 2006을 참고해라. 경제학계의 사례는 캔자스 연방의 아트리야(Arthreya, K.)가 쓴 유명한 글 〈경제학은 어렵다. 블로거의 말을 듣지 마라(Economics is hard. Don't let bloggers tell you otherwise)〉(2010)를 보라.

CASE 02

7   나이절의 동료였던 마틴 스톱포드(Martin Stopford)의 명저에도 선박 사업의 낮은 위험조정 수익률에 대한 내용이 나온다. "따라서 선박 산업은 리스크 프리미엄이 거의 붙지 않는 고위험 산업이다." Stopford, M. *Maritime Economics*, 2nd Edition, (Routledge, 2003) page 71.

8   델타(Delta)는 기초자산의 가격 변동에 따른 풋(또는 콜)옵션의 가격 변화를 측정하는 척도다. 풋옵션은 0에서 −1 사이의 델타값을 갖는다(콜옵션은 0에서 +1 사이). 가령 델타값이 −0.5인 풋옵션의 가격은 기초자산의 가격이 1% 떨어질 때마다 0.5%씩 오른다. 풋옵션의 델타값이 −0.5일 경우 기초자산의 가격 변화를 완전히 헤징하려면 두 풋옵션을 매수해야 한다.

   어떤 투자자가 증시 하락에 대비해 헤지 또는 보험으로 S&P 500 풋옵션을 산다고 가정해보자. 델타 조정 방식의 포트폴리오 헤징을 설명하기 위해 풋옵션을 기초자산에 대한 단순 숏포지션**이라고 생각해보겠다. 예를 들어, 보유하고 있는 포트

---

*   소송의 상대가 아닌 제3자로부터 소송의 상대와 관련된 정보를 제공받는 것을 가능하게 하는 법원 명령.

**   매도 포지션, 기초자산이 하락하면 수익을 얻는 구조.

폴리오의 가치가 10만 달러, 풋옵션의 가치가 4만 달러, 풋옵션의 델타가 -0.5라면, 0.5 × 40,000 = 20,000 (달러) 또는 포트폴리오의 20%를 헤징하고 있는 것이다.

델타는 국소적인 성질을 갖는다. 즉, 델타값 -0.5는 특정한 날짜와 기초자산 가격에서 한시적인 값이다. 기초자산 가격이 변하고 옵션 만기일이 가까워지면 델타도 변한다. 포트폴리오의 20% 헤지 상태를 정확히 유지하고 싶다면 풋옵션을 사거나 팔아서 주기적으로 재조정해야 한다.

CASE 03

9 Granam, B., *The Intelligent Investor*, 1st edition 1949, 4th edition (New York: Harper Collins, 2003). 벤저민 그레이엄 지음, 이건 옮김, 《현명한 투자자》(국일증권 경제연구소, 2020).

10 일부 스프레드 베팅 회사는 손절매 보장 기능을 제공한다. 공급자가 시장의 가격 갭이 더 낮더라도 정해진 손절매 가격(이를테면 90p)에 스프레드 베팅 포지션을 정리하도록 (적절한 보험료를 받고) 보장해주는 것이다.

11 이 용어들이 낯설다면 R. 리치(R. Leach)의 《비율이 간단하게 만든다(Ratios Made Simple: A Beginner's Guide to the Key Financial Ratios)》(Harriman House, 2010)를 참고하라.

12 투자에 적용되는 윌리엄 제임스의 실용주의 철학은 로버트 해그스트롬(Robert Hagstrom)의 책 《지혜와 성공의 투자학(Latticework: The New Investing)》 6장에서 자세히 다루고 있다.

13 이 용어들은 앞서 소개한 리치의 《비율이 간단하게 만든다》를 참고하라.

14 Chaper 13 in Morton, J., *Investing with the Grand Masters: Insights from Britain's Greatest Investment Minds*, (London: Financial Times Publishing, 1997). 닐스 타우버는 2008년 3월 79세의 나이에 자신의 책상에서 사망했다. 조지 소로스 같은 유명한 투자자들과 함께 일하며 남긴 그의 대단한 투자 성과는 런던 금융가에서는 잘 알려져 있었지만 외부에는 거의 알려지지 않았다.

CASE 05

15 케인스의 《일반이론(General Theory)》 12장에서는 다음의 유명한 구절에서 투자를 '미인대회'에 비유해 설명한다.

"비유를 약간 다르게 해보자. 전문적인 투자는 신문사의 미인대회에 비유할 수 있다. 참가자는 100장의 사진 중 가장 예쁜 얼굴 여섯 장을 골라야 하고 상은 참가자 전체의 평균적인 선호에 가장 가깝게 선택받은 참가자에게 돌아간다. 그래서 참가자 각각은 자신이 가장 예쁘다고 생각하는 얼굴이 아니라 다른 참가자의 기호에 가장 잘 맞을 것 같은 얼굴을 골라야 한다. 참가자들은 모두 같은 입장에서 문제를 바라본다. 이 대회는 참가자들이 각자 최선의 판단을 해서 가장 예쁜 얼굴을 뽑는 경기도 아니고 일반 통념상 가장 예쁜 얼굴을 뽑는 것도 아니다. 우리는 평균적인 의견이 기대하는 통념이 무엇인지 예측하는 데 지성을 집중해야 하는 제3의 영역에 도달했다. 나는 제4, 제5, 그 이상의 영역을 실천하는 사람들도 있을 거라고 생각한다."

16 '켈리' 최적 베팅에 관한 재미있는 비기술적 설명은 윌리엄 파운드스톤(William Poundstone)의 《머니 사이언스》(동녘사이언스, 2006)를 참고하라.

17 동일한 확률로 25% 상승하거나 20% 하락할 투자의 기대 수익률은 $(1.25 + 0.8)/2 = 1.025$이다. 즉, 기간 당 2.5%의 양의 수익률을 갖는다. 그러나 기대로그 수익률은 $(\log 1.25 + \log 0.8)/2 = 0$이다.

18 예시의 그래프는 각 기간에 30% 상승하거나 15% 하락할 확률이 같은 투자를 기초로 그려졌다. 레버리지를 쓰기 전 기대수익률은 $(1.3 + 0.85)/2 = 1.075$로 기간당 7.5%다. 그러나 기대로그 수익률은 $(\log 1.3 + \log 0.85)/2 = 0.0499$다. 복리 수익률의 중간값은 로그 수익률의 거듭제곱으로 $\exp(0.0499) = 1.0511$, 즉 기간당 5.1%다.

이론적으로 이 예시에서 최적 레버리지 L^*는 1.67로 순자산의 67%를 차용하는 것이다. 67% 레버리지 사용 시 투자 결과는 $1 + 1.67 \times 0.3 = 1.501$이거나 $1 - 1.67 \times 0.15 = 0.745$가 된다. 기대 수익률은 $(1.501 + 0.745)/2 = 1.123$, 즉 기간당 12.3%다. 그러나 기대로그 수익률은 $(\log 1.501 + \log 0.745)/2 = 0.0589$이다. 복리 수익률의 중간값은 로그 수익률을 거듭제곱한 $\exp(0.0589) = 1.0607$로 기간당 6.1%이다.

독자들은 비슷한 계산으로 $L^* > 3.34$일 때 복리 수익률의 중간값이 음수이며 $L^* = 2.34$일 때 레버리지가 전혀 없을 때와 동일한 복리 수익률 중간값을 가진다는 것을 확인할 수 있다.

실제 적용할 때는 투자로 나올 수 있는 가능한 결과의 실제 확률 분포에 대한 불확실성 때문에 대개 이런 계산으로 나온 최적 수준보다 더 낮은 레버리지를 사용할 것이다.

CASE 06

19 〈내부 통제: 통합 규범에 대한 이사 지침(Internal Control: Guidance for Directors on the Combined Code)〉은 1999년 나이절 턴불(Nigel Turnbull)이 의장을 맡은 위원회가 작성했다. 나이절 턴불은 이후 에리나시우스의 이사가 된다.

20 Lefèvre, Edwin, *Reminiscences of a Stock Operator*, (1923). 에드윈 르페브르 지음, 박성환 옮김, 《어느 주식투자자의 회상》(이레미디어, 2010) 5장 참고.

CASE 07

21 켄 피셔(K. Fisher)의 책 《슈퍼 스톡스》(중앙북스, 2019) 1장 '문제가 있어야 대박도 있다(Get rich with the glitch)'를 참고하라. 켄 피셔는 1958년 출판된 명저 《위대한 기업에 투자하라》의 저자 필립 피셔(P. Fisher)의 아들이다.

22 '위생요인'이라는 용어는 경영심리학자인 프레더릭 허즈버그(Frederick Herzberg)의 직원 동기부여의 이중 구조 이론(dual structure theory of employee motivation)에서 나왔다. 이 이론에 따르면 성취, 인정, 책임감과 같은 동기요인은 직원들에게 긍정적인 동기를 부여한다. 이에 반해 근로 조건, 복지, 동료와의 관계 등 위생요인은 충족되지 않았을 경우 불만족을 초래할 수 있지만 충족된다고 해서 긍정적인 동기를 부여하지는 않는다.

CASE 10

23 최근까지도 주주총회 소집을 청구하려면 10%의 의결권이 필요했으나 주주권리지침(Shareholder Rights Directive)에 따라 2009년 8월 3일부터 5%로 축소되었다.

24 'Ensamvarg bland rovdjur', *Veckans Affarer*, 10 June 2003.

25 Slater, J.D., *Return to Go*, (London: Weidenfeld & Nicholson, 1977).

26 스웨덴 기업지배구조 위원회(Swedish Corporate Governance Board)는 스웨덴의 임명위원회에 대한 자세한 내용을 제공한다. www.corporategovernanceboard.se 를 참조하라. 사이트에서 제공하는 문서는 이렇게 말하고 있다. "스웨덴(그리고 실제로 북유럽 전체)의 기업지배구조는 세계 어느 나라보다 주주의 역할이 강하다."

CASE 11

27 Gladwell, M., *Outliers: The Science of Success*. (Little, Brown, 2008). 말콤 글래드웰 지음, 노정태 옮김, 《아웃라이어》(김영사, 2019).

28 Lo, A.W., Mamaysky, H. and Wang, J., 'Foundations of technical analysis: computational algorithms, statistical inference and empirical implementation', *Journal of Finance*, 55: 1705 – 1765 (2000).

29 Irwin, S.H. and Park, C-H., 'What do we know about the profitability of technical analysis?', *Journal of Economic Surveys*, 21: 786-826 (2007).

30 Green, T.C., 'The value of client access to analyst recommendations', *Journal of Finance and Quantitative Analysis*, 41: 1-24 (2006).

31 Busse, J. and Green, T.C., 'Market efficiency in real time', *Journal of Financial Economics*, 65:415-437 (2002).

32 Kim, S., Lin, J. and Slovin, M., 'Market structure, informed trading, and analysts' recommendations', *Journal of Finance and Quantitative Analysis*, 32: 507-524 (1997).

33 Welles Wilder, J., *New Concepts in Technical Trading Systems*, Trend Research, (1978).

CASE 12

34 금리는 연 2%이고, 배당은 없으며, 연 18%의 변동성을 가정해 블랙숄즈 모형에 넣으면 풋옵션의 가격은 4.79, 콜옵션의 가격은 3.37이 나온다.

책을 마치며

35 Zimbardo, P.G. & Boyd, J.N., 'Putting time in perspective: a valid, reliable individual-differences metric', *Journal of Personality and Social Psychology*, 77: 1271-1288 (1999).

36 Buffett, W., *The super-investors of Graham & Doddsville*, (1984). 월터 슐로스는 1954~1956년 그레이엄 뉴먼 파트너십에서 워런 버핏과 함께 일했다.

옮긴이 **이주영**

이화여자대학교 경제학과를 졸업하고 증권사에서 투자 및 분석 업무를 담당했다. 현재 바른번역 전문 번역가로 활동하고 있다. 옮긴 책으로는《하워드 막스 투자와 마켓 사이클의 법칙》,《기업가》,《트러스트 팩터》,《모든 것이 세일즈다》등이 있고,《하버드 비즈니스 리뷰 코리아》번역에도 참여했다.

슈퍼개미 마인드

주식투자만으로 경제적 자유를 얻은 12인의 실전 투자 전략

초판 1쇄 2021년 10월 1일

지은이 | 가이 토머스
옮긴이 | 이주영

발행인 | 문태진
본부장 | 서금선
책임편집 | 임은선   편집 2팀 | 임은선 이보람 김다혜
디자인 | 최우영   교정 | 조유진

기획편집팀 | 한성수 박은영 허문선 송현경 박지영   저작권팀 | 정선주
마케팅팀 | 김동준 이재성 문무현 김혜민 김은지 정지연   디자인팀 | 김현철
경영지원팀 | 노강희 윤현성 정헌준 조샘 최지은 김기현
강연팀 | 장진항 조은빛 강유정 신유리

펴낸곳 | ㈜인플루엔셜
출판신고 | 2012년 5월 18일 제300-2012-1043호
주소 | (06619) 서울특별시 서초구 서초대로 398 BnK디지털타워 11층
전화 | 02)720-1034(기획편집) 02)720-1024(마케팅) 02)720-1042(강연섭외)
팩스 | 02)720-1043 전자우편 | books@influential.co.kr
홈페이지 | www.influential.co.kr

한국어판 출판권 ⓒ㈜인플루엔셜, 2021
ISBN 979-11-91056-96-9 (03320)